W0264803

Nos racines fraternelles

Comment les villes-monde préfigurent
la France de demain

Patrick Haddad

Nos racines fraternelles

Comment les villes-monde préfigurent
la France de demain

Philippe Rey

7, rue Rougemont – 75009 Paris
www.philippe-rey.fr

À mes grands-parents,

Azizi Haddad (1900-1973)
Fortunée Haddad née Krief (1909-1976)
Isaac Melloul (1911-1993)
Clémence Melloul née Koskas (1914-1980)

Nés en Tunisie, reposant en paix à Sarcelles.

« “On est en république!” ne donne plus cet immense espoir des années 50 et 60 où l’on sentait la France rattraper le niveau de vie des Anglo-Saxons et s’installer dans une ère de liberté magnifiée par la voiture et les voyages. Quel espoir donne aujourd’hui aux enfants et aux jeunes ce cri joyeux poussé par les générations de leurs parents et grands-parents ? »

Bernard Maris, *Et si on aimait la France ?*[1]

1. Grasset, 2015. Texte envoyé à l’éditeur le 2 janvier 2015 et publié après l’assassinat de l’écrivain, essayiste et chroniqueur, le 7 janvier, lors de la conférence de rédaction de *Charlie Hebdo*.

Avant-propos

Les émeutes de fin juin et début juillet 2023 nous ont frappés, choqués, bousculés parfois dans nos certitudes. Plusieurs nuits d'affilée, tous les responsables, policiers, gendarmes, pompiers, services de sécurité, services techniques municipaux, élus, préfets, ont œuvré ensemble pour endiguer la vague de violence sans précédent qui a traversé notre pays. L'urgence commandait de rétablir l'ordre républicain, de voir la force publique reprendre le dessus sur des émeutiers qui, partant d'une demande de justice après le tir mortel d'un policier sur un jeune de dix-sept ans, vraisemblablement en dehors de tout cadre de légitime défense, se sont transformés en hordes de pillards mettant à feu et à sac à peu près tout ce qu'ils trouvaient : établissements publics, véhicules et commerces. Passé l'effet de stupéfaction, le travail collectif a payé et le calme est assez vite revenu. Malgré la violence des actes, souvent commis par de très jeunes hommes, et l'ampleur des dégâts occasionnés, la crise a été plutôt bien gérée.

L'opinion publique bascule toujours dans ces moments vers une demande sécuritaire accrue, éminemment nécessaire, mais insuffisante quand, après l'émotion, vient le temps de l'analyse et du diagnostic de notre propre incapacité à prévenir les violences urbaines. Dans la foulée des événements, le 4 juillet, Emmanuel Macron a invité les maires des communes touchées à l'Élysée, pour nous remercier, annoncer qu'il allait nous aider et nous écouter, sans filtre et sans organisation particulière du débat, trois heures durant. Voir des maires jouer des coudes pour attraper un micro et glaner cinq minutes de temps de parole m'a laissé perplexe. Non sur ce que les collègues ont à dire, car il en ressort toujours des choses intéressantes quand ils évitent de se caricaturer, mais sur ce que le Président, dont la prise de décision concertée n'est pas réellement le point fort, va en retenir. La synthèse qu'il proposera confirmera mes réserves. Hormis les subventions de réparation des conséquences matérielles des émeutes, toujours bonnes à prendre, qu'il en soit remercié, le vide politique fut sidérant, confirmant que nous avons affaire à un pouvoir parfaitement cérébré mais purement gestionnaire, technocratique, qui ne ressent pas ce qui se joue dans le pays, singulièrement dans ses franges les plus populaires, qu'elles soient rurales ou urbaines.

À aucun moment il ne fut question d'analyser la crise démocratique, le fossé qui se creuse entre différentes catégories de la population et le sentiment de relégation qui progresse. Aucune volonté non plus d'affirmer un projet de société ou d'esquisser les grandes lignes d'un récit national, ni même d'expliquer comment défendre collectivement les valeurs de la République. Lors de cette séance élyséenne, un maire a raconté ce que lui avait dit son fils : « Papa, le problème de ce pays, c'est que nous ne pleurons plus les mêmes morts. » Des propos d'une lucidité déchirante qui posent la question fondamentale de ce qui peut encore nous unir, du lien à tisser entre les composantes d'une société profondément divisée.

Thomas Piketty a eu raison d'écrire que « les banlieues qui s'enflamment ont beaucoup plus en commun avec les bourgs et villages abandonnés que ce que l'on imagine[1] ». Victimes des mêmes inégalités, seul un rapprochement leur permettra de construire une alternative et de repenser l'ensemble des politiques publiques de façon cohérente, égalitaire et ambitieuse. Le débat public consécutif aux émeutes a eu sa part d'outrances, mais aussi de bonnes volontés et de propositions pertinentes. « Il faut agir en homme de pensée et penser en homme d'action », écrivait Henri Bergson. Aucune solution n'est opérationnelle si elle n'est pas ancrée dans le réel. À l'inverse, aucune réalité observée ne se transforme mécaniquement en politique publique pertinente sans effort d'analyse et de conceptualisation. Entièrement tournés vers l'action, chronophage, parfois ingrate, voire dangereuse, mais aussi gratifiante et exaltante, les maires ont matériellement plus de mal à trouver le temps de rédiger, de verser une contribution structurée au débat public, alors qu'ils en sont au cœur.

J'ai souhaité m'y atteler, au bout de quatre ans de mandat et vingt-cinq ans d'engagement politique. J'encourage les collègues à écrire aussi, tant on apprend de nos expériences respectives. L'exercice est loin d'être simple, surtout quand on prend la plume soi-même – j'en profite pour remercier les relecteurs et apporteurs d'idées qui ont contribué à façonner cet essai : Christian, Frédéric, Jacques, Jérôme et Sébastien –, mais il est enrichissant et je le crois, salutaire, pour comprendre la France d'aujourd'hui et nous projeter dans celle qui vient.

« Il ne faut jamais oublier les banlieues. C'est une faute morale, politique, et, osons le dire, civilisationnelle. Car elles nous racontent la France de demain, qu'on l'aime ou qu'on

1. *Le Monde*, 8 juillet 2023.

la redoute » a écrit Erwan Ruty[1], entrepreneur social, juste après les émeutes. La même conviction est au fondement de cet essai, dont la première version a été remise à l'éditeur la veille du soir où les violences ont éclaté. Pour autant, elles n'ont pas remis en cause son contenu, qui aborde tous les questionnements soulevés par ces événements. Elles l'ont au contraire conforté.

La presse britannique pense avoir trouvé la source de nos maux : « La faillite d'un modèle français incapable de répondre aux attentes des minorités ethniques du pays[2]. » Mais le problème est plus subtil que cela : notre modèle ne fonctionne que très imparfaitement parce que nous ne le défendons plus et en avons même oublié ou travesti les principes fondateurs. Il y a donc urgence à le réhabiliter, sauf à vouloir adopter définitivement celui des anglo-saxons, qui a largement inondé le monde occidental, et que je ne tiens d'ailleurs ni pour supérieur, ni pour inférieur au nôtre. Je pense simplement, mais profondément, qu'il ne nous correspond pas et qu'il nous faut au contraire redevenir nous-mêmes, en version moderne. Il est temps de retrouver nos racines pour nous réconcilier et construire l'avenir ensemble.

1. Erwan Ruty, *Le Monde*, 4 juillet 2023.
2. « Vu du Royaume-Uni. La révolte des banlieues donne raison au "modèle britannique" », *Courrier international*, 4 juillet 2023.

Introduction

« Eh ben ! Dire que j'avais acheté ici pour les arbres et pour les jardins. Ils appelaient ça la zone verte… C'est devenu New York, la zone verte ! » 1963, les mots de Michel Audiard, la gouaille de Jean Gabin. De quoi parlent-ils ? Pas de New York, mais de Sarcelles. En un clin d'œil, la séquence d'ouverture de *Mélodie en sous-sol* d'Henri Verneuil décrit le grand bouleversement de l'époque, celui qui changera durablement le visage urbanistique et sociologique de la France. Car, si le film s'aventure ensuite dans une histoire de braquage de casino qui, malgré un certain succès au box-office et la présence d'Alain Delon, ne marquera pas vraiment l'histoire du cinéma français, la scène de départ est probablement plus prémonitoire que les auteurs ne l'imaginaient.

Les constructions massives du Sarcelles moderne naissant s'imposent naturellement à l'écran comme le symbole d'un monde nouveau, décor idéal pour tout scénario où l'homme et la nature doivent réapprendre à trouver leur place au milieu du béton. La force de ce spectacle conduira à ce que près de trente films, fictions ou documentaires, soient tournés à Sarcelles depuis 1959. Parmi eux, *Brûlures de l'histoire : Hiver 54, l'appel de l'abbé Pierre* d'Élisabeth Kapnist (1994) relate l'origine de la construction du Grand Ensemble comme réponse à la crise aiguë du logement et le besoin de résorber les bidonvilles. La vocation sociale de cet urbanisme nouveau préside à son édification.

Il n'est point question à l'époque de loger les rapatriés du Maghreb ou d'ailleurs, ni d'accueillir des travailleurs immigrés, ce sera le rôle de la période suivante, la principale, où le social et l'identitaire vont s'entremêler, parfois de façon dissonante, le plus souvent dans la concorde. Quand Jean Gabin veut rentrer chez lui en 1963, seule une première tranche du Grand Ensemble, dont la construction s'étalera jusqu'au milieu des années 1970, est sortie de terre et accueille des classes populaires et laborieuses de la région. Les photos de Jacques Windenberger ont sublimé et immortalisé cette époque. Mais les films d'archives sont plus contrastés.

« Quand on leur demande de dessiner leur maison, on obtient un ensemble géométrique qui évoque un monde nouveau dont on aurait tendance à se méfier », commente Pierre Tchernia en voix off dans l'émission « Cinq colonnes à la une » du 2 décembre 1960[1], racontant cette bien étrange histoire d'une ville qui passe de 6 500 habitants en 1954 à 30 000, seize ans plus tard, et qui fascine autant qu'elle inquiète. Et même si le maire de l'époque prédit qu'en 1970 la ville atteindra les 70 000 habitants, alors qu'elle plafonne aujourd'hui encore juste sous la barre des 60 000, son histoire reste sans équivalent en France. Sarcelles est le premier et le plus vaste des grands ensembles. Elle demeurera pour cette raison une ville symbole, tout en conservant sa singularité. Les 12 500 logements de Sarcelles-Lochères, à mi-chemin entre Paris et Roissy, vont permettre d'accueillir plus d'une vague d'immigration par décennie, composant aujourd'hui

1. In *Quarante mille voisins*, documentaire écrit et réalisé par Pierre Tchernia.

une mosaïque urbaine et ethnico-religieuse qui n'existe nulle part ailleurs.

C'est précisément cette particularité qui a fait de Sarcelles une sorte de laboratoire. Comme si, en créant de toutes pièces il y a près de soixante-dix ans un minimonde à vocation sociale, on avait concentré sur quelques kilomètres carrés les problématiques majeures de la France d'alors, devenues celles d'aujourd'hui. Pour l'extrême droite politique et journalistique, la ville serait la quintessence de l'immigration incontrôlée, des tensions identitaires et de l'insécurité généralisée. Or, si le théâtre sarcellois se prête aisément aux scénarios les plus anxiogènes, la réalité est tout autre, riche, complexe, nuancée, instructive. Le Grand Ensemble a été pensé d'un seul tenant avec un urbanisme maîtrisé et un plan général intégrant presque toutes les fonctionnalités d'une ville, loin des banlieues ayant évolué cahin-caha au gré des soubresauts démographiques et politiques. Ses concepteurs ont voulu faire de Sarcelles la ville du futur, avec sa part d'utopie urbaine et sociale. Les immeubles y ont été construits avec des matériaux nobles, voire géosourcés comme la pierre de Saint-Maximin extraite à trente kilomètres de là, et ont apporté aux familles un confort jusqu'alors inconnu. Nombre de personnalités associatives, artistiques et militantes politiques ont façonné la vie de la cité, en précurseurs de la démocratie participative, de l'éducation et de la culture. Si tout n'a pas évolué positivement, la ville a montré à bien des égards une solidité qui mérite d'être soulignée. À l'heure de l'immédiateté, où nous parvient via la télévision et les réseaux sociaux un flux d'informations continu sans filtre et sans hiérarchie, il est urgent de raconter, de témoigner et d'analyser sur le temps long, pour mieux comprendre notre pays.

« Le récit du vivre-ensemble diversitaire se fracture dans la réalité[1] », « le paradoxe du vivre-ensemble : imposer de force des rapports sociaux non consentis[2] » sont devenues des phrases banales que l'on peut lire dans la presse. Et on ne compte plus les sorties des dirigeants du RN fustigeant cette expression qui serait, en résumé, un mythe inventé par les tenants, naïfs ou complices, d'une dangereuse société multiculturelle. Le vivre-ensemble est certes une notion quelque peu fourre-tout, mais elle n'est au fond qu'une autre façon de se parler de fraternité, l'un des trois piliers de notre devise républicaine, comme le fait remarquer Philippe Bernard dans *Le Monde*[3]. L'accuser de tous les maux nous en dit plus sur l'hystérie réactionnaire de ceux qui la chargent que sur la candeur relative de ceux qui la promeuvent. Nous pourrions d'ailleurs formuler la même remarque à propos des pourfendeurs de l'antiracisme, souvent les mêmes que les anti-vivre-ensemble, qui finiraient par nous faire croire que le problème de fond n'est pas le racisme, mais l'antiracisme. Pour notre part, tout en nous inscrivant pleinement dans le combat antiraciste, nous défendrons le faire-ensemble, le construire-ensemble, le fait de vouloir bâtir collectivement la France de demain face aux vents contraires de l'individualisme, du conservatisme et du déclinisme.

Cela demande de reposer la question fondamentale du récit national, celui dont le manque se fait cruellement ressentir, la politique n'étant pas qu'une affaire de gestionnaire et les

1. Mathieu Bock-Côté, « Stade de France, la destruction de la vérité », *Le Figaro*, 10 juin 2022.
2. Françoise Bonardel, recommandant la lecture de *L'imposture du vivre-ensemble de A à Z* de Paul-François Paoli (L'Artilleur, 2018), *Le Figaro*, 2 mars 2018.
3. Philippe Bernard, « Que soit tourné en dérision l'idéal du "vivre ensemble" donne la mesure de la perte des repères », *Le Monde*, 11 décembre 2022.

exploits sportifs des Français, si euphorisants soient-ils, peuvent difficilement être les seuls moments de communion nationale. Quelles valeurs cardinales pour nous unir et quel projet pour nous fédérer? « Le progrès ne vaut que s'il est partagé par tous » n'est pas à l'origine un slogan de la SNCF des années 1980, mais une pensée d'Aristote au IVe siècle av. J.-C. Force est de constater que le grand saut dans la modernité à partir de la seconde moitié du XXe siècle n'a pas été partagé par tous. Il a même créé de profondes divisions, et ce, malgré l'acte de refondation majeure du contrat social qu'a été la création de la Sécurité sociale en application du programme du Conseil national de la Résistance.

Résistance dans laquelle s'était engagé, entre autres, Jean Gabin. Alors qu'il tentait une carrière hollywoodienne, en avril 1943, il rejoint volontairement les forces françaises combattantes du général de Gaulle. Homme du peuple, figure de l'ouvrier et du titi parisien, la star du cinéma français des années 1930 est tout sauf un xénophobe vichyssois. C'est dans son attachement à la terre, lui qui a grandi à la campagne et devient propriétaire agricole en Normandie sur le tard, qu'il puise son patriotisme et son affection pour la France… d'avant. Car il devient dans les années 1960, durant la seconde moitié de sa carrière, l'incarnation d'une forme de refus franchouillard des évolutions de l'époque. Dans *Mélodie en sous-sol*, mais aussi dans *Rue des Prairies*, déjà à Sarcelles en 1959, où le personnage de Gabin est un contremaître qui bougonne, car il contribue à détruire le monde ancien en construisant le quartier des Sablons, le premier du Grand Ensemble. Rebelote dans *Le Chat*, en 1970, quand Gabin vit dans un pavillon voué à la démolition pour laisser place aux tours de La Défense. Il est par excellence le Gaulois réfractaire de l'époque. Réfractaire à ce nouveau monde, à l'urbanisme très peu hexagonal et trop orthogonal, qui annonce des bouleversements en cascade le poussant à se réfugier dans le terroir.

L'entrée dans la modernité, via l'urbanisation croissante, l'accélération des échanges internationaux, l'immigration et les mutations économiques et environnementales, a été plus difficile à vivre en France qu'ailleurs. Notre pays est foncièrement rural, ancré dans ses terres agricoles, ce qu'Éric Fottorino décrit de façon poignante dans son roman, *Mohican*[1], alors que l'Allemagne est industrialisée de longue date et les Pays-Bas une nation de commerçants. Une part significative du malaise français vient de là, du rejet depuis la France dite « traditionnelle » d'un monde nouveau qui s'impose, sans accompagnement, sans explication, sans discours fondateur, sans choix de société clair. Alors, quand le vent souffle, chacun s'accroche à ses propres racines, surtout si le socle commun républicain vacille et que les inégalités progressent. Les relégués du monde rural, du périurbain et des banlieues pauvres expriment par leur vote croissant aux extrêmes et par différents mouvements sociaux, des Gilets jaunes aux manifestations contre la réforme des retraites, une volonté de rupture face à ce qui est considéré comme un entre-soi des élites intellectuelles et économiques. Parfois, la dissension est moins pensée politiquement et plus éruptive. Elle en demeure, via les émeutes urbaines, l'expression d'une fracture profonde entre plusieurs France.

Les quartiers populaires, les cinq millions et demi d'habitants concernés par la politique de la Ville et les sept millions d'immigrés sont une réalité grandissante depuis les années 1960. Et le mouvement va se poursuivre en raison de la jeunesse de cette population et des flux migratoires entrants, dont au moins une partie est inéluctable et place les villes qui

1. Gallimard, 2021.

ont accueilli des populations du monde entier en position d'expert. Un choix s'offre maintenant à nous : soit nous sommes capables de poser un constat lucide et de conduire les politiques publiques pertinentes correspondant à l'ambition collective, optimiste et fédératrice que nos concitoyens sont en droit d'attendre ; soit nous regardons dans le rétroviseur avec nostalgie une France qui ne reviendra pas et refusons de voir son visage actuel, nos politiques deviendront de fait inopérantes et la situation ne pourra que s'aggraver.

S'il ne recèle pas toutes les réponses, notre laboratoire local va nous aider à rédiger quelques actes du premier scénario, avec la conviction suivante : si une ville comme Sarcelles réussit, la France entière peut réussir. Comme dans tout laboratoire, il y a des essais, des erreurs, des enseignements à tirer, des remèdes à élaborer. Les nôtres s'attaqueront à plusieurs maux qui rongent notre société : son « archipélisation », pour reprendre l'expression de Jérôme Fourquet[1], la peur de l'immigration, la montée des courants identitaires, l'accroissement des inégalités, le mur environnemental qui s'annonce, les désordres sociaux du libéralisme et la grande difficulté qu'a notre pays à se projeter dans l'avenir. Ces remèdes, qui puiseront aussi dans les expériences d'autres villes, n'ont évidemment pas la prétention de tout guérir, mais la réflexion nous permettra de poser certains fondamentaux, comme autant de pierres destinées à bâtir un projet de société.

Les quartiers populaires et leurs habitants sont la part d'elle-même que la France dénie. Elle devra pourtant ouvrir les yeux. Sans complaisance ni angélisme, et sauf à vouloir marquer contre son camp, avec volontarisme et bienveillance. En comprenant ce qui se joue réellement dans nos villes, en

1. Jérôme Fourquet, *L'archipel français, naissance d'une nation multiple et divisée*, Seuil, 2019.

y investissant significativement et structurellement, et en faisant en sorte que la promesse républicaine y soit tenue jusqu'au bout. Mon expérience de maire de Sarcelles est ici modestement mise à contribution dans le débat public, celui qui traverse la gauche en particulier, ma famille politique, mais au-delà, car c'est bien de l'avenir de la France qu'il s'agit.

I
Qui sommes-nous devenus ?

1
La recherche éperdue de l'âge d'or

Raha Sepehr est afghane. Elle a fui son pays lorsque les talibans ont pris le pouvoir en août 2021. Elle est artiste : actrice, musicienne, chanteuse, poétesse. Femme, de surcroît. Tout ce que les talibans détestent, en somme. Ce fut un déchirement pour elle de devoir quitter brutalement sa terre natale, surtout face à un tel régime qui prouve quotidiennement sa violence et son insoutenable degré d'obscurantisme. Raha a trouvé refuge en France, à Caen précisément, où elle peut exercer sa passion au sein d'une joyeuse bande d'artistes. En octobre 2022, elle se produit à Sarcelles dans le spectacle *Songes d'une nuit afghane*, dédié à faire connaître la culture de son pays, organisé par l'association Afghanes de France, elle-même soutenue par la municipalité. Car, oui, être de gauche, c'est être féministe et internationaliste, soutenir sans ambiguïté les démocrates contre les dictatures. Il fait doux ce soir-là, et notre improbable petit groupe mondialisé discute dehors à l'issue de la performance, autour du buffet de spécialités persanes. Raha Sepehr me dédicace son dernier recueil de poésie en farsi et me fait part – en anglais, son français était encore balbutiant – du bonheur qui est le sien de vivre en France, dans un pays libre, surtout pour les femmes. Presque un rêve. Un pays dans lequel, poursuit-elle, on peut sentir le vent souffler dans ses cheveux et dont la devise de la République, « Liberté, Égalité, Fraternité », se compose exclusivement de mots féminins.

J'avoue n'y avoir jamais pensé. En revanche, tous les spectateurs du soir, population comme élus, et pas seulement ceux de ma majorité politique, ont bien compris, au moins pour quelques heures, la chance qui était la leur, qui est la nôtre, de vivre en France, fût-ce à Sarcelles. Sylvain Tesson n'a pas complètement tort de dire que « la France est un paradis peuplé de gens qui se croient en enfer ». La soirée a lieu salle Jacques-Berrier, au village, un quartier majoritairement résidentiel mais qui est aussi classé quartier prioritaire de la politique de la ville, un QPV, comme on dit dans le jargon ministériel. La place de Verdun, au centre du village, ressemble à tout sauf à un champ de bataille : l'éclairage public est agréable, le lieu en bon état, l'espace arboré, le monument aux morts nettoyé et protégé, la salle de spectacle accueillante. Les enseignes des commerçants, de niveau modeste, laissent entrevoir que l'on n'est pas dans l'Ouest parisien, le cœur des Yvelines ou les Hauts-de-Seine, mais on est loin, très loin de l'Afghanistan, et pas seulement en termes de libertés ou de régime politique. De nombreux investissements publics ont été faits, l'école agrandie, la rue principale fleurie, des caméras de vidéoprotection installées, ainsi qu'un panneau d'information lumineux flambant neuf. Et pourtant certains habitants du village me disent régulièrement que la situation se dégrade, que c'était mieux avant. Alors j'ai cherché de quel avant il s'agissait.

Probablement pas de celui de juin 1992, quand des précipitations diluviennes avaient plongé le centre du village, automobiles comprises, sous un mètre cinquante d'eau. Les bassins de rétention étaient jusqu'alors sous-dimensionnés. Ils ont été agrandis par la suite, si bien qu'il y eut de nouvelles pluies intenses mais jamais de telles crues. Les services publics compétents ont réalisé les investissements nécessaires, accompagnés par un collectif d'habitants constitué depuis en Association sarcelloise de sauvegarde et d'aménagement des rivières et des sites. Tout comme les libertés publiques, dont la liberté associative fait partie, les investissements publics sont un atout, une force, une richesse du modèle français. Nous y reviendrons. Mais, pour l'instant, poursuivons notre recherche de l'âge d'or de Sarcelles.

En remontant encore une trentaine d'années en arrière, on retrouve le « Cinq colonnes à la une » de 1960. Pas bien élogieux sur l'édification du Grand Ensemble, il est presque assassin à propos du petit bourg: « À quelques centaines de mètres, Sarcelles le vieux, un village traditionnel plutôt fatigué, qui a vu naître une ville nouvelle dont il ne sera bientôt plus qu'une dépendance. » Rien qui ressemble de près ou de loin à une période dorée. Alors quand? Certainement pas pendant la Seconde Guerre mondiale. Entre les deux guerres? Peu probable avec la Grande Dépression, même si c'est durant cette période que sera créée la plus ancienne association locale, L'Avenir de Sarcelles, suivie des Alouettes des champs, structures de gymnastes garçons puis filles, issues du catholicisme et toujours actives. La Première Guerre mondiale est surtout synonyme de souffrances, de privations et de départs de poilus sarcellois au combat. Et avant? Non seulement plus personne n'est encore vivant pour s'y référer, mais les archives sur la fin du XIXe siècle ne font franchement pas rêver. On y trouve certes des images d'Épinal, des photos de carte postale d'un petit village d'apparence tranquille, mais aussi des explications sur la vie de l'époque où Sarcelles avait la réputation d'être la ville la plus insalubre de la région, et où le maire était obligé de prendre des arrêtés pour interdire la vente d'alcool après 21 heures et les attroupements à l'entrée du bois afin d'éviter les rixes[1].

Quid du Grand Ensemble ? Lui qui n'a pas connu les guerres, a-t-il connu un âge d'or ? En 1963, Marc Bernard, prix Goncourt 1942, part en mission. Répondant à une commande de son ami Jean Duché, chroniqueur au *Figaro*, sur la « cité du futur », il va s'installer trois mois à Sarcelles avec armes et bagages, et publiera un an plus tard *Sarcellopolis*. Jean Duché annoncera la parution de l'ouvrage en en reprenant une des formules les plus satiriques « Sarcellopolis : découverte de l'homme de l'an 2000, mi-Cro-Magnon, mi-cosmonaute ». Au moins Sarcelles ne laisse pas indifférent. La ville est choisie pour « appréhender une banlieue en puissance », selon l'expression de Stéphane Bonnefoi dans l'avant-propos de la version rééditée en 2010[2]. Le récit, lui, se veut cocasse, tendre et tout en nuances. Pour enfoncer le clou sur la fatigue du village, l'auteur n'y va pas de main morte : « les ruelles zigzaguantes, les cours délabrées, les murs croûteux », « l'aspect vétuste de la vieille ville, l'absence de confort de ses logements ». Cette fois, c'est sûr, le bon vieux village n'a jamais existé.

À l'exception de cette pique, l'ouvrage d'investigation porte sur le Grand Ensemble « une ville pilote, dont la raison d'être, le but dernier, est de tendre à l'autarcie la plus large, de former

1. Étienne Quentin, *Sarcelles en 1900*, Éditions Cofimag, « Nos villes en 1900 », 1995.
2. Marc Bernard, *Sarcellopolis*, Finitude, 2010.

sur tous les plans un tout homogène ». En d'autres termes, la ville du quart d'heure bien en avance. Le concept, popularisé par Carlos Moreno en 2016 où l'essentiel des commodités est disponible dans un rayon de quinze minutes à pied, était soixante ans auparavant dans l'esprit des créateurs de Sarcelles. Ainsi, le Grand Ensemble dispose en quelques années, même si le temps de construire les équipements est long pour les habitants[1], de tout ou presque dans la proximité, à l'intérieur de chacun de ses quartiers : éducation, commerce, transports, soins, sport, à quelques exceptions près. Dans un pays laïc, les lieux de culte ne sont logiquement pas prévus par la puissance publique. Plus surprenant, la culture ne l'est pas non plus. Comme si elle n'était pas essentielle ou nullement un sujet de politique publique. Ce sont les habitants eux-mêmes qui s'organiseront pour créer les premiers lieux de culte, avec l'aide des institutions religieuses, et de culture, avant d'être relayés par la municipalité.

Autre manque et non des moindres : il n'y a pas ou peu d'emplois. D'où le qualificatif de cités-dortoirs dont Sarcelles et nombre de banlieues se verront longtemps affublées. Comme les réussites, les erreurs se jouent souvent dès la conception. Sarcelles est créée pour répondre à une crise du logement dans une période de plein emploi, donc conçue comme une zone d'habitation et non de travail. Malgré la construction d'un parc d'activités dans les années 1970, ce problème demeurera, surtout quand l'emploi viendra à manquer au niveau national, avec son lot de souffrance sociale, voire de violences urbaines. Car personne n'a pensé à raccorder les grands ensembles de l'est du Val-d'Oise, de

1. Voir sur ce point la thèse du sociologue américain Mark Traugott, « Sarcelles, études des relations sociales dans une "ville nouvelle" en France », traduit par Madeleine Mignon, 1968.

Sarcelles, Villiers-le-Bel, Garges-lès-Gonesse, Gonesse et Goussainville au puissant pôle aéroportuaire de Roissy-Charles-de-Gaulle, le deuxième d'Europe en fret et en passagers, dont la création est actée en 1964 et achevée en 1974 à une poignée de kilomètres de là. L'accès à l'emploi pour les Sarcellois se fait par le train pour Paris-Gare-du-Nord, qui deviendra le RER D desservant Châtelet-les-Halles en 1987, dix ans après les lignes A et B. Le flot de travailleurs qui partent de la gare le matin pour revenir le soir, vidant puis remplissant la ville, est un fait remarquable, quasi spectaculaire à Sarcelles, que les documentaires d'époque écrits ou audiovisuels ne manquent jamais de relever. Du moins pour ce qui concerne les hommes, car les femmes travaillent bien moins souvent.

Les « grandes ensemblières », c'est ainsi que les appelle Marc Bernard en décrivant leur désarroi. Trois quarts d'entre elles sont sédentaires, selon lui, et s'ennuient ferme en attendant que leurs maris reviennent de la « croûte » – du travail –, une baguette à la main. Les Sarcelloises ne font guère figure d'exceptions. Les années 1960, firmament des Trente Glorieuses, qui conjuguent prospérité économique, conquêtes de droits et créativité artistique, sont loin d'être paritaires. Le taux d'emploi[1] des femmes n'est que de 42 % en 1963. Sa croissance ininterrompue depuis les années 1950 le porte à 66 % aujourd'hui, soit juste cinq points derrière celui des hommes[2]. En cette belle année 1963 toujours, les femmes mariées ne peuvent pas occuper un emploi sans l'autorisation de leur époux, ni ouvrir un compte en banque en leur

1. Dans un groupe cible, le taux d'emploi correspond au pourcentage de personnes effectivement en emploi parmi la population en âge de travailler.
2. Michel Husson, « L'emploi des femmes en France depuis 1960 », Institut de recherches économiques et sociales, mai 2018.

nom propre. Il faudra attendre une loi de 1965 pour cela, une autre de 1973 pour supprimer la notion de « chef de famille » et la loi Veil de 1975 pour légaliser l'avortement. Nul besoin de remonter à l'an 343 av. J.-C., où l'on se demandait si la femme avait une âme, pour comprendre que, sur le long chemin de la conquête égalitaire, la France d'aujourd'hui est bien plus avancée que celle des années 1960, pour les femmes et pour les minorités, même si bien des efforts restent à faire.

C'est donc moins la situation réelle de ces années qui est enviable que la dynamique et l'état d'esprit de l'époque, résolument tournés vers l'avenir et la construction du monde de demain, doublés d'une capacité à décider vite et à prendre des risques. La crise du logement des années 1950 est certes bien plus aiguë que celle d'aujourd'hui, mais au cours des vingt dernières années, de 2000 à 2020 précisément, la France a enregistré un déficit de 157 000 logements[1]. Pourtant, plus personne ne songe aujourd'hui à reconduire des opérations de construction de grands ensembles, tel celui de Sarcelles, ou de villes nouvelles[2] comme cela fut le cas dix ans plus tard via une politique d'aménagement du territoire dédiée. Sans considérer ces opérations comme de totales réussites qu'il faudrait reproduire, l'ambition dont notre pays a su faire preuve en matière d'aménagement et de développement urbain est remarquable. Rien n'empêche de renouer avec cette ambition, tout en tirant les leçons des écueils des politiques précédentes, tant sur le plan des ratés architecturaux que sur les impensés : l'emploi, l'environnement, les questions sociales, culturelles

1. Selon une étude commandée par le groupe de gestion de copropriétés Emeria au cabinet Asterès.

2. Évry, Cergy-Pontoise, Marne-la-Vallée, Sénart et Saint-Quentin-en-Yvelines en Ile-de-France, Val-de-Reuil dans l'agglomération de Rouen, Lille-Est, l'étang de Berre près de Marseille et L'Isle-d'Abeau à quarante kilomètres de Lyon.

et identitaires, autant de problématiques qui vont revenir en boomerang à partir du début des années 1980.

La volonté politique des années 1960 avait aussi ses réalités opérationnelles. Il fallait confier à un grand opérateur le soin de réaliser l'ensemble des opérations d'achat de terrain, de construction et de gestion, non seulement des logements, mais également de tous les espaces associés, commerces, bureaux, voirie, parcs et jardins. Quand les villes nouvelles naîtront, ces grands opérateurs seront des établissements publics d'aménagement, placés sous autorité gouvernementale, avec représentation des élus locaux. Mais, à l'époque des opérations pionnières, l'État s'embarrasse moins, il utilise son bras armé, la Caisse des dépôts et consignations (CDC), institution financière publique napoléonienne, et lui octroie un nouveau rôle de promoteur et de maître d'ouvrage d'opérations immobilières d'envergure. En janvier 1953, François Bloch-Lainé devient directeur général de la CDC, et Pierre Courant ministre de la Reconstruction et de l'Urbanisme. Leur ambition commune est de révolutionner l'économie de la construction au moment où la France manque cruellement de logements. Comment ? En investissant dans l'ingénierie et en opérant à grande échelle, avec le principe de répétition bâtimentaire et de préfabrication. Produire des immeubles en série, comme on savait déjà le faire pour les voitures. Le taylorisme et le fordisme appliqués à la construction, tel est le mode de réalisation du Grand Ensemble, avec la standardisation comme promesse égalitaire. Le 1er février 1954, l'abbé Pierre lance son appel : l'« insurrection de la bonté », face à l'indicible. Des milliers de sans-abri gèlent la nuit en pleine rue, plusieurs meurent de froid. Le 11 juin, à peine cinq mois plus tard, la Société centrale immobilière de la

Caisse des dépôts (SCIC) est créée pour résoudre durablement le mal-logement.

Mourenx, Créteil, Épinay-sur-Seine, Gagny, des dizaines de chantiers dans toute la France sont entrepris par la SCIC dès sa création, mais c'est surtout Sarcelles qu'elle va révolutionner. Elle y arrive un peu par hasard. La CDC, sa maison mère donc, est contactée par un groupe d'habitants qui a besoin de financement et d'une route pour desservir le lotissement de maisons qu'il est en train de construire, à la limite de l'urbanité de la petite couronne parisienne, dans le quartier des Sablons, qui touche Pierrefitte-sur-Seine et Stains. On les appelle les Castors, ces rongeurs capables d'édifier des barrages ou de bâtir leur propre maison. Il s'agit d'un mouvement national d'autoconstruction coopératif, où le travail collectif des constructeurs-propriétaires pendant leur temps libre vient compléter leur investissement financier. Sarcelles a aussi ses pionniers. Ils construiront deux quartiers de la ville, dont un dans le Grand Ensemble, qui tient toujours debout et en constitue la seule, petite et singulière zone pavillonnaire. Cette fois, les Castors n'auront pas élevé un barrage mais ouvert une porte, à la SCIC en l'occurrence, et à sa production industrielle d'une ville sur ces dizaines d'hectares, marécageux mais idéalement situés, qu'elle acquiert progressivement et dont elle confie la conception générale à deux architectes : Jacques Henri-Labourdette et Roger Boileau.

L'attractivité du Grand Ensemble qu'elle construit est réelle pour les travailleurs modestes, essentiellement des salariés bénéficiant du 1 % patronal, créé en 1953, ou d'affectations directes de lots entiers de logements via leur ministère. Ainsi, des fonctionnaires de la police ou des douanes, mais aussi des instituteurs, des ouvriers, des salariés du privé accèdent au logement social à Sarcelles et trouvent leur compte dans ce nouveau cadre de vie qui allie la qualité et la disponibilité des logements. Mais la promiscuité du voisinage dans cette densité urbaine peut faire naître de la nervosité entre habitants, en plus de l'ennui lié au sous-équipement culturel et de loisirs. Même si la ville dispose de treize mètres carrés d'espaces verts par habitant contre un seul à Paris, on la considère comme pathogène et on lui accole un néologisme : la sarcellite, le mal de vivre dans un grand ensemble qui ne réunit pas encore toutes les conditions d'une vie équilibrée en société. Qu'à cela ne tienne, dans ce nouveau monde où tout est à construire au-delà des immeubles et où les questionnements foisonnent en écho aux mouvements sociaux de l'époque, les interactions vont se multiplier, des liens humains et fraternels vont se créer et donner naissance à une vie sociale, solidaire même, mais aussi culturelle, communautaire et politique particulièrement active, voire précurseuse.

On refait le monde dans les réunions publiques. Dans l'une d'entre elles, raconte Marc Bernard, un habitant vient expliquer avec verve que les tours sont « le symbole même du régime capitaliste », qu'elles « nous écrasent de leur masse » et « poussent l'insolence jusqu'à dominer de très haut l'église et l'annexe de la mairie ». Le Sarcellois, le verbe haut, peut aller loin dans son raisonnement, mais, en règle générale, la mobilisation se veut plus pragmatique. Des premiers mouvements de contestation contre la SCIC se mettent en place dès le début des années 1960, face à des loyers considérés comme trop chers. Les habitants ne sont d'ailleurs pas les seuls à contester la toute-puissance de la filiale de la CDC, qui possède les deux tiers de la ville où l'administration échappe de fait à l'autorité municipale. Henry Canacos, maire PCF de 1965 à 1983, devra jouer de ses bonnes relations avec l'administration préfectorale et se doter d'une armée de jeunes diplômés, ingénieurs et juristes, pour regagner du pouvoir et mettre en place sa politique face à une SCIC qui gère son immense patrimoine sarcellois comme une succursale depuis son siège parisien[1]. Si le volontarisme et la capacité d'action au plus haut niveau sont à louer dans la construction du Grand Ensemble, la gouvernance centralisée court-circuitant le pouvoir exécutif local et faisant peu de cas de la démocratie participative, l'est beaucoup moins.

Heureusement, les pionniers sont là. Ces premiers habitants qui arrivent entre la fin des années 1950 et le milieu des années 1960 ont tout à bâtir. Et ils vont le faire. On peut compter sur eux dans le bras de fer avec la SCIC, mais également dans d'autres combats. On leur doit la première bibliothèque de la ville, dans un appartement, celui d'un certain Jean Grosso, employé des PTT et amateur de littérature. Avec quelques amis, ils forment un club de lecture et auront des invités prestigieux tous les mois. Les mêmes ou presque monteront un cinéma de fortune dans l'école Henri-Dunant, puis à la MJC, où ils diffuseront un film clandestin qui dénonce les exactions de l'armée française en Algérie, suscitant un débat enflammé jusque tard dans la nuit. Cette même énergie va faire de Sarcelles une des villes pionnières, comme Grenoble, en matière d'autogestion citoyenne avec la mise en place dès 1965 d'un Conseil de résidents et d'une Coopérative de gestion. Des assemblées qui s'inscrivent dans un mouvement naissant porté par une nouvelle gauche dont les figures de proue sont Hubert Dubedout, qui vient de conquérir la mairie de Grenoble en s'appuyant sur les Groupes d'Action Municipale (GAM), et Michel Rocard, sous le pseudonyme

1. Raconté par Michel Pastor, ancien secrétaire général de la mairie de Sarcelles, dans son livre autobiographique, *Mémoires d'un enfant albinos du Piedmont cévenol*, éditions Vérone, 2022.

de Georges Servet, au sein du club Jean-Moulin. Le premier va expérimenter dans sa gestion municipale une organisation sociale et politique décentralisée, quartier par quartier. Le second, tenant d'une gauche moderniste, plaide pour la planification démocratique qui vise à penser et à construire avec les salariés et les habitants.

La SCIC à Sarcelles, qui veut apaiser les relations avec ses locataires, soutient ces initiatives démocratiques. En revanche, le Parti communiste et la Confédération nationale du logement les voient d'un mauvais œil, à la fois trop concurrents et trop socio-démocrates pour les tenants d'une ligne descendante et radicale. Cela n'empêchera pas ces deux gauches de cohabiter et de construire la vie sarcelloise, chacune avec sa légitimité et sa méthode. Le maire communiste élu de 1965 à 1983 amènera une partie importante des équipements manquants, culturels en particulier. La bibliothèque municipale Anna-Langfus voit ainsi le jour en 1969. Elle porte le nom de la lauréate du prix Goncourt 1962[1], rescapée de la Shoah, à l'œuvre bouleversante, écrite dans un français d'autant plus remarquable que sa langue maternelle est le polonais. Décédée à quarante-six ans en 1966, elle était sarcelloise depuis 1960 et participait activement à la vie littéraire de la commune en animant un club de lecture, dont l'une des jeunes pousses les plus assidues était le futur ethnopsychiatre Tobie Nathan[2]. Le Forum des Cholettes ouvre ses portes en 1973, à la même époque que le premier bus interne à la ville, la zone d'activité, le lycée professionnel et le premier magasin du centre commercial des Flanades. Le financement du Forum à hauteur de 575 millions de francs est 100 % municipal pour accueillir, dans une sorte

1. Anna Langfus, *Les bagages de sable*, Gallimard, 1962.
2. Épisode raconté par Tobie Nathan, dans *Ethno-roman*, Grasset, 2012.

de centralisme culturel, une salle de spectacle de mille places, une cinémathèque, une discothèque, deux foyers, deux bars et des salles de réunion. Trente ans durant, cet équipement sera un véritable poumon de la commune, où le populaire et l'excellence se côtoieront, et qui, par sa place centrale au cœur du Grand Ensemble, sera aussi le lieu de rencontre et de brassage dont la ville avait besoin.

« Le Forum des Cholettes, à Sarcelles. Ce lieu de culture qui a forgé mon enfance, influencé ma vie d'adulte et motivé tous mes combats[1]. » Tels sont les termes employés par le réalisateur franco-marocain Nabil Ayouch, né d'une mère juive et d'un père musulman, qui a passé toute son enfance à Sarcelles. Installé à Casablanca depuis vingt-deux ans, à l'occasion de la sortie de son dernier film, *Haut et fort*, en 2021, le réalisateur de *Much loved* explique dans une interview au *Point Afrique*[2] avoir créé, via sa fondation Ali-Zaoua et avec le soutien de l'État, cinq centres culturels au Maroc, à Tanger, Fès, Agadir et récemment à Marrakech, en s'inspirant du Forum des Cholettes. La nouvelle vie culturelle des années 1970 emplit, nourrit et ouvre l'esprit de milliers de Sarcellois, forge l'identité de la ville et de ses habitants, même après leur départ. La politique culturelle municipale est un levier d'action extrêmement puissant, surtout quand elle crée des lieux innovants que les habitants peuvent s'approprier. Les Sarcellois deviennent peu à peu maîtres de leur destin, non seulement en matière culturelle, mais aussi politique et citoyenne, avec le Conseil des résidents qui prend de l'ampleur. Il faut dire que le premier président n'est pas n'importe qui.

1. Page Facebook de Nabil Ayouch, 17 juin 2020.
2. « Nabil Ayouch : "Pour ce continent, je ne crois qu'aux actions locales" », *Le Point Afrique*, 17 novembre 2021.

Centralien, journaliste, chef de publicité chez Publicis, Claude Neuschwander, proche de Michel Rocard, fait aussi partie des fondateurs du club Jean-Moulin et de l'Association pour la Démocratie et l'Éducation Locale et Sociale (Adels) qui œuvre localement afin de renforcer les maires face au pouvoir démesuré des préfets sous de Gaulle. Il est sarcellois, chose rare pour un cadre supérieur d'une grande entreprise parisienne, et peut discuter d'égal à égal avec les ingénieurs des ponts qui dirigent la SCIC. « On avait négocié une convention qui permettait aux habitants de gérer, ce qui mettait la mairie communiste de Sarcelles dans une situation de porte-à-faux considérable. » Le conflit avec la mairie aura finalement raison du Conseil des résidents, que Claude Neuschwander quittera pour présider l'Adels avant de prendre la tête de l'horloger Lip. Revenant sur ses années sarcelloises, il traite la mairie de l'époque de « proprement stalinienne », tout en se défendant d'anticommunisme primaire, et considère surtout que le « Conseil des résidents a fait progresser la participation des habitants[1] ». Adhérent de la CFDT, il ne sera pas seul dans ses combats à Sarcelles.

La famille Chérèque, en provenance de Nancy, emménage en 1968 dans un logement social du Grand Ensemble. Le père, Jacques, ouvrier spécialisé dans la sidérurgie, est un des dirigeants du syndicat réformiste qu'il a contribué à créer quatre ans plus tôt à partir de la CFTC. Proche de Michel Rocard lui aussi, il intégrera son gouvernement de 1988 à 1991 en tant que ministre chargé de l'Aménagement du territoire et de la reconversion industrielle. Le fils, François, a douze ans lorsque les Chérèque arrivent à Sarcelles. Il y fera ses

1. Extraits de « #719 Claude Neuschwander : la création de l'Adels, la décentralisation, le club Jean-Moulin, le premier Conseil des résidents à Sarcelles », Le Blog de Roubaix, 15 octobre 2011.

gammes, ses classes, sera le capitaine de l'équipe de rugby au lycée Jean-Jacques-Rousseau. Trente ans plus tard, il dirigera la CFDT, le syndicat cofondé par son père. Si la famille reste moins de dix ans à Sarcelles, elle y laisse des souvenirs, des amis et des traces de son militantisme. Elle prend la suite de Claude Neuschwander dans la structuration de la deuxième gauche et celle des camarades du PSU qui avaient invité en 1966 Pierre Mendès France et Michel Rocard. Quelques clichés en noir et blanc, parmi les plus célèbres du Sarcelles de l'époque, ont immortalisé leur présence conjointe, symbole de l'effervescence militante dans la ville du futur des années 1960. Celle du volontarisme d'État, mais déconnecté des habitants, celle de la sarcellite, poussée d'impatience que la cité prenne vie, celle des premiers mouvements de locataires et du début de la politisation de la cité, celle du combat des gauches qui fera progresser la culture pour l'une, la démocratie pour l'autre, celle de la vie des quartiers qui commencent à s'animer un peu plus avec l'arrivée des pieds-noirs rapatriés d'Algérie et des premiers membres de la communauté juive d'origine égyptienne, puis algérienne et tunisienne.

Est-ce tout cela cumulé que l'on appelle l'âge d'or ? Rien n'est moins sûr. Un âge correspond nécessairement à un laps de temps significatif. Or ce n'est qu'au milieu des années 1970 que Sarcelles est correctement construite et équipée, au moment où le choc pétrolier vient d'avoir lieu, où le chômage commence à s'installer, surtout chez les classes modestes et dans les quartiers populaires. À peine les premiers problèmes résolus, d'autres apparaissent. Les Trente Glorieuses n'en portent pas moins bien leur nom : 5,05 % de taux de croissance annuel moyen en France de 1950 à 1973, alors que, sur longue période, il n'aura que très rarement dépassé les 2 %. Une économie de plein emploi stimulée par une modernisation de la France et de tous les pays développés, conjuguant dynamique d'innovation, production et consommation de masse, politique économique interventionniste, mise en place de la Sécurité sociale, accroissement rapide des niveaux de vie, des droits et des libertés publiques.

On qualifie de « crises » les périodes qui ont suivi, sans se rendre compte que ce sont les Trente Glorieuses qui étaient une parenthèse, l'exception d'une économie post-guerre, après un conflit mondial où le PIB de la France aura chuté de 60 %. La période de reconstruction ne pouvait être que faste et éphémère. Toute la question était de savoir gérer la suite. Analyser la situation économique et sociale avec clairvoyance, capitaliser sur les réussites, combler les manques, tout en gardant une vision prospective. Pas sûr que l'exercice ait été globalement réussi. Mais il est toujours utile d'être mené, à Sarcelles comme ailleurs, pour analyser l'état de notre pays. Car, au fond, chaque ville est une mini-France. Jean Fourastié, qui a conceptualisé les Trente Glorieuses, étaie bien sa démonstration en considérant un village, avant et après ces années de croissance, celui de Douelle, en Quercy, dans le Lot, moins de 1 000 habitants. Les 60 000 de Sarcelles, avec une histoire aussi singulière, doivent théoriquement nous en apprendre au moins soixante fois plus. Sur cet urbanisme si atypique et en même temps si caractéristique de l'époque, mais aussi sur ces habitants, dont nous avons commencé à percevoir le caractère forgé par l'expérience de la vie dans le Grand Ensemble, à la fois neuve, parfois écrasante, mais émancipatrice. « Mi-cosmonaute, mi-Cro-Magnon », le Sarcellois ? La réalité est ailleurs.

Dimanche 6 novembre 2022, nous inaugurons l'allée Jeanine-et-André-Nahum. Elle fut une infirmière héroïque pendant la Seconde Guerre mondiale et lui, son époux, un médecin historique du Grand Ensemble. Pionniers de Sarcelles, ils nous ont quittés respectivement en 2015 et 2016, à plus de quatre-vingt-dix ans. André sera un notable de la ville cinq décennies durant, médecin, mais aussi chroniqueur radio, écrivain et adjoint au maire quelques mois. Auteur d'une dizaine d'ouvrages, souvent en lien avec ses racines tunisiennes, il est, en outre, celui qui a révélé au grand public l'histoire de Victor Young Perez, le « boxeur d'Auschwitz », interprété à l'écran par Brahim Asloum en 2013[1]. À la fin des discours officiels ce 6 novembre, Pierre, le fils d'André et Jeanine, cardiologue retraité, lève la main et demande inopinément à prendre la parole, comme le faisait son père, nous dit-il. La centaine de personnes présentes en ce matin pluvieux se demande ce qu'il va bien pouvoir raconter, cinq personnes ayant déjà rendu un hommage complet à ses parents. Pierre s'exprime alors en ces termes : « Quand nous sommes arrivés en France, mon petit frère et moi étions au lycée à Versailles, en internat. C'était très dur. Venant de Tunisie, nous étions différents, et les autres nous le faisaient ressentir. Nous n'avions qu'un seul ami. Il était noir. Il venait d'Afrique. Il souffrait comme nous de sa différence. Un jour, il nous a dit qu'il connaissait une ville où ce n'était pas comme ça, où les gens étaient tous égaux, où il y avait des Blancs, des Noirs, des Juifs et tout le monde s'entendait. Cette ville s'appelait Sarcelles. Son cousin y vivait et il allait bientôt le rejoindre. On est rentrés à la maison et on a dit à nos parents qu'on ne voulait plus rester ici, qu'on était trop malheureux et qu'il existait une ville où on serait mieux. Nos parents voulaient notre bien. Dans les semaines qui ont suivi, nous avons déménagé à Sarcelles. »

1. *Victor Young Perez*, film de Jacques Ouaniche, 2013.

À la recherche de l'âge d'or, nous avons trouvé une âme. C'est fondamentalement différent. Le bon vieux temps, le « c'était mieux avant » relèvent de la nostalgie, au sens étymologique du terme, du grec *nostos* « retour » et *algos* « souffrance », littéralement le mal de ne pas pouvoir retourner en arrière, dont les causes sont rarement objectivables. Michel Pastor a fait partie de la seconde vague des pionniers du Grand Ensemble, à partir du début des années 1970, comme une des éminences grises de la gauche locale. Né en 1947, il rappelle dans ses mémoires[1] à quel point l'époque où il est né, puis a grandi, était peu enviable, citant la polio qui faisait des ravages, la mortalité infantile, la faible espérance de vie, la semaine de 48 heures, le manque de confort des logements, l'ostracisation des mères célibataires et des homosexuels, les grandes famines dans le monde, la dureté des inégalités sociales, les discriminations frappant les jeunes filles, l'indifférence vis-à-vis des personnes en situation de handicap… Pas grand-chose à regretter, en effet, et la liste n'est pas exhaustive. Mais le culte du passé relève aussi d'une volonté politique, selon lui : « Il s'agit en fait, en tentant d'imposer des valeurs rétrogrades, de favoriser la mise en place de systèmes politiques autoritaires et belliqueux. » Le conservatisme et l'autoritarisme, voilà ce que servent en fin de compte les visions mythifiées du passé. Elles s'accompagnent presque systématiquement d'un dénigrement du présent et d'une peur de l'avenir. Dans quel objectif ? Pousser les gens à se refermer sur eux-mêmes, immobiliser la société, contraindre le choix démocratique et confisquer le pouvoir.

Tout autre est l'introspection historique permettant de révéler les valeurs fondamentales d'une ville ou d'un pays, pour mieux les entretenir, les faire vivre, les transmettre : la

1. Michel Pastor, *Mémoires d'un enfant albinos…*, *op. cit.*

devise de la République, comme l'âme fraternelle de Sarcelles. C'est dans ses valeurs, dans l'essence de ce que l'on est, que l'on puise la source de sa résilience. Et il y en aura besoin. Le tournant des années 1980 ne sera pas facile à négocier, surtout pour les banlieues construites dans les années 1960, de la poussée du chômage et des inégalités à la nouvelle question identitaire.

2
La concentration des inégalités

« C'est un travail de dépannage… Pour moi le choix, c'est faire ce travail-là ou le vol. » Mustapha, dit Moustique, a dix-huit ans quand il s'exprime dans l'émission de FR3, « Laser », en 1982. Dominique, dix-sept ans, son compagnon d'infortune qui a arrêté l'école en quatrième, et lui semblent totalement désabusés par cette société qui les contraint à l'exclusion ou à un petit job de survie. L'épisode s'appelle « Les jeunes éboueurs de Sarcelles[1] ». En réalité, ils trient du verre dans ce qui ressemble à l'une des premières entreprises d'insertion, quelque part au village. Peu importe qu'ils ne soient pas vraiment éboueurs et que Moustique habite à Franconville, dont le quartier HLM est comparé dans ce reportage à Chicago, il fallait un titre accrocheur à ces 7 minutes 24 d'une totale désolation. Si la chaîne force encore un peu plus le trait avec le « London Calling » des Clash en bande-son, ce qu'elle raconte du début des années 1980 ne relève pas de la fiction.

1. *Les jeunes éboueurs de Sarcelles*, « Laser », FR3, archive INA, 7 juin 1982.

Au contraire, tout y est: la fin du plein emploi qui frappe les jeunes en particulier, l'échec scolaire sans prise en charge alternative, l'absence de politique structurée d'insertion professionnelle, les petits emplois de service occupés par les fils d'ouvriers, eux-mêmes privés des leurs par la désindustrialisation en cours, le tout dans des banlieues de plus en plus populaires et peuplées d'immigrés. Et encore, Sarcelles ou Franconville ne font pas partie des échecs urbanistiques les plus patents, où la démolition bâtimentaire pure et simple a dû s'imposer, et vite, tant la situation était devenue intenable.

Le pire nous vient de la région lyonnaise. De Villeurbanne d'abord et sa cité Olivier-de-Serres. On en parle parfois comme d'un grand ensemble, à tort, car aucune des fonctionnalités permettant d'y mener une vie sociale et professionnelle convenable n'est présente. Sur le plan architectural, on fait difficilement plus laid, six barres de huit étages sans aucune intention esthétique sont édifiées et juxtaposées à la va-vite, en marge de la ville, dans l'urgence d'accueillir les rapatriés d'Algérie à la fin des années 1950. Ni vue d'ensemble ni connexion avec le reste du monde. Comment passer autant à côté de l'essentiel? En confiant le tout au privé. Le terrain appartient à des industriels, les frères Simon. Le rôle de la puissance publique se limite à leur accorder des prêts avantageux. Ils font construire et logent, puis augmentent graduellement les loyers et les charges, sans réaliser les équipements, les aménagements de voirie et d'espaces verts prévus au cahier des charges. Les premiers locataires partent et sont remplacés par des immigrés maghrébins. À la paupérisation accrue, à l'absence de commodités de base et au surcoût locatif, s'ajoute la ghettoïsation ethnique. La délinquance s'installe et le tout devient purement invivable. La cité sera rasée entre 1978 et 1984, sans laisser aucune trace, pas même le nom du célèbre agronome, juste de mauvais souvenirs, une exposition[1] et quelques leçons à tirer de cette épouvante urbaine et sociale.

Autre ratage historique, toujours dans la banlieue de Lyon : les Minguettes. À cheval entre les communes de Vénissieux et de Saint-Fons, la plus grande zone à urbaniser en priorité (ZEP) de France avec 270 hectares, actée en 1960, bâtie entre 1965 et 1973, va permettre d'accueillir 25 000 habitants. Avec un plan d'ensemble cette fois, des équipements et un peu de diversification d'habitat. Dix ans après le Grand Ensemble de Sarcelles et avec 15 000 habitants de moins, on aurait pu s'attendre à une réussite. Ce ne fut pas le cas. Des barres et des tours trop larges, trop hautes, et une osmose sociale qui ne prend pas. Le chômage et le désœuvrement gagnent du terrain. Juillet 1981, de violents affrontements éclatent entre des bandes du quartier et les forces de l'ordre. Voitures brûlées, volées, rodéos, cambriolages, saccages de commerces… naissance des premières émeutes urbaines et, avec elles, du « malaise des banlieues », un euphémisme bien plus grave que la sarcellite et qui ne restera pas sans conséquences, d'autant plus que la situation des Minguettes n'est pas isolée. Villeurbanne, Vénissieux, mais aussi Vaulx-en-Velin, les quartiers nord de Marseille, Roubaix, Vitry-sur-Seine, la cité des 4 000 à La Courneuve ou celle du Haut-du-Lièvre à Nancy avec ses deux barres longues de 410 et 300 mètres, la liste des sites qui cumulent à différents degrés

1. *Olivier-de-Serres. Radiographie d'une « cité ghetto »*, Le Rize, Villeurbanne. Lire également sur ce point : Olivier Chatelan, « Vie, mort et mémoire de la cité Olivier-de-Serres », *Vingtième siècle. Revue d'histoire*, n° 106, *Norbert Elias et le XXe siècle : le processus de civilisation à l'épreuve* (avril-juin 2010), p. 254-256.

vieillissement prématuré de l'habitat, urbanisme inadapté et violences urbaines, ne cesse de s'accroître.

Nouvelles émeutes aux Minguettes en 1983 : outre la réponse policière de court terme, il faut reposer les questions de fond. Les acteurs du quartier s'organisent, Toumi Djaïdja, président de l'association SOS Avenir Minguettes, et le père Christian Delorme, curé de Saint-Fons et farouche militant de la paix et du dialogue interreligieux, lancent la fameuse « marche pour l'égalité et contre le racisme » qui rassemblera 100 000 personnes à Paris, le 3 décembre 1983. Dans une réduction douteuse, l'événement sera rebaptisé la « marche des beurs », cependant il est pris au sérieux et une délégation est reçue à l'Élysée. Le mouvement donnera naissance à SOS Racisme en 1984.

L'action publique n'est pas totalement en reste dans cette séquence. Un rapport a été commandé quelques mois auparavant à Hubert Dubedout, le maire de Grenoble donc, pionnier de la démocratie participative. Paru en janvier 1983, ses propositions jettent les bases de ce qui deviendra la politique de la Ville, mélange d'action sociale, d'autonomisation citoyenne et de refonte du bâti, spécifiquement dédié aux banlieues et autres ensembles urbains construits depuis la fin des années 1950, qui connaissent tous des difficultés plus ou moins prononcées. Le sort des Minguettes, lui, est scellé. Il faut restructurer en profondeur : vingt tours seront démolies à partir de 1984, ainsi que la barre Monmousseau, 110 mètres de long, 15 étages, 197 logements, dynamitée le 2 avril 2021. Même destin pour la cité des 4 000 de La Courneuve, dont sept barres sur dix seront démolies de 1986 à 2020.

Moins de vingt ans séparent les premières constructions des premières démolitions des cités les plus désastreuses de la banlieue lyonnaise ou parisienne. Un éclair au regard de l'histoire. À Sarcelles, le début des destructions viendra soixante ans après l'édification du premier quartier des Lochères, où ce n'est pas tant l'urgente nécessité de maîtriser la délinquance ou l'impossibilité de vivre en société qui inciteront à casser, mais l'obsolescence du bâti et quelques erreurs d'origine, presque marginales, à corriger. Et encore, avec du recul, certaines démolitions étaient discutables. Toutes les grandes opérations urbaines des années 1950 et 1960 ne se valaient donc pas. Quelles leçons en tirer ? Un : la conception d'ensemble est fondamentale. Bâtir une quasi-ville qui réponde aux besoins essentiels de la population s'inscrit dans une démarche durable. En revanche, ériger un quartier excentré, refermé sur lui-même et sans autres fonctions que le logement, se transforme rapidement en voie sans issue. Deux : l'architecture compte. L'urbanisme de barres est inesthétique, enclavant et sur-densifiant. Produisant mal-être et promiscuité, il est le premier visé par les opérations de démolition. À proscrire. Trois : sans intervention publique forte, point de salut. La conception de la cité ne peut décemment être confiée au privé. Lui déléguer des opérations techniques peut fonctionner, lui laisser le soin d'organiser la vie collective, non. Quatre, probablement le point le plus sensible, car le plus difficile à maîtriser : le risque de non-mixité. Quand s'ajoute à la concentration sociale la ghettoïsation ethnico-religieuse, le tout sur fond de chômage, plus rien ne tient.

« La France allait-elle connaître, à l'instar des États-Unis ou de l'Angleterre, ses quartiers à l'abandon et ses zones d'explosion sociale incontrôlée ? », se demande Hubert Dubedout dans l'introduction de son rapport de 1983. Poser la question, c'est en partie y répondre. Oui, il y a des similitudes, notamment avec la Grande-Bretagne, le pays d'Europe le plus fortement touché par les émeutes. À Bristol en 1980 et surtout Brixton en 1981, de violents affrontements opposent des jeunes originaires des Caraïbes et la police. Trente villes anglaises seront atteintes par le phénomène cette même année et le cycle d'émeutes outre-Manche ne s'arrêtera pas là. Mais non, la France n'est pas l'Angleterre ni les États-Unis. La culture interventionniste de l'État, au-delà des questions régaliennes, distingue la France des pays anglo-saxons qui traitent les émeutes uniquement par la répression policière, alors que l'approche hexagonale est plus mixte, plus globale, plus sociale. C'est celle qu'adopte le rapport Dubedout, synthétisant les travaux de la Commission nationale pour le développement social des quartiers, qu'il préside.

Pour quiconque se procure la version originale publiée par La Documentation française[1], l'aspect du rapport, tapé à la machine, semble appartenir à une autre époque. Mais le contenu n'a quasiment pas pris une ride, que ce soit sur l'insertion professionnelle des jeunes, les actions sociales, éducatives et culturelles à développer, mais aussi sur la sécurité publique, avec l'idée de mettre en place des îlotiers formés aux relations avec la population de ces quartiers, dont s'inspirera quatorze ans plus tard Lionel Jospin pour sa police de proximité. Pas grand-chose à redire non plus sur les propositions de renforcer les moyens de l'école et d'attirer des enseignants expérimentés là où le niveau est le plus faible, de démocratiser la gestion de la ville en s'appuyant sur les habitants et les associations, de porter des projets municipaux et de quartier ou encore de veiller à leur composition sociale, en évitant la ségrégation territoriale des populations pauvres et immigrées. Même l'approche entre démolition et réhabilitation du bâti

1. Hubert Dubedout, *Ensemble, refaire la ville*, rapport au Premier ministre du président de la Commission nationale pour le développement social des quartiers, La Documentation française, janvier 1983, p. 5.

est équilibrée. Il y aurait certes besoin de précisions et d'actualisation, mais la philosophie est convaincante. Cependant, le rapport a été assez peu suivi d'effets immédiats. Et pour cause, probablement considéré comme trop deuxième gauche, Hubert Dubedout, pourtant maire et parlementaire socialiste aguerri, ne se verra confier, lors de l'accession de François Mitterrand au pouvoir, aucune autre responsabilité nationale que la présidence de ladite commission.

Il faudra attendre 1988 et l'arrivée de Michel Rocard à Matignon pour que le premier délégué interministériel à la Ville soit nommé et le Conseil national des villes installé, puis 1990 pour qu'il y ait un ministre de la Ville. Hubert Dubedout décédant en 1986, ce sera Michel Delebarre, fraîchement élu maire de Dunkerque, qui obtiendra ce portefeuille avec le statut de ministre d'État. Depuis, en trente-trois ans, vingt-trois membres de gouvernement, rarement de plein exercice, se sont succédé sur ce fauteuil, soit une durée de fonction moyenne de moins d'un an et demi. Peu de stabilité donc, un casting rarement à la hauteur (la crédibilité de Bernard Tapie, ministre de la Ville en 1992-1993, était toute relative) et une ambition en dents de scie, droite et gauche confondues. La droite aura beau jeu de rejeter sur la gauche la crise des banlieues. La première a gouverné alors que les problèmes étaient en germe et souvent prévisibles[1], la seconde arrive au pouvoir au moment où les émeutes les plus marquantes explosent, difficile de les lui imputer. Plus critiquable est le temps de réaction et de mise en œuvre des moyens dédiés à la politique de la Ville, qui finiront, heureusement, par être

1. Notamment via le rapport de la Datar, *Une image de la France en l'an 2000, scénario de l'inacceptable*, schéma général d'aménagement de la France, La Documentation française, « Travaux et recherches de prospective », juillet 1971.

significatifs. Mais, en 1983, la gauche a du mal à suivre les préconisations du rapport Dubedout pour une autre raison que sa sensibilité rocardienne.

Deux ans après sa prise de pouvoir historique de 1981, les résultats du pouvoir socialiste ne sont pas au rendez-vous. La relance se noie dans une économie de plus en plus ouverte aux échanges internationaux. Le *policy mix*, combinaison de la politique budgétaire et de la politique monétaire, ne fonctionne pas. Le déficit se creuse, l'inflation repart à la hausse et le franc est dévalué trois années consécutives. La gauche, en mal de crédibilité économique, applique le tournant de la rigueur. Mars 1983, quasi-retour aux orientations de la fin des années 1970 du gouvernement Giscard-Barre, 15 milliards de francs de réduction de dépenses publiques sont annoncés. Le gouvernement s'adapte à la déferlante libérale internationale, dont les fers de lance sont Ronald Reagan aux États-Unis et Margaret Thatcher en Angleterre, tous deux adeptes des thèses de l'économiste Milton Friedman. Ce dernier, Prix Nobel 1976, a une influence croissante outre-Atlantique depuis son ouvrage de 1962 *Capitalisme et Liberté*, jusqu'à sa série d'interventions télévisées, *Free to Choose*, de 1980. Sa théorie peut se résumer assez simplement : le libéralisme est supérieur à tous les autres systèmes économiques pour produire et distribuer les richesses, il faut par conséquent laisser le plus d'espace possible au marché, réduire le rôle de l'État et déréguler.

L'analyse est classique, mais, remise au goût du jour avec l'éloquence de Friedman, elle séduit bien au-delà des frontières américaines. Sa transposition sans filtre à l'échelle internationale ne va toutefois pas faire que des heureux. Ou, plutôt, elle va faire des très heureux et des très malheureux. Car la conséquence principale d'une telle politique est l'accroissement des inégalités, selon un principe simple : moins il y a de règles, plus il y a d'inégalités. Nul besoin d'être prix Nobel d'économie pour comprendre cela. Pas besoin non plus d'être un spécialiste de l'histoire comparée de la France et des pays anglo-saxons pour savoir que la tradition d'intervention de l'État a structuré l'industrie française depuis Colbert, et que faire fi de son propre modèle pour céder à la domination culturelle économique de la période n'est pas forcément un choix avisé. Inutile également d'être expert en cycles économiques longs pour observer que ces richesses qui s'accumulent de façon aussi vertigineuse qu'inégalitaire dans les années 1980 se sont construites sur les acquis des Trente Glorieuses et de leur politique keynésienne.

En effet, l'élévation des niveaux de vie et d'éducation, le système de protection sociale, l'investissement dans les infrastructures ou encore la solidité du système bancaire vont servir de tremplin pour la constitution de grands groupes générant de grandes fortunes. Ces derniers vont réclamer toujours plus de liberté, en offrant toujours moins de contreparties. Le partage de la valeur ajoutée, c'est-à-dire de la richesse créée par l'activité productive, se déséquilibre progressivement en faveur des profits des entreprises et au détriment des salariés[1]. La libéralisation du marché du travail va permettre d'embaucher mais surtout de licencier plus facilement, ainsi que de multiplier les contrats courts et les emplois à temps partiel. Et où vont vivre ces nouvelles populations de chômeurs et de précaires ? En banlieue, en périphérie des métropoles, là où il y a du logement social et

1. La part de la valeur ajoutée distribuée aux salariés est passée de 68 % à 60 % dans les pays européens et de 65 % à 58 % aux États-Unis entre 1980 et 2015. Source : Sophie Piton, « Comment expliquer la déformation du partage de la valeur ajoutée depuis trente ans ? », ENS Lyon, 2018.

un réseau de transports leur permettant, dans des conditions plus ou moins satisfaisantes, de se rendre à leur travail, pour celles et ceux qui en ont encore un. Mais la vague de libéralisation et de dérégulation ne s'arrête pas là.

Raymond Barre s'en fait l'avocat dès 1977. Les Français doivent payer le vrai prix de l'habitat et, pour cela, il faut accentuer le recours au marché et faire basculer le secteur de la construction vers le privé. Ce n'est plus l'offre de logement qu'il faut subventionner, mais la demande. Concrètement, l'Aide Personnalisée au Logement (APL) destinée aux ménages va progressivement remplacer l'aide à la pierre qui venait financer les bailleurs sociaux en contrepartie de l'application de loyers modérés. Outre la différence de mécanismes, l'APL va être davantage ciblée sur les plus bas revenus[1]. Les grands parcs de logements sociaux se peuplent ainsi de personnes plus fragiles socialement. Dans le même temps, l'ascenseur social a bien fonctionné pour les premiers habitants des grands ensembles, qui les quittent d'autant plus facilement que l'accès à la propriété est encouragé et que les zones pavillonnaires péri-urbaines se développent. Trois effets cumulés qui vont profondément déconstruire la mixité sociale dans les années 1980. Au mieux, elle continue d'exister à l'échelle d'une commune via son habitat résidentiel, mais elle disparaît de quartiers entiers de logements sociaux. Et quand ces quartiers représentent les trois quarts d'une ville, l'immersion dans la pauvreté est profonde.

« Ce ne sont pas les cités qui posent problème, le problème, c'est que la France a consciemment ou inconsciemment parqué ses problèmes. Elle a territorialisé les exclus, elle les

1. Lire sur ce point, mais aussi sur l'histoire longue du logement social et des grands ensembles, l'ouvrage très fourni de Christian Bachmann et Nicole Le Guennec, *Violences urbaines*, Albin Michel, « Pluriel », 1996.

a concentrés dans certains endroits[1] », expliquait en 2008 le très respecté et trop tôt disparu Claude Dilain, maire de Clichy-sous-Bois. Deux indicateurs permettent de vérifier ses dires aujourd'hui. Le taux de pauvreté et le taux de chômage. En 2020, selon l'Observatoire national de la politique de la Ville[2], le premier atteint 43,3 % en moyenne dans les QPV, contre 14,5 % au niveau national, le second respectivement 18,6 % et 8,5 %. Certes, ces cités ont été conçues avec une vocation sociale, et les 1 514 QPV sont par définition et par délimitation les quartiers les plus pauvres de France, mais le taux de pauvreté doit-il fatalement concerner presque un habitant sur deux et le taux de chômage près d'un habitant sur cinq ? Est-ce soutenable que 5 % des communes en Ile-de-France abritent 50 % du parc social[3] ? Le fond du problème est là. En trente ans tout au plus, on est passé du quartier social au quartier de pauvres, voire d'exclus. Et c'est cette tendance qu'il faut, au pire freiner, au mieux inverser.

Encore faut-il s'en donner les moyens. Or la politique de la Ville reste longtemps le parent pauvre des politiques publiques. D'une part, parce qu'elle émerge dans les années 1980, au moment où le paradigme libéral de réduction de la dépense et de l'investissement publics s'impose. D'autre part, parce que le sujet n'intéresse pas en dehors des périodes d'agitation urbaine manifestes. La banlieue n'est pas perçue par l'opinion publique comme une ressource sur laquelle s'appuyer, alors qu'y vit une partie significative de la jeunesse et de la force de travail, mais comme une non-France, une

1. Pierre Cardo et Claude Dilain, Chanteloup-les-Vignes – Clichy-sous-Bois, *Deux maires courage. Dialogue sur la crise des banlieues*, Autrement, « Frontières », 2008, p. 157.

2. http://www.onpv.fr/donnees/les-10-chiffres-cles

3. « Cartographie du logement très social en Ile-de-France », Habitat et humanisme & Institut Paris Région, 2021.

somme de territoires perdus de la République[1] dont il faudrait protéger le reste de la nation. Or une telle ligne Maginot est une illusion, la plus grande diffusion territoriale des émeutes de 2023 par rapport à celles de 2005 l'a violemment démontré.

Nourri de cette envie de régler les comptes avec une banlieue réduite aux petits caïds qui y sévissent, l'homme fort de la droite des années 2000, Nicolas Sarkozy, alors ministre de l'Intérieur, fera face à des émeutes sans précédent avec une gestion de crise plus que discutable. Dans un Occident traumatisé par les attentats du 11 septembre 2001 et une France troublée par la présence de Jean-Marie Le Pen au second tour de l'élection présidentielle de 2002, le fond de l'air est au tout sécuritaire. Nouvelles tensions urbaines début 2005, Barbès quartier de la Goutte-d'Or, puis Aubervilliers, toujours dans un contexte d'opérations policières. En juin, Nicolas Sarkozy se déplace à la cité des 4 000 à La Courneuve à la suite de la mort d'un enfant, victime collatérale d'une rixe entre bandes rivales. Le ministre déclare vouloir « nettoyer la cité au Kärcher ». Quatre mois plus tard, en visite sur la dalle d'Argenteuil, il adresse à une habitante la célèbre phrase : « Vous en avez assez de cette bande de racailles, hein ? Eh bien, on va vous en débarrasser. » Le volontarisme sécuritaire va-t-il impressionner les délinquants et pacifier la cité ? Aucunement. Le 27 octobre 2005, deux adolescents meurent dans un poste électrique à Clichy-sous-Bois en fuyant un contrôle de police. La ville s'émeut, s'agite. Trois jours plus tard, les forces de l'ordre, répliquant à des jets de pierres, lancent une grenade lacrymogène qui explose à soixante centimètres d'une mosquée en plein mois de ramadan. Cette

1. Emmanuel Brenner (pseudonyme de Georges Bensoussan, sous la direction de), *Les territoires perdus de la République : antisémitisme, racisme et sexisme en milieu scolaire*, Mille et Une Nuits, 2002.

dernière est évacuée en urgence, la tension monte de plusieurs crans.

Les émeutes toucheront en quelques jours plus de quatre-vingts communes en Ile-de-France et plus de deux cents dans l'Hexagone, les premières de l'histoire moderne à prendre une ampleur nationale. Elles dureront plus de trois semaines et pousseront le gouvernement à déclarer l'état d'urgence le 9 novembre 2005. Le bilan est édifiant : près de 10 000 véhicules incendiés, un peu moins de 3 000 arrestations, 66 policiers blessés et au moins deux morts en lien direct avec ces affrontements. Selon le ministère de l'Intérieur, 233 bâtiments publics, 74 bâtiments privés et 18 lieux de culte ont été dégradés. Montant de la facture : 200 à 250 millions d'euros d'après la Fédération française des sociétés d'assurance. Vingt-cinq ans après les premières violences urbaines de la France contemporaine, avons-nous été capables en 2005 d'analyser la situation avec discernement et de traiter le mal en profondeur ?

Toujours pas. Chacun reste plus que jamais campé sur ses positions. Les émeutiers estiment que les autorités ont menti sur la responsabilité de la police dans la mort des deux jeunes, sur la grenade lacrymogène près de la mosquée de Clichy-sous-Bois et plus généralement sur la violence des forces de l'ordre. La gauche dénonce l'attitude ultrasécuritaire du ministre de l'Intérieur, et certains iront jusqu'à demander sa démission[1], avant de se faire plus discrets quand sera déclaré l'état d'urgence. La droite, par la voix de Roger Karoutchi, Claude Goasguen ou Nicolas Sarkozy lui-même, fustige les voyous, les trafiquants et les délinquants. Une chose est sûre, alors même qu'elle est au pouvoir et que sa gestion de l'ensemble

1. « Une partie de la gauche demande la démission de Nicolas Sarkozy », *Le Monde*, 4 novembre 2005.

de la séquence depuis le début de l'année 2005 devrait questionner, la droite apparaît comme la grande gagnante de cet épisode : + 7 points de popularité pour le Premier ministre Dominique de Villepin, et surtout + 11 points pour le ministre de l'Intérieur qui s'envole avec 63 % d'opinions favorables mi-novembre 2005[1]. Elles le porteront jusqu'à l'Élysée un an et demi plus tard.

L'autre grand vainqueur est l'extrême droite. Le Front national enregistre 12 000 demandes d'adhésion entre octobre et décembre 2005, tandis que le Mouvement pour la France de Philippe de Villiers en annonce 3 000. Intéressant pour des partis qui n'ont jamais formulé la moindre proposition en matière de politique de la Ville. La victoire de Nicolas Sarkozy à la présidentielle de 2007 sera la dernière de la droite républicaine, qui en perdra ensuite trois d'affilée, dont les deux plus récentes sans même être présente au second tour. La droitisation de la droite dès 2005 a été une stratégie payante à court terme, mais funeste à moyen terme, servant sur un plateau au Rassemblement national de Marine Le Pen, puis au Reconquête ! d'Éric Zemmour, tout un pan de l'électorat de la droite traditionnelle désormais décomplexé et radicalisé sur les questions de sécurité, d'immigration et d'identité.

Entendons-nous bien : ces sujets sont réels. Nous les traitons largement dans ce livre. Ce n'est pas le fait de s'en préoccuper qui pose un problème, mais l'obsession et l'hystérie d'une partie significative de la droite sur ces thèmes et, disons-le aussi, le déni d'une fraction importante de la gauche. Il n'est nullement question ici de faire l'apologie du laxisme. Aucune dégradation de biens publics, ou privés, d'ailleurs, n'est légitime, et encore moins le fait de s'en prendre à des

1. « Popularité suite aux émeutes dans les banlieues », sondage Ipsos, 16 novembre 2005.

policiers. Le travail des forces de l'ordre est indispensable, au même titre que celui de tous les agents du service public, et *a fortiori* dans les quartiers prioritaires, qui seraient tout simplement invivables sans présence policière. Mais qui pense sérieusement que le traitement sécuritaire permettrait à lui seul de répondre aux besoins immenses et complexes des quartiers populaires ? Pas même la droite républicaine, qui a parfois su faire preuve de volontarisme au-delà du régalien.

Jean-Louis Borloo est nommé ministre délégué à la Ville et à la Rénovation urbaine dans le gouvernement Raffarin, de 2002 à 2004. Maire de Valenciennes jusqu'alors, il agit en connaissance de cause, lançant un grand plan de rénovation qui concernera progressivement 400 quartiers et coûtera 48 milliards d'euros. La grande loi d'orientation et de programmation du 1er août 2003, qui conçoit ces opérations, crée, pour les piloter, l'Agence Nationale de la Rénovation Urbaine (ANRU), véritable planche de salut de la banlieue. Le plan est encore en gestation au moment des émeutes de 2005 et n'a pas d'effet préventif. De son côté, la suppression de crédits sociaux destinés aux quartiers populaires, notamment les emplois aidés dans le secteur associatif, est considérée comme un élément de fragilisation du tissu social, qui, couplé à un discours brutal, n'est pas sans lien avec le déclenchement des violences urbaines.

Quelle sera la réponse de court terme aux émeutes de 2005 ? Le retour des emplois aidés dans les associations de ces quartiers, 20 000 contrats leur seront réservés, la mise en place de classes préparatoires aux grandes écoles dans les zones urbaines sensibles, l'installation de l'Agence pour la cohésion sociale et l'égalité, précurseuse de l'actuelle Agence Nationale pour la Cohésion des Territoires (ANCT), et un renforcement des pouvoirs de la Haute Autorité de lutte contre les discriminations et pour l'égalité (Halde). Rien de bien sécuritaire donc, au niveau national. Mais, localement, la demande de tranquillité publique est forte. Le président Jacques Chirac y accédera favorablement en validant la construction d'un nouveau commissariat à Clichy-sous-Bois, qui ouvrira ses portes en 2010. Celui de Villiers-le-Bel, attendu de longue date, se débloquera aussi dans la foulée. Des élus municipaux de gauche qui réclament à cor et à cri un commissariat, tandis qu'un ancien maire de droite, Jean-Louis Borloo, au ministère de la Ville puis à celui de la Cohésion sociale et de l'Emploi, réalise d'indiscutables avancées égalitaires. De quoi y perdre sa boussole politique ? Pas tout à fait, car au-delà des fondements idéologiques des grands partis, et sans les remettre en cause, le pragmatisme des maires les conduit souvent à mener des politiques équilibrées et à tenir des discours moins caricaturaux que les perpétuelles polémiques du débat national.

Villiers-le-Bel, novembre 2007, le nouveau commissariat est en construction. À un kilomètre de là, deux adolescents circulant sans casque sur une minimoto non homologuée entrent en collision avec un véhicule de police. Deux nouveaux décès, de nouvelles émeutes. Cinq bâtiments brûlés dont une école, une bibliothèque et le commissariat de l'époque. Quatre-vingt-dix policiers blessés par balles, du jamais vu. Le reportage du *Parisien* précise que cette ville de 27 917 habitants enregistre des taux de pauvreté et de chômage parmi les plus élevés de France[1]. Une réalité qui n'émeut pas particulièrement Nicolas Sarkozy, nouveau président de la République, qui déclare dans la foulée des événements : « Ce qui s'est passé à Villiers-le-Bel n'a rien à voir avec une crise

1. Frédéric Naizot, « Série. Des émeutes de Villiers-le-Bel, ces policiers n'ont rien oublié », *Le Parisien*, 24 novembre 2017.

sociale, ça a tout à voir avec la voyoucratie[1]. » Constance du propos, mais défaut de cohérence entre les paroles et les actes. Selon la Cour des comptes, si les effectifs de police et de gendarmerie ont globalement augmenté de 7 000 postes lorsqu'il était place Beauvau, ils ont baissé de 9 000 sous sa présidence[2]. Discours répressif, solde négatif, tel est le bilan du non-remplacement d'un fonctionnaire sur deux. Entre le dogme libéral et l'investissement dans le service public de la sécurité, le dernier Président de droite a choisi. Il a aussi oublié que deux choses pouvaient être vraies à la fois : la précarité et la délinquance, et qu'il fallait combattre autant l'une que l'autre.

Il n'est pas improbable que l'accalmie des violences urbaines durant plus de quinze ans soit liée aux moyens supplémentaires progressivement dédiés à ces quartiers, ainsi qu'au travail des acteurs locaux. Toutefois, la pauvreté a continué de progresser dans ces territoires, les rendant plus vulnérables à l'enchaînement d'événements particulièrement délétères, parfois gravissimes, qu'a connus notre pays et qui ont profondément atteint ses habitants. En moins de dix ans, se sont succédé des attentats terroristes extrêmement traumatisants, la colère sociale des Gilets jaunes, une crise sanitaire d'une ampleur inédite depuis un siècle, le retour de la guerre sur le sol européen, générant en outre une hausse vertigineuse de l'inflation et un recul considérable du pouvoir d'achat, avant que cinq mois de grèves et de manifestations contre la réforme des retraites, en vain, viennent achever le moral des Français. Politiquement, la poussée des extrêmes et l'arrivée

1. Déclaration prononcée à l'occasion des rencontres police-gendarmerie, dépêche AFP, 29 novembre 2007.
2. Alexandre Pouchard et Samuel Laurent, « Effectifs et horaires des policiers, les erreurs de Sarkozy », *Le Monde*, 22 janvier 2015.

d'un pouvoir rejeté par les classes populaires ont renforcé le sentiment d'abandon par la puissance publique, ainsi que la radicalisation des esprits. Il ne manquait qu'un élément déclencheur pour que des émeutes explosent, ce que n'a pas manqué de provoquer une nouvelle confrontation avec la police, cette fois avec un degré de violence inouï.

Le 27 juin 2023 à Nanterre, Nahel Merzouk, Franco-Algérien de dix-sept ans, est abattu à bout portant par un policier à la suite d'un refus d'obtempérer. Même s'il conduisait sans permis, à vive allure et de manière dangereuse, le tir n'apparaît pas conforme au cadre légal d'usage des armes à feu par la police, même dans sa version étendue par la loi de 2017. Le lendemain, le président de la République est affirmatif en parlant d'une mort « inexplicable » et « inexcusable », le ministre de l'Intérieur aussi, en déclarant lors d'un point presse que « si les images se confirment, à aucun moment un geste comme celui qu'on a vu ne se justifie ». Une volonté de ne pas jeter de l'huile sur le feu, contrairement à 2005, qui a peut-être permis que les émeutes ne durent que quelques jours et non trois semaines, mais qui ne les a pas empêcher d'éclater, ni de battre un nouveau record de dégâts.

Une semaine après le début des violences et alors qu'elles se sont arrêtées, le ministre de l'Intérieur dresse le bilan devant le Sénat. Au-delà des 12 031 véhicules incendiés (20 % de plus qu'en 2005), ce sont les 2 508 bâtiments incendiés ou dégradés, dont 273 appartenant aux forces de l'ordre et 105 mairies qui constituent l'effrayante spécificité de ces émeutes, ainsi que les 168 écoles attaquées[1]. L'impact pour les commerces est dramatique aussi. Selon le Medef, 200 d'entre eux ont été complètement pillés, 300 agences bancaires

1. « Émeutes urbaines en France : Gérald Darmanin dresse le bilan des dégâts », France 24 avec AFP, 6 juillet 2023.

détruites, 250 bureaux de tabac atteints, 220 grandes surfaces attaquées, dont 25 entièrement démolies, et près de 1 200 commerçants indépendants impactés[1], le tout pour une facture de 650 millions d'euros selon la fédération des assureurs. La réponse de court terme, via le déploiement de plus de 40 000 fonctionnaires de police et de gendarmerie, et l'arrestation de 3 505 personnes a permis le retour au calme, également facilité par l'appel des élus locaux, des acteurs associatifs, des religieux et de nombreux habitants. La sidération, elle, demeure, devant des causes à l'évidence multiples.

Si tout ne peut pas être ramené au social, la concentration des inégalités, doublée d'une inflation record de + 15 % en un an sur les produits alimentaires, ne saurait être écartée d'un revers de main quand des passants ont profité du pillage des commerces pour repartir avec plusieurs kilos de viande ou quelques paquets de pâtes. Plus inquiétante encore est l'absence de conscience, la perte de repères et de valeurs chez des protagonistes toujours plus jeunes, avec des réseaux sociaux qui fonctionnent comme des accélérateurs de violence, tandis que l'univers des jeux vidéo parachève la virtualisation et la déshumanisation de l'autre. Le fossé entre une partie de la jeunesse de ces quartiers et les forces de l'ordre, loin de se réduire en suivant les préconisations d'Hubert Dubedout de 1983, n'a fait que se creuser, non seulement parce que les approches type police de proximité ont été abandonnées, mais aussi parce que les antagonismes socioculturels et politiques se sont accrus. Les quartiers populaires votent à l'extrême gauche[2], la police majoritairement à l'extrême

1. William Audureau, « À quoi correspond le coût de "plus d'un milliard d'euros" après les émeutes, avancé par le Medef? », *Le Monde*, 5 juillet 2023.

2. Score de Jean-Luc Mélenchon au premier tour de la présidentielle 2022 (comparatif 2017) : Essonne 28,1 % des suffrages (+ 6,2), Val-de-Marne

droite[1]. Pourtant, sauf à se satisfaire de la situation actuelle, l'intérêt général est bien de réduire ces fractures.

« Ma cité n'a pas craqué ». Tel est le titre du chapitre VI de *Sarcelles, une utopie réussie?*, livre-reportage écrit par Linda Bendali un an après les émeutes nationales de 2005[2]. Au moment où toutes les banlieues de France brûlent, Sarcelles connaît cinq jours d'agitation, une quarantaine de véhicules brûlés, mais aucun bâtiment public attaqué. Même constat lors des émeutes de Villiers-le-Bel, pourtant limitrophes. « La preuve une fois de plus que Sarcelles n'est pas, comme beaucoup l'imaginent, cette marmite au bord de l'explosion, cette zone de non-droit livrée aux bandes et à elles seules. Dans l'univers tumultueux des banlieues, cette agglomération fait plutôt figure de ville relativement paisible. Ces vingt dernières années, elle n'a subi aucune bouffée de violences, comparables à celles qui se sont produites à Vaulx-en-Velin, dans la périphérie lyonnaise ou à Garges-lès-Gonesse, sa proche voisine. Et cela malgré le fait qu'elle réunit tous les ingrédients qui facilitent généralement l'insurrection sociale[3]. » La journaliste le dit mieux que n'importe quel maire de Sarcelles, qui serait forcément suspecté de plaidoyer *pro domo*. Le propos est d'autant plus crédible qu'elle a passé du temps sur le terrain, contrairement à certains de ses confrères qui, après quelques heures d'investigation et quatre micros-trottoirs, commettent des articles aussi péremptoires qu'approximatifs.

32,7 % (+ 8,1), Val-d'Oise 33,2 % (+ 9,2), Seine-et-Marne 25,9 % (+ 5), Seine-Saint-Denis 49,1 % (+ 15,1). À Clichy-sous-Bois (Seine-Saint-Denis) 65,4 % des suffrages (+ 24,6) ; à Trappes (Yvelines) 60,6 % des voix (+ 28). Source : ministère de l'Intérieur et www.francetvinfo.fr.

1. À 39 % pour Marine Le Pen et 25 % pour Éric Zemmour, selon le laboratoire d'études et d'opinion Cluster 17.

2. Gulf Stream éditeur, « Génération urbaine », 2006.

3. *Ibid.*, p. 100.

Sarcelles, que l'on ramène souvent aux émeutes très particulières de juillet 2014, a-t-elle tenu bon en 2023 ? Oui, malgré une tentative d'attaque du commissariat que les forces de l'ordre ont repoussée mais qui a donné lieu à une effarante scène de guérilla urbaine sur une des avenues principales, le bilan est relativement moins lourd qu'ailleurs : 40 véhicules incendiés, une vingtaine de commerces touchés, dont moins de 10 avec des pertes significatives, aucun supermarché et surtout aucun bâtiment public détérioré, à l'exception d'une maison de quartier légèrement endommagée par un feu de poubelle. Certes, le dispositif de prévention et de sécurité qui nous a collectivement mobilisés plusieurs nuits d'affilée a été plutôt efficace. Police, médiateurs, services de sécurité des centres commerciaux, servcices municipaux, habitants, relais associatifs et commerçants ont travaillé à l'unisson pour endiguer la violence. Mais il y a nécessairement des facteurs de résistance plus structurels.

Comment expliquer la relative exception sarcelloise ? Deux éléments principaux ressortent de l'analyse de Linda Bendali et correspondent précisément aux fondamentaux exposés au chapitre premier. D'une part, l'urbanisme du Grand Ensemble est aidant. La fameuse ville du quart d'heure où les espaces verts, équipements et services sont accessibles à tous dans les mêmes conditions, dans la proximité de leur îlot d'habitation, lui-même connecté de façon fluide aux autres îlots, est un atout anti-exclusion, et donc anti-émeutes, indéniable. On y ajoutera la faible présence de l'urbanisme de barres : six en tout dans la ville, pas des pires au demeurant, dont la moitié sera détruite, les autres réhabilitées, dans le cadre des programmes de rénovation urbaine. D'autre part, les acteurs locaux, associatifs, éducatifs, municipaux, les services publics et les élus tissent quotidiennement du lien à l'intérieur des quartiers, mais aussi entre les quartiers, les générations et les habitants de cultures et d'origines diverses. Un peu comme ailleurs, mais un peu plus qu'ailleurs. Enfin il existe une troisième raison : la diversité sociologique et ethnico-religieuse de la population, due à la dynamique de peuplement singulière du Grand Ensemble, a permis de conserver une forme de mixité, malgré la paupérisation, et donc un rapport permanent à l'altérité qui s'est avéré équilibrant, stabilisant, presque inclusif. Les trois raisons cumulées ont donné à Sarcelles une singularité et, ses habitants aiment à le penser, une forme de supplément d'âme.

Si le tableau des quartiers populaires dressé dans ce chapitre et noirci par l'actualité de l'été 2023 apparaît particulièrement sombre, c'est parce qu'il est incomplet. 8 000 à 12 000 personnes ont participé aux dernières violences urbaines selon le ministère de l'Intérieur, soit environ 1,5 % de la jeunesse des villes concernées. Tout ce qui brûle génère de la lumière, mais n'éclaire pas tout. Une face entière de ces quartiers populaires est ainsi restée en contre-jour. Par contraste, la plus réussie. Des millions de nos concitoyens y ont vécu, bénéficiant via le logement social de conditions d'habitat qu'ils n'auraient pas pu s'offrir dans le parc privé. Ils y ont grandi, appris les savoirs fondamentaux sur les bancs de l'école, le plus souvent publique et gratuite. Ont pu profiter d'infrastructures sportives et culturelles, publiques ou associatives, à moindre coût. *Idem* pour l'enseignement supérieur, puis l'insertion socioprofessionnelle, le tout dans des conditions plus ou moins bonnes selon les quartiers et les époques. Mais aucune statistique ne permet de correctement appréhender cette réalité. Les seules données disponibles concernent les habitants des quartiers à l'instant *t*. S'ils se paupérisent par rapport à la période précédente, cela signifie en général que ceux qui arrivent sont plus pauvres que ceux qui partent, car la population y évolue rapidement, pas que ceux qui y vivent se sont appauvris. C'est toute la confusion entre le stock et le flux.

Si on s'intéresse au flux, aux parcours des populations issues de ces QPV, on s'aperçoit que ces derniers sont avant tout des appareils à fabriquer de la réussite, et pas uniquement dans le sport ou la musique. Mais même les appareils les mieux conçus peuvent finir par se gripper, parce qu'ils ont vieilli, parce que le contexte se durcit, parce que les inégalités y sont devenues trop importantes, parce qu'un certain nombre d'événements violents ont terni leur image. Autant de facteurs qui viennent lester l'ascenseur social. On aurait tort pour autant de considérer que la partie est perdue et que l'action publique est impuissante. Au contraire, les opérations de restructurations massives ont corrigé de graves dysfonctionnements, et l'urbanisme des villes concernées s'en porte objectivement mieux. La réalité sociale, elle, est plus complexe.

« Le problème des banlieues est un problème existentiel ; ses habitants n'existent pas dans notre société, ils en sont persuadés. [...] La société ne leur renvoie aucun message qui leur laisserait penser qu'ils sont importants, qu'ils sont citoyens[1] », résumait en 2008 Pierre Cardo, maire UMP de Chanteloup-les-Vignes. L'exclusion symbolique, en plus de l'exclusion monétaire et géographique. Comment se construire en tant que citoyen quand on vient de l'étranger, que l'on vit dans un quartier pauvre, majoritairement peuplé d'étrangers ou de personnes issues de l'immigration, et que l'on a le sentiment de ne faire partie d'aucune histoire commune ni d'aucun scénario souhaitable ? Une gageure. Les exclus du récit se réfugient dans des identités de substitution

1. Pierre Cardo et Claude Dilain, *Deux maires courages...*, *op. cit.*, p. 32.

et les liens avec le reste de la nation se distendent un peu plus encore. Pourtant, toutes migrations comprises, nos parcours ne nous conduisent pas fatalement à faire route séparée.

3
Les racines après le déracinement

« Sarcelles et ses tags, Sarcelles et son béton, Sarcelles n'est pas mort de sarcellite, c'est pourtant ce qu'on lui prédisait dans les années 1960. Au contraire, la ville va plutôt bien : 60 000 habitants, 80 communautés ethniques qui cohabitent, tous les ingrédients selon certains pour faire de cette cité-dortoir un endroit à problèmes. Oui, mais voilà, tout le monde vous le dira, il n'y a pas de racisme ici à Sarcelles, c'en est même devenu presque un cliché[1]. » Des clichés, il y en a quelques-uns dans ce reportage de 1990 de Clément Weill-Raynal, alors jeune journaliste à France 3, plus de deux décennies avant qu'il ne s'autoproclame « le fusillé du mur des cons[2] ». Les seuls murs apparaissant à l'écran sont ceux de la ville, il est vrai, horriblement tagués. Une pratique urbaine presque tombée en désuétude, qui n'avait pas épargné Sarcelles et qui ne nous fait pas regretter le « bon vieux temps » des années 1990 ainsi grimées, même si la culture hip-hop ne

1. « Sarcelles : les problèmes liés à l'immigration », journal de France 3, 29 mai 1990.
2. Clément Weill-Raynal, *Le fusillé du mur des cons*, Plon, 2013.

se résume pas à ces graffitis. Elle révélera de jeunes artistes sarcellois qui marqueront l'histoire du rap français.

Si la comptabilisation de 80 communautés ethniques est discutable, l'immigration a indéniablement modifié la sociologie de la ville en trente ans. Une mutation qui s'est accompagnée d'un renforcement de l'état d'esprit d'origine: Sarcelles a acquis ses lettres de noblesse en matière d'antiracisme, une belle revanche sur la sarcellite, mais aussi un atout en comparaison avec nombre de banlieues où, dans un dangereux cocktail, à la composante sociale des émeutes s'est ajoutée l'identitaire. « La cohabitation fonctionne: à Sarcelles [...], le racisme affiche profil bas »: la présentatrice du journal de France 3 est parfaitement claire avant même de passer la parole à Clément Weill-Raynal. Pourtant, dans les archives de l'INA, cette séquence s'appelle « Sarcelles: les problèmes liés à l'immigration », comme si le mot « problème » s'affichait automatiquement, tel un réflexe pavlovien, dès qu'une phrase comportait les termes « Sarcelles » et « immigration », nonobstant, ici, le total contresens.

Le reportage s'inquiète du score élevé du FN à la municipale partielle de 1990 (14 %) et à la présidentielle de 1988 (18 % contre 14,39 % au niveau national). Nous pouvons rassurer les réalisateurs sur la suite des événements: 1995 sera la dernière année où le parti d'extrême droite aura la capacité d'aligner 45 noms aux élections municipales et où son score sera très légèrement au-dessus du national à la présidentielle (15,26 % contre 15 %). Il deviendra bien inférieur aux scrutins présidentiels suivants: – 7,6 points de pourcentage en moyenne de 2002 à 2022[1], témoignant autant d'une

1. Moyenne premier et deuxième tours compris. Plus précisément, résultats présidentielles comparaison Sarcelles/France: 2002-1: 13,43 %/16,86 %, 2002-2: 13,5 %/17,79 %, 2007: 6,9 %/10,44 %, 2012: 10,03 %/17,9 %,

évolution populationnelle où l'électeur lepéniste traditionnel est de moins en moins présent dans la ville, que d'une permanence de ses valeurs fondatrices. Plus de trente ans après l'arrivée des Nahum, l'âme antiraciste de Sarcelles a tenu bon. Il n'a d'ailleurs pas fallu attendre 1990 pour que la presse s'en fasse l'écho.

« Un exemple de cohabitation assez harmonieuse, en dépit de promiscuités politiques et raciales explosives », peut-on lire sous la plume de René Debroyes dans *Le Nouvel Observateur* dès 1972[1]. On ne parle pas d'antiracisme à l'époque, puisque le mouvement naîtra dans le courant de la décennie suivante, mais d'une harmonie de cohabitation, curieusement modérée par une fin de phrase anxiogène. Après celle du béton austère dix ans plus tôt, on fait planer sur Sarcelles des angoisses « politiques » et « raciales », tout en observant l'inverse. Au marché par exemple : « la petite fille dont le cou s'orne d'une main de fatma peut voir entre deux clients l'étoile de David scintillant sur la poitrine de la fille du boucher », mais aussi dans la ville en général où le journaliste décrit les conséquences de la fin de l'empire colonial : « le boubou des Africains, les longues jupes vietnamiennes, […] des Marocains, des Tunisiens, des pieds-noirs d'Algérie » et « la communauté israélite est la plus importante de France ». Presque du folklore jusque-là, rien de potentiellement déflagrateur.

On en déduit que ce sont les positionnements politiques des nouveaux arrivants qui seraient possiblement conflictuels. « Les "Israël vaincra" fleurissent sur les murs. Les ouvriers portugais y expriment leur oppression de travailleurs

2017-1 : 11,8%/21,3%, 2017-2 : 21,19 %/33,9 %, 2022-1 : 12,62 %/23,15 %, 2022-2 : 32,13 %/41,45 %. Source : ministère de l'Intérieur.

1. René Debroyes, « Sarcelles n'est plus Sarcelles », *Le Nouvel Observateur*, 14 février 1972.

immigrés, les Martiniquais y réclament leur indépendance, les Vietnamiens la paix, les musulmans la victoire de la Palestine », poursuit René Debroyes. Risque politique entre les arrivants et le pouvoir en place ? Rien de frontal dans les faits. Risque lié à des revendications communautaires antagonistes entre elles ? Seules deux le sont : le soutien à Israël d'un côté, à la Palestine de l'autre. L'auteur ne le dit pas directement, mais l'analyse de son texte conduit droit à cette conclusion. Si aucune importation problématique de ce conflit à Sarcelles n'a été déplorée jusqu'en 2014, le talon d'Achille est décelé dès 1972. Mais les atouts de la ville aussi : « C'est une chance formidable d'être des déracinés et de venir tous d'horizons différents », témoigne dans le même article une Sarcelloise issue d'une autre région de France. « Elle n'a pas toujours été saisie », tempère le journaliste. L'histoire donnera raison aux deux.

Le caractère multiculturel de la ville, contrairement à d'autres banlieues plus ethniquement homogènes, est saisissant et très vite souligné, non seulement comme une donnée, mais également comme une richesse. Soixante-sept ans après l'arrivée des premiers habitants du Grand Ensemble, une dizaine de mouvements migratoires significatifs ont forgé cette diversité sociologique sans équivalent. Les locataires de 1956 sont autochtones. Ils fuient le mal-logement de Paris, de sa région et d'autres, de Bretagne notamment, dont les originaires créent leur propre association locale. Leur condition est modeste, leur français impeccable et leur spleen circonstanciel dans une ville mi-faite, mi-à faire. S'ils sont minoritaires aujourd'hui dans le Grand Ensemble, leur départ du logement social et de la ville se fera de façon très progressive, d'autant qu'ils résideront aussi dans des copropriétés de bon standing ou dans les zones pavillonnaires des quartiers du village, des Chardonnerettes, de Chauffour, du Mont-de-Gif ou du Haut-du-Roy. Ils poseront les fondations citoyennes, culturelles et cultuelles de Sarcelles, du Conseil des résidents à la première bibliothèque de fortune, en passant par l'église Sainte-Trinité de la paroisse Jean-XXIII, achevée en 1964 en plein cœur de la ville nouvelle, à l'angle du boulevard Maurice-Ravel et de l'avenue Auguste-Perret.

Quand le Maghreb arrivera, il viendra lui aussi avec sa diversité ethnico-religieuse. La présence structurelle d'une communauté juive est une spécificité relevée dès 1963 par Marc Bernard, à côté de celle des pieds-noirs. Certains sont d'ailleurs considérés comme Juifs et pieds-noirs à la fois. Ils forment ensemble la première vague d'arrivants de l'étranger. Ce ne sont pas des colons, mais de simples gens, là-bas comme ici, qui doivent désormais se faire accepter par la population locale, tout en procédant au deuil d'Alger, d'Oran ou de Constantine. Le déracinement contribue à forger leur conscience commune et le rejet relatif dont ils font l'objet les structure en communauté opprimée[1]. La présence de leurs familles sur le sol algérien avait au plus cent trente ans, mais, qu'elles soient originaires de France, d'Espagne, d'Italie, d'Allemagne, de Suisse ou de Malte, l'enracinement outre-Méditerranée était devenu aussi profond que sera douloureux l'arrachement à la terre natale, aggravé par sept années de conflit particulièrement meurtrières. Fin 1962, 80 % du million de Français d'Algérie a rejoint la métropole, le reste suivra dans les trois ans.

1. Lire sur ce sujet Jean-Jacques Jordi, « Pieds-noirs/Français d'Algérie : de l'histoire à la mémoire », dans *Histoire globale de la France coloniale*, sous la direction de Nicolas Bancel, Pascal Blanchard, Sandrine Lemaire et Dominic Thomas, Philippe Rey, 2022.

Le sud de la France, géographiquement proche, dont nombre d'entre eux étaient originaires, sera leur première destination. Un Sud qu'ils repeupleront, Provence, Alpes, Côte d'Azur, Languedoc et Roussillon, mais un Sud pas toujours chaleureux. « Qu'ils aillent se réadapter ailleurs », assénera Gaston Defferre, maire de Marseille en juillet 1962[1]. Certains monteront jusqu'à la capitale et sa proche banlieue, dont Sarcelles, où un important contingent de logements de la SCIC sont réservés aux fonctionnaires, et les pieds-noirs le sont souvent. Le Grand Ensemble n'a pas encore d'histoire, pas de récit dont ils ne feraient pas partie. Pas de société préconçue dont ils seraient exclus. Pas de maire hostile. Ils peuvent replanter leurs racines là où tout est encore en train de pousser, les arbres et les immeubles. Leurs quartiers de prédilection s'appellent André Gide et Camille Saint-Saëns. Ils auront leur « association méditerranéenne », importeront non seulement la pétanque, l'anisette et la kémia, faciles à partager avec les Juifs d'Algérie et de Tunisie, mais aussi un fort ressentiment, celui d'avoir été trahis par le général de Gaulle. Certains afficheront ouvertement leur sympathie avec l'OAS (Organisation Armée Secrète) et avec le candidat d'extrême droite à la présidentielle de 1965, Jean Louis Tixier-Vignancour, fondateur, juste avant l'indépendance, du Front national pour l'Algérie française.

Puis le temps fera son effet, et l'atmosphère sarcelloise adoucira les mœurs. Les personnalités pieds-noirs rejoindront d'autres horizons politiques, dont le Parti socialiste, comme Antoine Espiasse, élu municipal quarante ans durant, maire adjoint honoraire disparu en 2022, ou Bernard Angels, Sarcellois, puis emblématique maire de la ville

1. « Marseille, 1962 : le cauchemar des rapatriés d'Algérie », *Le Nouvel Observateur*, 6 juillet 2012.

voisine d'Écouen pendant quarante-quatre ans et sénateur du Val-d'Oise. L'intégration est plus facile à Sarcelles qu'ailleurs et le parcours résidentiel amènera les pieds-noirs à la quitter progressivement. Ils seront parmi les premiers à bénéficier des effets de la ville-tremplin. Leur condition était transitoire. On ne se marie pas majoritairement entre pieds-noirs et on ne le reste pas de père en fils durant plusieurs générations. Français, Blancs et chrétiens, leur identité particulière ne tenait qu'au régionalisme d'une région disparue. Si traumatisante cette histoire soit-elle, le sentiment d'appartenance communautaire s'estompe avec le temps. Qu'en reste-t-il ? Dans le sud de la France, une influence culturelle et politique certaine, pas forcément des plus progressiste. Éric Zemmour, leur candidat naturel à la présidentielle de 2022, y doublera son score de 7,07 % : 13,99 % dans les Alpes-Maritimes, 13,15 % dans le Var, là où Tixier-Vignancour avait fait 14,05 % contre 5,20 % au niveau national en 1965. À Sarcelles, ils contribueront à planter des racines méditerranéennes que d'autres feront pousser, dans une terre fertile et sans animosité.

La colonie juive. C'est l'expression qu'emploie Marc Bernard en 1963. Plus personne n'écrirait cela, mais, avant 1967, l'expression n'est pas connotée. Israel demeure à l'intérieur de ses frontières de 1948. Sa création est vécue par l'Occident comme un acte d'émancipation d'un peuple envers lequel il a une lourde dette. Les premiers Juifs de Sarcelles sont qualifiés de « réfugiés » dans Sarcellopolis. « Depuis des générations, ils considéraient la France comme leur pays, notre langue était la leur ; c'est pourquoi ils sont là, tandis que d'autres ont choisi Israël[1]. » Pour les Juifs égyptiens ou marocains, la France est une destination parmi d'autres, Israël, les États-Unis, le Canada ou l'Amérique du Sud. Pour les Juifs

1. Marc Bernard, *Sarcellopolis, op. cit.*, p. 166.

d'Algérie, Français depuis le décret Crémieux de 1870, elle est une évidence. Ils la choisiront à 85 %. Pour ceux de Tunisie, elle l'est à moitié : largement francisés par le protectorat, ils sont aussi baignés d'idéaux sionistes. Par idéal ou par pragmatisme, il faut se décider, et vite, la situation devenant invivable entre le conflit israélo-arabe et la décolonisation qui s'accompagne d'une montée des nationalismes. Des 800 000 Juifs du monde arabe sur le départ, dont 500 000 au Maghreb[1], la France sera le deuxième pays d'accueil après Israël, avec 180 000 à 200 000 arrivants[2], et Sarcelles l'une des premières villes où ces Séfarades recréeront leur communauté, à côté de Créteil, Villeurbanne, Marseille et Paris.

Les Égyptiens, poussés au départ par la guerre du canal de Suez en 1956, sont précurseurs et peu nombreux. Quelques Juifs algériens et tunisiens posent aussi leurs valises à Sarcelles à la fin des années 1950, mais la vague viendra en 1962, avec l'indépendance de l'Algérie et la crise de Bizerte de juillet 1961. Il y a du logement en quantité, surtout pour ceux qui sont fonctionnaires ou assimilés. C'est le cas de mon père, originaire de Sfax, qui se retrouve seul en France après son service militaire. Il intègre la Caisse des dépôts six mois après un premier emploi, avec la promesse d'un logement à la clé. Ce sera mieux que l'hôtel où il résidait depuis près d'un an et demi. Son employeur précédent lui proposait un appartement en plein Paris, mais au sixième sans ascenseur, impraticable pour ses parents âgés qui doivent le rejoindre. Ils seront mieux dans le quatre-pièces de la SCIC à Sarcelles, au

1. Malka Hillel Shulewitz, *The Forgotten Millions : The Modern Jewish Exodus from Arab Lands*, Continuum, 2001, p. 208.
2. Pour plus de précisions sur cette histoire, lire Denis Charbit, « Le départ des Juifs des pays arabes, 1948-1967. Autour de l'exposition de l'IMA », revue *K*, 12 janvier 2022.

troisième étage, 18 avenue César-Franck. Ils y vécurent tous les trois pendant deux ans avec le seul salaire de mon père, qui devra multiplier les jobs pour subvenir à leurs besoins. Ce sera aussi mon premier appartement, dix ans plus tard. Entre-temps, mes grands-parents paternels ont obtenu un studio aux Sablons qu'ils peuvent payer avec la petite retraite qu'ils perçoivent enfin, eux qui sont français depuis 1928. La famille de ma mère arrive à la même époque. Ils vivaient bien à Tunis avec deux salaires, agent d'assurances pour mon grand-père, institutrice à l'Alliance israélite universelle pour ma grand-mère. À Paris, elle rejoindra le ministère de l'Éducation nationale. Après deux ans passés en location à Pantin, ils décident d'acheter à Sarcelles, pour rejoindre amis et connaissances, un F4 dans la toute neuve copropriété Léautaud, celle où vivent toujours mes parents.

Environ deux mille hommes et femmes de confession juive sont installés à Sarcelles en 1963[1]. Ici comme ailleurs en France, il faut repartir de zéro avec deux traumatismes à surmonter : la décolonisation et la Shoah, mais aussi avec de l'espoir dans ce pays de libertés et de plein emploi dont ils maîtrisent la langue et une partie de la culture. Ils en découvrent la réalité en même temps qu'ils souhaitent préserver leur religion, leur histoire et leurs traditions, comme ils l'ont fait de tout temps. Une boucherie-épicerie cachère est ainsi ouverte en 1962 par Itzhak, dit « Zaki », Cohen-Saban, qui a dû fuir Le Caire où il possédait un grand hôtel confisqué par Nasser. La première synagogue, que l'on appellera bientôt « la grande », ouvrira en 1965 et sera dirigée deux ans plus tard par le rabbin pionnier René Guedj, originaire d'Algérie. Elle est située avenue Paul-Valéry, dans le quart nord-ouest du Grand Ensemble, le quartier des copropriétés où beaucoup de fidèles peuvent

1. Selon Marc Bernard, *Sarcellopolis, op. cit.*, p. 166.

acheter des appartements neufs avec les quelques économies emportées du pays ou les crédits avantageux qui accompagnent ces programmes de construction. Il deviendra leur quartier de prédilection, celui où la communauté se construira pas à pas, en recréant les institutions essentielles à la vie juive en diaspora : lieux de culte, commerces, restaurants, associations culturelles et sportives, bains rituels… Cette vie, plus facile à bâtir dans une ville elle-même en construction, attire d'autres immigrants juifs qui continuent de quitter la Tunisie et le Maroc après 1967 et la guerre des Six-Jours.

Sarcelles est notamment devenue une place forte du judaïsme tunisien et, contrairement à Belleville, elle le demeure. Le film *Du TGM au TGV*[1], sorti en 2022, le confirme. Sonia Fellous, la scénariste, raconte comment elle a souffert de sa différence dans son école à Paris dans les années 1960 : « J'étais le petit Arabe de la classe », alors que le producteur Gilles Samama n'a pas vécu cette discrimination. Il a pourtant grandi à la même époque… mais à Sarcelles. Dans ce documentaire, pendant qu'un drone en traveling vertical dévoile la force urbanistique de la ville, Michel Boujenah témoigne en voix off : « C'est un haut lieu, Sarcelles, c'est grand, c'est solide, donc c'est beau. Moi, quand je monte sur le toit et que je ferme les yeux, je vois Tunis. » Il est la personnalité qui a sorti les Juifs d'origine tunisienne de leur anonymat identitaire en 1984, avec son spectacle *Les Magnifiques*, qui fera carton plein au Forum des Cholettes. D'autres artistes, aux racines juives tunisiennes plus discrètes, de passage dans notre ville, racontent volontiers leurs souvenirs sarcellois. J. P. Nataf, chanteur des Innocents, parle de l'excellent couscous de sa tante et de son grand-père Robert,

1. *Du TGM au TGV*, documentaire réalisé par Ruggero Gabbai, scénario de Sonia Fellous, 2022.

petit pilier de la grande synagogue. Agnès Jaoui évoque ses souvenirs d'enfance, rue Raymond-Radiguet devant la place André-Gide, en face de là où habitent mes parents. La légende familiale dit que son père voulait initialement se marier avec ma tante, mais que mon grand-père n'appréciait guère ce militant de l'Hachomer Hatzaïr[1], qu'il considérait comme un agitateur gauchiste.

C'est aux Marocains, plus pratiquants, qui immigrent avec plusieurs rabbins reconnus, que l'on doit l'ouverture des premières écoles juives sarcelloises dans les années 1970, parachevant la palette d'associations qui structurent une communauté forte d'une dizaine de milliers de membres à l'aube des années 1980 et qui mutent progressivement depuis. L'ascenseur social y fonctionne toujours bien. Ceux qui partent pour Paris, le 92, le 94 ou Israël sont remplacés par plus modestes et plus religieux, en provenance d'autres villes populaires de l'est du Val-d'Oise ou de Seine-Saint-Denis, où la vie communautaire n'est plus possible en l'absence d'une masse critique de fidèles. Beaucoup en sont partis pour des raisons sociales ou d'hostilité de l'environnement. C'est le phénomène dit d'alyah[2] interne, cette mobilité de la communauté juive d'est en ouest de la région parisienne pour fuir la pauvreté et l'antisémitisme. « À Aulnay-sous-Bois, le nombre de familles de confession juive est ainsi passé de 600 à 100, au Blanc-Mesnil de 300 à 100, à Clichy-sous-Bois de 400 à 80 et à La Courneuve de 300 à 80[3] », explique Jérôme Fourquet en 2016.

1. Mouvement international de jeunesse sioniste de gauche.
2. La « montée vers Israël » en hébreu.
3. « L'"alyah interne" des Juifs franciliens », *Le Point*, 20 mai 2016, à partir de l'ouvrage de Jérôme Fourquet et Sylvain Manternach, *L'an prochain à Jérusalem*, Fondation Jean-Jaurès/Éditions de l'Aube, 2016.

Sarcelles est autant réceptrice qu'émettrice d'alyah interne. Elle accueille en outre des familles nombreuses parisiennes pratiquantes, qui peuvent y acquérir de grands logements, hors de prix dans la capitale. D'autres, à qui l'alyah n'a pas réussi, reviennent d'Israël et trouvent en Sarcelles la ville amicale et bon marché qu'ils recherchent. La population juive s'est surtout étendue aux villes résidentielles voisines, notamment à la grande zone pavillonnaire limitrophe, à Saint-Brice-sous-Forêt, où plusieurs milliers de fidèles ont élu résidence depuis les années 1990 pour rester proches de leurs familles et des institutions israélites sarcelloises. On constate ainsi que la communauté locale, à cheval sur deux communes, n'a jamais été aussi importante. Mais le questionnement identitaire des Juifs de France continue, à Sarcelles comme ailleurs. D'une part, parce que l'antisémitisme n'a pas disparu. Il a connu un regain dans les années 2000, oscille par vagues depuis et peut prendre plusieurs visages, notamment celui, meurtrier, du terrorisme islamiste. S'il rend certaines villes invivables et pousse à résider dans d'autres, il reste heureusement à un niveau incomparable à celui qui a obligé les Juifs à travers l'histoire à quitter massivement et brusquement leur pays. D'autre part, parce que l'appel constant d'Israël à venir grossir ses rangs, que 30 % des Juifs du monde arabe ont manqué dans les années 1950 et 1960, ne laisse pas indifférent. Y vivre résout définitivement le trouble identitaire du Juif errant en diaspora depuis deux mille ans, mais la comparaison des conditions de vie et la perspective d'un nouveau déracinement font réfléchir à deux fois.

Pieds-noirs et Juifs, mais aussi et parfois, avant eux, Espagnols, Portugais et Italiens donnent à Sarcelles sa couleur méditerranéenne. Ils proviennent de cette immigration de travail et politique du XXe siècle. Elle commence dès le XIXe pour les Italiens, nation d'émigrants, qui cherchent meilleure fortune ou fuient le fascisme. Ils seront jusqu'à 800 000 en France en 1931, puis leur nombre va décroître avec l'arrêt de l'immigration pendant les années de crise et celles de guerre. L'immigration italienne repartira jusqu'aux années 1960, mais dans des proportions moindres. L'espagnole prendra le relais durant les Trente Glorieuses pour devenir en 1968, avec 607 000 personnes, la première nationalité étrangère en France, avant d'être à son tour dépassée par l'arrivée des Portugais : 20 000 en 1958, 750 000 en 1975[1].

Alors que, durant la période précédente, elle avait beaucoup irrigué la moitié sud de la France, après la Seconde Guerre mondiale, cette immigration européenne arrivera surtout en région parisienne pour ses usines, ses chantiers et ses logements. Sans y constituer de communautés prédominantes, elle sera significativement présente à Sarcelles : sur les chantiers du Grand Ensemble, dans les logements qui s'y créent, parfois avant sa construction, comme les Italiens au vieux village. Mes camarades de classe s'appellent, entre autres, Capellotti, Abad Martinez ou Da Silva. Les Corses compléteront le tableau méditerranéen de la ville. Tous se sont assimilés depuis. Et avant que de nombreux Maghrébins musulmans et Africains subsahariens rejoignent à leur tour l'autre rive, d'autres vont traverser une plus lointaine et vaste mer pour arriver jusqu'à nos côtes, tout en partant de France. On les désignera un jour par un terme qui ne fait pas l'unanimité : les ultramarins.

« J'ai rencontré des compatriotes, j'ai rencontré des gens aimables. Je n'avais pas connu ça à Paris ! J'ai habité

1. Source : Musée National de l'Histoire de l'Immigration (MNHI), « Caractéristiques migratoires selon les pays d'origine », www.histoire-immigration.fr

Villemomble pendant un an et demi et, lorsque je suis parti, je ne connaissais même pas mon voisin… Sarcelles m'a donc séduit immédiatement[1]… » Né au Carbet en Martinique, Patrice Gémieux arrive en 1981 à Sarcelles, trois ans après avoir rejoint la métropole. Le premier contact à Chartres fut des plus froid, pas seulement pour des raisons climatiques et malgré l'aide du Casodom[2], créé en 1956. Plus marquante fut la mission du Bumidom, le Bureau pour le développement des migrations dans les départements d'outre-mer, organisme d'État fondé en 1963, officiellement pour accompagner l'émigration de la Guadeloupe, la Martinique et La Réunion vers la France métropolitaine, officieusement pour lutter contre l'influence des indépendantistes. Dissous en 1981, il gérera durant ses dix-huit ans d'existence l'immigration de 70615 personnes, soit près de 45 % des 157000 domiens arrivés pendant cette période, les autres viendront souvent via leur service militaire ou une mutation à l'intérieur de la fonction publique.

C'est justement à travers la fonction publique que nombre d'Antillais arrivent eux aussi à Sarcelles. La police, les douanes, l'armée, les PTT, tous y disposent de logements réservés et, quand les domiens intégreront ces corporations en métropole, un appartement leur sera proposé. Comme la famille d'Eddie Viator, dont le père était policier et qui, avant de réaliser la plus belle carrière d'arbitre du basket-ball français, fut un proche camarade de classe. Les footballeurs internationaux Alain Couriol et Philippe Christanval ont aussi passé leur enfance à Sarcelles, qui compterait ou aurait

1. *Sarcelles, Cinq continents pour une ville. Mémoires croisées. Histoires de migrants*, tome I, *Afrique Amérique*, mairie de Sarcelles, 2010, p. 350.
2. Comité d'action sociale en faveur des originaires des départements d'outre-mer en métropole.

compté jusque 5 000 Antillais, selon Linda Bendali[1]. Comme pour la plupart des groupes sociaux, les chiffres sont souvent surestimés, mais la réalité est tangible. Et si la communauté s'est désormais répartie sur plusieurs villes alentour, son épicentre reste Sarcelles, avec une maison de l'outre-mer, une dizaine d'associations actives, dont le Comité de Réflexion des Originaires de l'Outre-Mer du Val-d'Oise (CROMVO) et de grands événements culturels, politiques et mémoriels organisés chaque année, certains rassemblant plusieurs milliers de personnes.

Dès 2002, une plaque « rue du 10-mai-2001 » est dévoilée, en référence à la date de la loi tendant à la reconnaissance de la traite et de l'esclavage en tant que crime contre l'humanité. Et quand, en janvier 2023, le lycée de la Tourelle est devenu le lycée Maryse-Condé, sur choix des élèves, le tout-outre-mer de l'Ile-de-France, de Firmine Richard à Christiane Taubira en passant par George Pau-Langevin, accourt pour rendre hommage à l'immense écrivaine guadeloupéenne. Aucune de ces personnalités ne découvrait Sarcelles ce jour-là, fréquemment appelée la capitale francilienne de l'outre-mer. Elles reviendront dans quelques années quand la grande salle de spectacle, qui remplacera le Forum des Cholettes, sera inaugurée au nom de Jacob Desvarieux, Sarcellois dix ans durant et légendaire guitariste de Kassav', le groupe français qui a donné le plus de concerts dans le monde. Véritable ambassadeur de notre pays, de sa culture créole et de son métissage, il est resté sous-estimé en France, tout comme demeure méconnue l'histoire particulièrement douloureuse des Antillais et jamais réglé le contentieux avec les autorités nationales. Le Bumidom est accusé d'avoir vidé les outre-mer de leurs forces vives pour les cantonner à des

1. Linda Bendali, *Sarcelles, une utopie réussie ?*, *op. cit.*, p. 51.

emplois subalternes en France, tout en envoyant des métropolitains diplômés administrer les DOM. Aimé Césaire qualifiera en 1977 ce phénomène de « génocide par substitution[1] ». Patrice Gémieux, longtemps adhérent du Cromvo et du Parti socialiste de Sarcelles, est rentré au Carbet où il est devenu conseiller municipal. La considération, la reconnaissance et la vérité historique font, elles, toujours partie des demandes de nos compatriotes antillais.

« Je me rappelle très bien, c'était en juillet 1977, j'avais douze ans. On est arrivés à Roissy, puis on a été envoyés dans un foyer de travailleurs ici[2]. » Navaz Mouhamadaly est un *boat people*, un réfugié vietnamien ayant fui Saïgon après sa chute en 1975 et l'arrivée de la dictature communiste. Pour les 2,5 millions d'hommes et de femmes qui quitteront à cette époque le Vietnam, le Cambodge et le Laos, la France sera, avec près de 120 000 arrivées et si l'on exclut les migrations internes à l'Asie, le quatrième pays d'accueil après les États-Unis, le Canada et l'Australie. Cette vague d'immigration depuis l'Indochine française n'est pas la première, mais elle est la plus importante. Seule une centaine d'individus issus de cette colonie fondée en 1887 vivent en métropole jusqu'en 1914, avant que la Première Guerre mondiale mobilise 90 000 hommes et la seconde 27 000[3]. Puis la défaite de Diên Biên Phu et la fin de l'Indochine en 1954, après neuf années de guerre et 500 000 morts, provoqueront une série

1. Claire Palmiste, « Génocide par substitution : usages et cadre théorique », dans Frédéric Angleviel, *Les outre-mers français : actualités et études*, volume I, L'Harmattan, 2012.
2. Maïram Guissé, « "Sarcelles, c'est devenu chez moi" : Navaz Mouhamadaly, réfugié vietnamien arrivé en 1977 », *Le Parisien*, 15 septembre 2021.
3. Liêm-Khê Luguern, « La représentation des immigrants. Des immigrants en représentation ? Le cas des Asiatiques, Vietnamiens en particulier », *Hommes et Migrations*, n° 1314, 2016, p. 141-145.

de départs vers la France dans des circonstances difficiles. « Près de 5 000 réfugiés d'Indochine ont été transportés en France et logés dans des conditions précaires dans des corons abandonnés et d'anciens camps militaires », raconte l'historien Gilles Manceron[1]. Ces camps deviendront des centres d'accueil, à Noyant dans l'Allier ou à Sainte-Livrade, près de Villeneuve-sur-Lot. Mais il ne s'agit que de lieux de transit.

Quand il faudra trouver un endroit pour s'installer durablement, Sarcelles prendra sa part d'accueil, de l'immigration vietnamienne du milieu des années 1950, comme de celle, plus importante, des années 1970. Un accueil parfois facilité par les migrations intercoloniales depuis Pondichéry vers l'Indochine. Car ils seront nombreux aussi de ce comptoir français restitué à l'Inde en 1954 à devenir Sarcellois, en passant par le Vietnam ou non, avec la nationalité française, et à intégrer souvent la fonction publique et les logements accessibles via ce statut. Navaz Mouhamadaly, dont le père est un Indien français de Pondichéry, est aujourd'hui conseiller municipal. À la suite du retrait américain de l'Afghanistan à l'été 2021, quarante-huit ans après celui du Vietnam, il déclarera à propos des réfugiés potentiels : « Le jour où ils vont arriver, je serai là pour eux[2]. »

« Le début des années 1980 constitue l'étape clé d'un basculement décisif. C'est en effet à partir de ce moment que l'immigré est identifié au Maghrébin, puis au musulman ; que l'idée selon laquelle il existerait un problème spécifique à "l'intégration" de ce groupe d'individus gagne du terrain », explique le politologue Éric Savarese, tout en déconstruisant

1. Gilles Manceron, « 1956-2006 : rapatriés d'Indochine, cinquante ans d'oubli », *Hommes et Libertés*, n° 135, juillet-septembre 2006.
2. *Le Parisien*, 15 septembre 2021.

cette assertion[1]. À Sarcelles, peut-être plus qu'ailleurs, cette relativisation s'impose tant l'histoire de l'immigration y est plurielle. Les populations musulmanes, peu présentes jusqu'au début des années 1970, viendront à leur tour peupler la ville, quinze ans après la construction du Grand Ensemble et quatre-vingts après le début des migrations depuis l'Afrique du Nord, ajoutant de la diversité à la diversité déjà existante.

Fuyant une pauvreté aggravée par la colonisation, les Maghrébins, essentiellement algériens, arrivent initialement en France à la fin du XIXe siècle pour travailler dans les usines de Marseille. La Première Guerre mondiale mobilisera 500 000 soldats d'Algérie, du Maroc et de Tunisie. Dans leur grande majorité, ils seront reconduits dans les colonies d'origine à l'issue du conflit, mais plusieurs dizaines de milliers d'entre eux resteront sur le sol métropolitain et créeront de grandes institutions fondatrices de l'islam en France, avec l'aide des pouvoirs publics : grande mosquée de Paris en 1926, hôpital et cimetière franco-musulmans de Bobigny, respectivement en 1935 et 1937. Dans cet entre-deux-guerres où il manque 1,3 million d'hommes tombés au combat, l'immigration maghrébine ne cessera de fournir une main-d'œuvre ouvrière. Une dynamique que la Seconde Guerre mondiale freinera un temps, qui reprendra ensuite, et que même les affrontements meurtriers en Algérie n'arrêteront pas. On compte ainsi en 1962 plus de 350 000 Algériens en France. Puis l'immigration marocaine prendra le relais. Sa croissance exceptionnelle lui permettra d'atteindre 430 000 personnes en 1975 et 570 000 en 1990[2]. La tunisienne, marginale avant

1. Éric Savarese, *10 questions sur l'immigration en France, la réalité des politiques de l'immigration*, De Boeck Supérieur, 2023, p. 11.
2. Source : MNHI, https://www.histoire-immigration.fr/comprendre-les-migrations

les années 1960, va s'intensifier aussi. Avec l'arrêt officiel de l'immigration de travail en 1974, les mouvements de population depuis le Maghreb deviendront plus familiaux que laborieux et masculins.

C'est à cette période que les Maghrébins musulmans arrivent à Sarcelles, même si quelques-uns étaient déjà présents dès les chantiers de construction du Grand Ensemble de la fin des années 1950. Des familles, souvent nombreuses, s'installent progressivement dans les logements sociaux de la ville, que les premiers habitants commencent à quitter pour plus résidentiel. Elles s'intègrent bien dans ce paysage méditerranéen fraîchement recréé, tout en partant, en moyenne, de plus loin socialement. Et, contrairement à la communauté juive, elles n'ont pas l'habitude de vivre en diaspora avec une série d'institutions standards à recréer de pays en pays. Leur processus de structuration communautaire sera donc plus long. La grande mosquée, dirigée par l'association sunnite Foi et Unicité, verra le jour à la fin des années 1980. Les boucheries hallal ouvriront progressivement, les écoles coraniques bien plus tard. Hors contrat et attirant peu d'élèves, elles demeurent aujourd'hui encore marginales. La percée sociale sera plus tardive pour les familles les plus en difficulté, mais elle aura bien lieu et dans des domaines diversifiés, au-delà de la réussite de personnalités publiques issues du Maghreb ayant grandi à Sarcelles, tels les réalisateurs Nabil Ayouch et Malik Chibane, ou le talentueux footballeur Riyad Mahrez. Capitaine de l'équipe d'Algérie, vainqueur de la Coupe d'Afrique des nations en 2019 et de la Ligue des champions en 2022, la superstar de Manchester City prouve régulièrement son attachement à sa ville de naissance en y revenant plusieurs fois par an, avec beaucoup de simplicité.

L'immigration maghrébine ne se résume, ni à Sarcelles ni ailleurs, à une percée de l'islam, même si cette dernière est une réalité. La contribution à la vie de la cité est non seulement culturelle : Sarcelles est devenue une capitale régionale de la culture kabyle, avec un nouvel an et un Printemps amazigh qui rassemblent chaque année plusieurs milliers de personnes, mais aussi politique : « En 1976-1977, à quatorze ans, je manifestais pour soutenir les grévistes du foyer Sonacotra de Garges, je débattais contre l'apartheid, j'animais un ciné-club dans mon lycée, je créais un groupe de la Fédération anarchiste et, en 1982, je participais à la fondation de l'Association Culturelle des Maghrébins de Sarcelles (ACMS) », explique Brahim Messaouden[1], qui sera aussi membre du Parti communiste, du MRAP et militant actif de la Marche pour l'égalité et contre le racisme de 1983, avant de devenir responsable syndical. Il considérait en 2015 que les revendications de cette Marche étaient toujours d'actualité. On ne saurait le contredire en 2023.

La vague d'immigration d'Afrique subsaharienne est plus récente encore. Elle ne représentait que 20 000 personnes en 1962, issues du premier lien migratoire avec la France : l'armée. Les soldats noirs d'Afrique, rebaptisés « tirailleurs sénégalais », 200 000 mobilisés lors de la Première Guerre mondiale, 180 000 lors de la Seconde, seront largement incités, eux aussi, à rentrer chez eux après les conflits. Seule une minorité restera en métropole. Puis cette immigration ira crescendo durant quatre décennies, pour atteindre 570 000 ressortissants en 2004, soit 12 % de l'ensemble des immigrés en France, trois fois moins toutefois que les Maghrébins ou

1. Brahim Messaouden, « Avoir vingt ans et se souvenir un peu », *Migrations Société*, 2015/3-4, n° 159-160, p. 223-226.

les Européens[1]. Les premiers arrivants, jusqu'au début des années 1970, relèvent de mouvements migratoires masculins temporaires de travail. Principalement originaires de la vallée du fleuve Sénégal (Sénégal, Mali, Mauritanie et Guinée), ils sont ouvriers de l'industrie automobile, de la voirie, de la propreté urbaine, parfois du bâtiment et de la restauration. Le droit au regroupement familial, confirmé par le Conseil d'État en 1978, leur permettra de s'installer durablement en France où ils reproduiront souvent l'organisation communautaire villageoise basée sur la solidarité ethnique. « Chaque contrée de là-bas a un représentant en région parisienne, c'est très efficace », confirmait Bakary Traoré, de l'association Passerelles de Villiers-le-Bel, au *Parisien* en 2004[2]. Cela n'a d'ailleurs pas échappé à Erik Orsenna, qui a puisé une partie de l'inspiration de *Madame Bâ* et de *Mali, ô Mali* dans cette ville voisine de Sarcelles, à laquelle il voue un véritable attachement. Villiers-le-Bel le lui a rendu, en donnant le nom de l'académicien à sa médiathèque inaugurée en 2016.

Ce constat d'une organisation en villages et en ethnies est moins valable pour les migrations plus urbaines depuis les pays du golfe de Guinée : Côte d'Ivoire, Cameroun, Togo, Bénin et les deux Congo, situés à la jonction entre l'Afrique de l'Ouest et l'Afrique centrale. Les Congolais représentent la figure principale de ces communautés au « fonctionnement en réseau au sein d'un espace national, de confréries religieuses ou d'Églises chrétiennes », expliquent les

---

1. David Lessault, Cris Beauchemin, « Les migrations d'Afrique subsaharienne en Europe : un essor encore limité », *Population & Sociétés*, 2009/1, n° 452, p. 1-4.
2. « On a reproduit l'organisation des villages dans les quartiers », *Le Parisien*, 13 avril 2004.

chercheurs Mahamet Timera et Julie Garnier[1]. On aurait tort, en effet, d'oublier que le christianisme est majoritaire en Afrique noire. Si les églises de Sarcelles et plus généralement du nord-est de la région parisienne, catholiques et évangéliques, sont pleines, c'est en grande partie grâce à l'apport des Subsahariens, en plus des Caribéens. L'islam reste néanmoins très présent chez les peuples proches du fleuve Sénégal et jusqu'au nord de la Côte d'Ivoire. À Sarcelles, les hommes originaires de cette région créeront une autre mosquée, celle de l'Association des Musulmans d'Inspiration Sunnite (AMIS) au milieu des années 1980, tandis que les femmes s'investiront davantage dans la vie culturelle. Rokyatou Dembele, dite « Kya », arrivée du Mali dans les années 1970, créera en 1988 l'AFASE, l'Association des Femmes Africaines de Sarcelles et des Environs. Désormais dirigée par sa fille, Ramata, la structure est particulièrement active pour accompagner les jeunes femmes dans leurs parcours personnels et professionnels, veiller au respect de leurs droits et à leur émancipation. Avec Du côté des femmes, ce sont les deux associations sur lesquelles la municipalité et l'État ont pu s'appuyer durant le confinement de 2020 pour animer l'indispensable cellule de lutte contre les violences intrafamiliales.

L'immigration africaine a, comme les autres, importé sur notre sol ses tissus, ses commerces et ses traditions culinaires, mais aussi son questionnement identitaire. Et l'essor du rap va être un formidable catalyseur pour une jeunesse qui avait besoin de se faire entendre, entre le silence des marches pour l'égalité et le bruit des émeutes urbaines. Né dans les années 1970 et arrivé quelques années plus tard en France,

1. Mahamet Timera, Julie Garnier, « Les Africains en France. Vieillissement et transformation d'une migration », *Hommes et Migrations*, n° 1286-1287, 2010, p. 24-35.

il s'identifie réellement aux Afro-Américains à partir de la seconde moitié de la décennie 1980. Après Marseille et IAM, le 93 et NTM, Sarcelles devient la troisième place forte du rap français avec le Secteur Ä, et celle dont l'identité noire et les références aux États-Unis sont le plus affirmées. Ä pour Abdulaï n'est pas une référence islamique locale. La plupart des membres du collectif sont d'origine chrétienne, sauf Hamed Daye, de son vrai nom Hamed Cissokho, qui fut aussi un excellent camarade de collège. Abdulaï est le nom d'un chef de gang noir et aveugle qui fait régner sa loi en prison dans le film *Double détente* de Walter Hill, sorti en 1988. L'Amérique, ses gangs, ses leaders noirs, ses rappeurs et sa NBA période Michael Jordan offrent, dans la déferlante culturelle américaine des années 1980, un univers de référence bien plus accessible que celui de Senghor ou de Césaire. Le groupe phare du collectif est le Ministère A.M.E.R. Il est emmené par cinq Sarcellois : Stomy Bugsy, Passi, Hamed Daye, Moda, DJ Desh, et un Gargeois, Kenzy. Les Nég' Marrons aussi sont de Garges-lès-Gonesse, tandis que les frères Lino et Calbo, plus connus sous le nom d'Ärsenik, également membres du Secteur Ä, sont originaires du quartier de la Cerisaie à Villiers-le-Bel. Le collectif a vendu six millions de disques entre 1996 et 2001. Il a remis Sarcelles en haut de l'affiche et est devenu une référence incontournable pour le public croissant des fans de rap de la France entière.

Mais le miroir américain ne suffira pas à répondre à la quête identitaire. Passi, de son nom complet Passi Balende, que j'ai bien connu comme basketteur et rappeur en herbe, qui nous slammait sa prose affûtée dès l'âge de quinze ans sur le chemin du collège, décide en 1997 de former, avec une partie du Secteur Ä et quelques amis, un nouveau collectif musical. Franco-congolais cette fois : Bisso Na Bisso. Les influences sont multiples, hip-hop, rumba, zouk, reggae, comme le sont les collaborations avec de grands artistes africains et antillais. *Exit* le rap hardcore et ses dérapages antiflics surjoués, les deux albums du groupe s'appelleront *Racines* (1999) et *Africa* (2009), laissant peu d'ambiguïtés sur le cœur du projet. De son côté, Gilles Duarte, alias Stomy Bugsy, qui revient souvent à Sarcelles rendre visite à son père Luis, véritable personnalité locale d'origine cap-verdienne, s'est lancé dans le théâtre. Il incarne dans sa pièce *Un jour j'irai à Detroit*, jouée pour la première fois à Paris en 2020 et à Sarcelles en 2022, un tirailleur sénégalais enfermé à la prison de Fresnes en 1944, qui clame son innocence à deux autres soldats voisins de cellules, un Français et un Juif américain. L'identité, l'histoire, la mémoire interrogent toujours les enfants de l'immigration. À Sarcelles, nous faisons le pari que cette aspiration légitime puisse se faire sans acrimonie, dans une démarche commune et républicaine, dans une ville où l'immigration ne cesse d'augmenter et les questionnements avec.

Le pourcentage d'étrangers à Sarcelles passe effectivement de 10,2 % en 1975 à 18 % en 1990, selon les recensements de l'Insee, et le mouvement ne s'est pas arrêté là. Parmi ces étrangers, la proportion d'Algériens, de Marocains ou de ressortissants de pays d'Afrique subsaharienne est proche de la moyenne régionale. En revanche, celle des Tunisiens est plus élevée : 15,5 % à Sarcelles contre 6,1 % dans la région, car les concentrations de population se font aussi par affinités, laissant se créer des spécificités communales. Étonnamment, certains Juifs ont longtemps gardé la nationalité tunisienne. Les Tunisiens musulmans sont aussi très présents et vont progressivement investir dans les boulangeries de la ville. La proportion de Turcs est également plus élevée qu'ailleurs en 1990 : 12,4 % à Sarcelles contre 2,6 % dans la région, une immigration composée à la fois de musulmans et de chrétiens, d'Assyro-Chaldéens pour être précis, une autre grande singularité locale.

Les Assyro-Chaldéens de Sarcelles viennent essentiellement des provinces de Hakkiari et de Sirnak, au sud-est de la Turquie, à la frontière nord de l'Irak, plus précisément des districts d'Uludere, Silopi et Beytussebap, à environ deux cents kilomètres de Mossoul. Dans les années 1980, la région est en proie à de violents affrontements entre le parti démocratique du Kurdistan, le PKK, et l'armée turque. Le PKK veut mener une guerre de libération nationale face à une Turquie qui, depuis la rupture entre le kémalisme et les Kurdes en 1924, leur refuse toute autonomie. L'État turc riposte, et les villageois des régions concernées, même s'ils ne sont pas kurdes, sont pris en otages. La situation devient rapidement intenable, et les Assyro-Chaldéens quittent les neuf villages de montagne qu'ils habitaient depuis des siècles pour trouver meilleure fortune ailleurs. Pour l'un des plus anciens peuples chrétiens, qui parle l'araméen, la langue du Christ, l'attachement à la Turquie, qui a massacré 250 000 d'entre eux en 1915 en même temps que les Arméniens, est très relatif. Celui à l'Irak de Saddam Hussein et ses bombardements chimiques aussi. Les Assyro-Chaldéens irakiens fuient à leur tour. Pour ces catholiques depuis 1552, la France, pays démocratique et fille aînée de l'Église, sera la destination d'avenir. Plusieurs d'entre eux y avaient déjà trouvé refuge avec leurs cousins arméniens fuyant le génocide du début de siècle.

La banlieue parisienne est la région la plus accessible, Clichy-sous-Bois, puis Sarcelles. Pas via le logement social – ils n'ont ni statut ni fiches de paie pour y entrer –, mais parce que ces villes offrent de grands appartements. Indispensables pour loger leurs familles nombreuses. Peu onéreux de surcroît, à portée du petit pécule apporté du pays ou gagné durant les premières années de dur labeur. Le jeu du regroupement villageois et communautaire, particulièrement important pour une immigration qui ne compte que quelques dizaines de milliers de membres et qui ne dispose ni de la nationalité ni de la maîtrise de la langue, va les amener à se rassembler massivement à Sarcelles. D'autant que la ville propose, dans ces années 1980, un parc pavillonnaire intéressant et abordable, dans le quartier des Chardonnerettes fraîchement créé. Les Assyro-Chaldéens seraient 8 000 à Sarcelles, selon le documentaire *Sarcelles, 1997 après J.-C.*[1], alors que le géographe Hervé Vieillard-Baron les estime à 1700 environ[2]. La réalité d'alors comme d'aujourd'hui est certainement entre les deux, avec une communauté qui s'est étendue sur les villes voisines, et jusqu'au département de l'Oise, pour y vivre dans de grandes zones résidentielles avec jardins, essentiels pour ce peuple attaché à la terre et à ses traditions. La religion occupe une place centrale dans cette communauté dont les dirigeants naturels sont les prêtres et le grand lieu de rassemblement est celui du culte. Ils réussissent l'exploit en dix ans de bâtir la plus grande église assyro-chaldéenne d'Europe à Sarcelles, Saint-Thomas, consacrée en 2004, au style néo-babylonien immanquable dans l'espace urbain, à la limite de la commune de Saint-Brice-sous-Forêt, qu'ils sont aussi très nombreux à habiter après leurs premières années sarcelloises. Une seconde

1. *Sarcelles, 1997 après J.-C.*, film de Néna Baratier, MAB Films/France 3, CNRS images, 1997.

2. Hervé Vieillard-Baron, « Sarcelles aujourd'hui, de la cité-dortoir aux communautés ? », *Espaces, populations et sociétés*, 1996-2-3, p. 325-333.

église chaldéenne, Saint-Jean, est inaugurée à Arnouville en 2016, ville historique de l'immigration arménienne dans le Val-d'Oise, comme l'est Alfortville dans le Val-de-Marne.

« Les papas, ils travaillent tous dans la confection parce qu'ils ne savent pas lire ni écrire », explique l'une des protagonistes de *Sarcelles, 1997 après J.-C.* Le textile, puis les bars-tabacs et restaurants, les hôtels, salles de mariage et l'immobilier familial, la première génération ne ménage pas sa peine dans tous les secteurs d'activité accessibles aux étrangers, pour pouvoir acheter son pavillon, puis permettre à ses enfants de s'instruire et de devenir cadres. D'un point de vue économique, leur intégration à la France est exemplaire. D'un point de vue identitaire, les choses sont toujours plus complexes. Presque tous ont obtenu la nationalité française. Ils aiment la France chrétienne, mais lui reprochent souvent de ne pas l'être assez. Ils nourrissent un double ressentiment contre la Turquie, celui du génocide de 1915 et celui des combats des années 1980 qui les ont obligés à fuir, tout en gardant avec leur ancienne patrie des liens commerciaux et parfois touristiques. Leurs habitudes culinaires sont similaires à celles des Turcs et des Kurdes, si bien qu'ils s'approvisionnent dans les mêmes commerces ethniques. La préservation de leur histoire, la reconnaissance du génocide en particulier, toujours inachevée, mobilise largement leurs activités politiques et associatives, en parallèle de la transmission de la langue araméenne, celle qu'ils ont parlée de tout temps, y compris dans les villages quittés il y a quarante ans, et qu'ils utilisent toujours pour leurs messes, qui ne se récitent ni en latin ni en français. La possibilité du retour n'existe nullement pour eux. Ils doivent désormais trouver comment construire leur avenir en France à moyen terme, sans oublier leurs racines.

Un véritable cas d'école pour une population qui ne compte qu'une vingtaine de milliers de personnes[1].

Le défi de la place durable des Assyro-Chaldéens en France est d'autant plus complexe qu'ils y côtoient Kurdes et Turcs, parfois sur les mêmes territoires, comme c'est le cas dans l'est du Val-d'Oise, avec une histoire à la fois commune et conflictuelle. Les Kurdes, dont on estime la population entre 25 et 35 millions de personnes, constituent le plus grand peuple apatride au monde, le Kurdistan n'existant pas comme État. Depuis la partition de l'Empire ottoman après la Première Guerre mondiale, le territoire est une grande zone géographique à cheval sur quatre pays : la Turquie, l'Iran, l'Irak et la Syrie. Persécutés comme minorités, victimes directes ou collatérales de la révolution islamique en Iran en 1979, du coup d'État militaire en Turquie en 1980, de la guerre Iran-Irak de 1980 à 1988, de la répression turque envers le PKK, ou encore Yézidis kurdophones martyrs de l'État islamique en Irak en 2014, de nombreux Kurdes ont progressivement trouvé refuge en Allemagne, en France, en Europe du Nord, en Russie, en Géorgie, aux États-Unis et en Australie. En majorité sunnites ou alévis, les 150 000 Kurdes résidant en France viennent essentiellement de Turquie. Ils forment une communauté importante dans l'est du Val-d'Oise, à Sarcelles, mais plus encore à Arnouville et à Villiers-le-Bel, où est implanté le Centre démocratique du Kurdistan départemental, réputé proche du PKK. Quand, le 23 décembre 2022, un homme ouvre le feu dans le centre culturel kurde Ahmet-Kaya, dans le Xe arrondissement de Paris, tuant trois personnes, dans les jours qui suivent, les cercueils seront amenés à Villiers-le-Bel

1. Selon l'historien Joseph Alichoran, « Les Assyro-Chaldéens en France », France Culture, 26 juin 2011.

pour une cérémonie d'hommage rassemblant près de 10 000 personnes.

Les Kurdes comme les Turcs sont arrivés nombreux en France via le grand mouvement d'immigration du milieu des années 1960, organisé de façon on ne peut plus officielle : un accord bilatéral relatif au recrutement de travailleurs turcs en France est signé entre les deux pays à Ankara, le 8 avril 1965. Les ouvriers turcs sont notamment recherchés par les fonderies françaises ou le BTP pour des postes dont la pénibilité ne permet pas de recruter de la main-d'œuvre autochtone en nombre suffisant. Comme les autres mouvements, il se développe dans un second temps par le regroupement familial, mais également au gré des crises politiques. Des affrontements entre activistes de gauche et militants nationalistes des années 1970, au coup d'État du 12 septembre 1980, l'économie turque souffre et pousse ses ressortissants à aller trouver meilleure fortune ailleurs, tandis que les situations conflictuelles créent des réfugiés, Kurdes, Alévis, Assyro-Chaldéens et Grecs pontiques[1]. Ce double facteur causal n'est pas la seule spécificité de l'immigration turque. Elle est récente, démarrant dans la seconde moitié des Trente Glorieuses, et continue de se développer. Et, surtout, elle n'a pas de liens historiques forts avec la France, pas les rancœurs ni les contentieux qu'ont pu créer la colonisation et la décolonisation, mais pas la culture française non plus, ni la langue, ni les fondamentaux de la République, malgré l'admiration des penseurs de la laïcité à la turque pour Émile Durkheim[2].

1. Les Grecs pontiques ou Grecs du Pont, sont les descendants des populations hellénophones de la région de la mer Noire, qui dans l'Antiquité s'appelait le Pont-Euxin.

2. Lire sur ce point : Mesut Bedirhanoğlu, « La conception turque de la laïcité à l'épreuve du standard européen de société démocratique », thèse de doctorat : https://theses.hal.science/tel-03506219/document.

De surcroît, les chercheurs Stéphane de Tapia et Mehmet-Ali Akinci le montrent bien, les immigrants turcs en France sont originaires de régions rurales et conservatrices, avec ce que cela véhicule comme valeurs. La place de la religion et l'attachement au pays, mélange de nostalgie et d'une forme de nationalisme appelée « turcité », expliquent le côté particulièrement légitimiste des Turcs ou Franco-Turcs vivant sur notre sol vis-à-vis du pouvoir en place dans leur pays d'origine, fût-il exercé par les forces régressives d'Erdoğan. En revanche, leur intégration économique progresse vite. Malgré les crises et les licenciements industriels massifs, l'élévation sociale va se poursuivre par la création d'entreprises, qui correspond aussi à un objectif d'indépendance, si bien qu'elle va se transmettre de génération en génération. Stéphane de Tapia explique ainsi que « les enfants ont parfois été poussés à acquérir un diplôme moyen mais adapté (droit, commerce, informatique), afin de prendre la suite (import-export, distribution, mécanique auto[1]) ».

D'un point de vue religieux, les Turcs importent un islam particulièrement organisé. Et pour cause, ils viennent d'un État qui, tout en étant constitutionnellement laïc, exerce un contrôle sur l'Islam à travers la présidence des Affaires religieuses, la Diyanet, placée sous la tutelle du Premier ministre. « Elle régit le pèlerinage à La Mecque, organise et surveille l'activité des mosquées, nomme et rémunère les imams chargés du culte, statue sur le contenu de l'enseignement religieux et sur celui des sermons du vendredi. Les imams sont donc des fonctionnaires en partie instrumentalisés par

1. Stéphane de Tapia, « Permanences et mutations de l'immigration turque en France », *Hommes & Migrations*, n° 1280, 2009.

l'État », détaille le géopolitologue Didier Billion[1]. Certains sont même détachés à l'étranger, dont 151 en France faisant de la Turquie le premier expéditeur d'imams dans l'Hexagone, devant l'Algérie et le Maroc. Un islam consulaire qui n'est pas du goût du Président français, qui a annoncé vouloir mettre progressivement fin à cette pratique d'imams détachés[2]. La communauté musulmane franco-turque dispose aussi d'une capacité importante à construire des mosquées, à s'impliquer dans le dialogue interreligieux et, plus encore, à investir dans l'éducation des enfants, aussi bien coranique que scolaire.

Sarcelles ne compte pas de mosquée turque, mais une communauté grandissante, comme les autres villes populaires de l'est du Val-d'Oise, la plupart de celles de Seine-Saint-Denis et l'Ile-de-France en général, première région d'accueil d'une immigration turque forte au niveau national d'au moins 700 000 membres, si l'on inclut les naturalisés[3]. Rhône-Alpes est la seconde région d'accueil, l'Alsace n'étant que la troisième, contrairement aux idées reçues, mais, moins peuplée et plus rurale, elle est celle où la minorité turque est le plus visible. Pas de mosquée ottomane à Sarcelles donc, mais une association culturelle et religieuse turque, antenne locale de la CIMG, la Confédération Islamique Milli Görüş, présente sur la commune depuis le début des années 2010, qui a récemment défrayé la chronique pour ses liens organiques supposés avec le régime d'Erdoğan, ce dont elle se défend. Il faut dire

1. Didier Billion, « Laïcité, islam politique et démocratie conservatrice en Turquie », *Confluences Méditerranée*, 2011/1, n° 76, p. 37-49.
2. William Audureau, « Que pèse vraiment la Turquie dans l'islam de France ? », *Le Monde*, 5 novembre 2020.
3. D'après l'Insee en 2021, le nombre de Turcs vivant en France est de plus de 211 000. Mais les sources consulaires annoncent un peu plus de 611 000 Turcs et Franco-Turcs en France, et 330 000 électeurs inscrits sur les listes de l'ambassade de Turquie en France lors de la présidentielle de 2018.

que les relations particulièrement exécrables qu'entretiennent Paris et Ankara ne favorisent pas la qualité du dialogue entre les pouvoirs publics français et la minorité turque. Pourtant, l'immense majorité de cette minorité restera dans notre pays, comme tous les autres immigrés. Il n'y a donc pas d'autre voie que celle de la concorde, dans une nation libre et laïque, sans gommer l'attachement culturel, sentimental ou économique au pays d'origine, mais sans accepter non plus la moindre ingérence d'un État étranger et tout en cultivant l'amour de tous pour la France.

Ce travail est d'autant plus indispensable que de nouvelles vagues de peuplement vont continuer à se succéder, éprouvant chaque fois le modèle d'intégration à la française. La diaspora africaine en France va ainsi s'enrichir de la très discrète communauté comorienne. Issue d'une immigration peu connue, lointaine mais liée à la France, la population de cet archipel, composé de quatre îles de l'océan Indien, est un brassage de Bantous, d'Arabes, de Malgaches et d'Indiens. Progressivement islamisée depuis le VIe siècle, elle est colonisée par la France en 1841, Mayotte en premier, puis l'ensemble de l'archipel en 1912. Son indépendance est proclamée en 1975 de façon unilatérale, mais pas unanime. Prises de pouvoir, coup d'État et recours aux mercenaires créent une grande instabilité politique qui pousse les Comoriens à trouver refuge à Mayotte, restée française, où ils seraient 100 000, puis en métropole où ils sont estimés entre 150 000 et 200 000[1], si bien qu'au total un Comorien sur quatre vit sur le sol français. Installée d'abord à Marseille, nouveau port d'attache de ces insulaires au pied marin, appelée « cinquième île des Comores » par l'ancien président Ahmed Sambi, la

1. Amélie Barbey, « Les migrations comoriennes dans l'ouest de l'océan Indien », *Hommes & Migrations*, n° 1279, 2009, p. 154-164.

communauté locale connaîtra la célébrité grâce au chanteur Soprano, de son vrai nom Saïd M'Roumbaba, fils d'un agent polyvalent sur les navires pétroliers et d'une femme de ménage.

Les Comoriens sont aussi présents à Paris, Lyon, Nice, Dunkerque, Corbeille-Essonne, La Courneuve… et Sarcelles, qui abrite un à deux milliers d'entre eux, plusieurs associations culturelles et sportives, dont la Diaspora comorienne créée en 1996, et de grandes cérémonies : les *madjiliss*. Les fidèles de toute la région y arborent des costumes colorés et les hommes y sont munis de cannes. Sunnites de rite chaféite, ils écoutent la lecture de textes sacrés, chantent et dansent au rythme d'instruments traditionnels. Dans la vie de tous les jours, les Comoriens se fondent dans le reste de la population tout en gardant un œil sur ce qu'il se passe au pays, toujours en proie à de fortes tensions migratoires vers Mayotte, théâtre à échelle réduite du drame des migrants en Méditerranée. Plusieurs milliers de morts en mer sur des embarcations de fortune, les kwassa-kwassa, et de violents affrontements entre mineurs isolés à Mayotte émaillent le département le plus pauvre de France, où, malgré une politique d'immigration restrictive, 50 % de la population est de nationalité comorienne. Un vrai modèle de décolonisation ratée, dont la France n'a pas fini de payer les conséquences.

À 4500 kilomètres à l'est, toujours dans l'océan Indien, l'île de Ceylan devient officiellement le Sri Lanka en 1972. Indépendante du Royaume-Uni depuis 1948, après avoir été sous contrôle portugais puis néerlandais, elle est rapidement en proie à des conflits ethniques avec une majorité cinghalaise bouddhiste qui persécute la minorité tamoule. Quitte à casser quelques idées reçues, notons que tous les bouddhistes ne sont pas pacifistes. Les affrontements prennent de l'ampleur en 1983 quand l'organisation des Tigres de libération de l'Îlam tamoul, leur région de prédilection, passe à la résistance armée, avec en retour la répression du Black July Pogrom[1]. Résultat : plus de 100 000 morts et 150 000 disparus depuis 1972 selon Amnesty International, provoquant un exode massif de demandeurs d'asile. Vers l'Inde voisine d'abord, logiquement, puis vers la France. Pour notre modèle social, objet de convoitise des immigrés du monde entier comme certains l'affirment régulièrement ? Du tout. Leur premier choix de destination est l'Angleterre, mais, depuis l'Immigration Act de 1971 limitant l'entrée de ressortissants des pays du Commonwealth, de nombreux Sri-Lankais restent bloqués aux portes de leur point d'arrivée ; 150 000 personnes, hommes d'abord, familles ensuite, seront régularisées en France, beaucoup comme des réfugiés politiques via l'Ofpra[2]. Leurs demandes d'asile restent toujours élevées, en lien avec le conflit local qui s'enlise dans la violence. Strasbourg, Lyon, surtout Paris, le quartier de La Chapelle, les accueillent, et, dans son prolongement, la banlieue nord, la Seine-Saint-Denis et l'est du Val-d'Oise. Les villes les moins chères et les plus diversifiées sont les plus accessibles. Ils y installent leurs associations, basées sur la reconnaissance de leur histoire, la préservation de leur culture et la réussite éducative. Nous commémorons chaque année à Sarcelles leurs martyrs, inscrits dans notre vaste parcours de mémoire, quand bien même la République est étrangère à leurs souffrances.

---

1. Pour plus de précisions, lire Anthony Goreau-Ponceaud, « L'immigration sri-lankaise en France. Trajectoires, contours et perspectives », *Hommes & Migrations*, n° 1291, 2011, p. 26-39.
2. Office français de protection des réfugiés et apatrides, établissement public administratif sous tutelle du ministère de l'Intérieur.

D'abord alimenté par les Sri-Lankais, le sous-continent indien, qui constitue la dernière vague massivement accueillie à Sarcelles, amènera Afghans, Bangladais et surtout Pakistanais. Ils représentent ensemble les nouvelles minorités visibles du Nord-Est parisien. Plus de 300 000 personnes estimées à la fin des années 2000 en France[1], un chiffre qui n'a cessé d'augmenter depuis, à Paris dans le Xe et le XVIIIe, puis plus au nord, au-delà du périphérique, poussés par la gentrification de la capitale, faisant de cette partie de l'Ile-de-France la deuxième région européenne d'accueil des Indo-Pakistanais. Selon leur propre ministère, 8,8 millions de Pakistanais, sur une population de 231,4 millions, vivent en dehors des frontières nationales. Avec 120 000 ressortissants, la France est le neuvième pays d'accueil, le cinquième de l'Occident, loin derrière le Royaume-Uni, où ils sont près de 1,5 million, et les États-Unis, qui en abritent 1 million[2]. Cette immigration n'est donc en rien une spécificité française. On la trouve d'ailleurs en nombre équivalent en Italie, en Allemagne et en Espagne. Elle correspond à une véritable stratégie nationale du Pakistan, dont 6,5 % du PIB provient de remittances, d'envois de fonds que leurs ressortissants gagnent à l'étranger.

Sans lien avec notre histoire nationale, sans accord avec leur pays d'origine, les Pakistanais viennent souvent de façon clandestine en attendant leur régularisation, parfois collective, comme en 1981 pour les pionniers arrivés dans les

1. Christine Moliner, *Invisible et modèle ? Première approche de l'immigration sud-asiatique en France*, rapport d'étude pour la Direction de l'accueil, de l'intégration et de la citoyenneté, ministère de l'Immigration, de l'Intégration, de l'Identité nationale et du Développement solidaire, Paris, 2009.

2. *Year book, 2017-2018*, Governement of Pakistan, Ministry of Overseas Pakistanis and Human Resource Development, Islamabad, 2019.

années 1970. La chercheuse Mariam Abou-Zahab[1] explique comment ceux de la première génération ont commencé en tant que salariés à l'usine, dans les ateliers de confection ou les commerces ethniques, avant de pouvoir, pour certains, devenir leurs propres patrons, graal de la réussite sociale, dans le bâtiment, la confection, le prêt-à-porter, les bazars ou la restauration. Vivant en communauté hermétique, avec des mariages essentiellement endogames, les premiers immigrants pakistanais connaissent une réussite qui appelle l'arrivée d'autres travailleurs, employés par les premiers dans leurs entreprises, parfois logés par les mêmes dans des appartements ou maisons qu'ils possèdent. Un petit monde qui fonctionne en vase clos, participe au dynamisme économique du pays, ne revendique jamais rien et attend presque sagement sa régularisation.

Presque, car les Pakistanais et les Bangladais sont les premiers que l'on trouve à Sarcelles, et la ville n'est pas un cas isolé, dans l'habitat indigne et/ou insalubre organisé en réseau. Parfois les logements sont possédés par des membres de la même communauté, parfois par d'autres propriétaires peu scrupuleux qui ont saisi le filon et multiplient par deux ou trois la rentabilité locative de leur bien, sous-loué, voire sous-sous-loué à l'envi, sans bail et à des hommes isolés, sans titre de séjour. La lutte implacable que nous menons avec les services de l'État contre ces pratiques, malgré les lenteurs de la justice française, nous fait espérer un ralentissement du phénomène, mais ne résoudra pas le problème de fond.

Tous ces hommes travaillent, dans les cuisines des restaurants, petits et grands, locaux comme parisiens, et surtout

1. Mariam Abou-Zahab, « Migrants pakistanais en France », dossier *Diasporas indiennes dans la ville, Hommes & Migrations*, n° 1268-1269, 2007, p. 96-103.

dans le bâtiment, chantiers familiaux ou industriels, car les sociétés que possèdent désormais les Pakistanais de la première génération sont très bien placées sur le marché de la sous-traitance, tirant les prix vers le bas par le recours au travail au noir. Édification de logements neufs par les plus grands promoteurs de la place de Paris, rénovation bâtimentaire de logements sociaux financés sur fonds publics ou construction à marche forcée des futurs équipements des JO 2024, rien de tout cela ne se ferait sans ces immigrés clandestins, parfois frappés d'Obligations de Quitter le Territoire Français (OQTF), non appliquées, et pour cause : tout le monde a intérêt à ce que ces chantiers avancent. Le phénomène n'est pas nouveau, la France a recours à de la main-d'œuvre étrangère pour ses chantiers de BTP depuis au moins un siècle, c'est un des enseignements de ce chapitre. Ce qui est nouveau, c'est la dérégulation doublée d'une hypocrisie quasi généralisée.

L'immigration fait peur, mais personne ne sait faire sans. Pas de recherche d'accords avec les pays d'origine, pas de stratégie de naturalisation et peu de reconduites à la frontière. Pas d'investissement réel dans les foyers de travailleurs étrangers, contrairement à l'époque de la Sonacotral créée en 1956 pour loger les 150 000 travailleurs algériens autre part que dans des bidonvilles. Pas de structures sociales adaptées pour faciliter l'intégration des derniers arrivants en leur apprenant la langue et en les aidant dans leurs démarches administratives. La poussière sous le tapis, l'« uberisation » des foyers de travailleurs par les marchands de sommeil comme solution d'hébergement, et charge aux élus locaux, appuyés par les services préfectoraux, du moins dans le Val-d'Oise, de se débrouiller pour que tout cela n'explose pas. On sait pourtant pertinemment que ces derniers immigrés, à l'instar de tous les précédents, dans l'immense majorité des cas ne rentreront jamais chez eux et qu'ils devront bien s'adapter à la France. On le sait encore mieux depuis que les inondations de l'été 2022 au Pakistan ont causé la mort de 1 600 personnes, affecté 33 millions d'autres, dévasté 2 millions d'habitations et de locaux commerciaux, sans compter les ravages sanitaires que provoque l'épidémie de dengue[1] et l'avertissement que cela constitue quant aux futures vagues de réfugiés climatiques.

Est-ce soutenable pour nos villes, déjà en difficulté, de continuer d'accueillir autant d'étrangers, qu'ils soient demandeurs d'asile politique ou travailleurs immigrés ? Probablement pas. Cela sera-t-il pris en compte dans la future loi sur l'immigration, celle que le gouvernement ne cesse de reporter ? Ce ne sera jamais que la 29e sur le sujet depuis 1980, symptôme de la fièvre législative française, palliatif à l'absence de discours construit et assumé sur l'immigration, qui dépasserait à la fois le déni et la peur. Sans majorité et sans vision, ni le Président ni ses ministres ne portent un tel discours dans la séquence actuelle, marquée par les manœuvres tactiques, où le gouvernement a un temps envisagé de scissionner le texte pour le faire passer avec des majorités d'appoint différentes pour chacun de ses volets[2], avant d'être contraint de négocier avec la droite, sous la pression de l'extrême droite, qui peut continuer d'imposer ses obsessions anxiogènes et ses anathèmes.

« Immigrationniste », tel est le qualificatif employé sur Twitter le 20 mai 2022 par Julien Odoul, député RN après être passé sans succès par à peu près toutes les formations politiques, pour qualifier le nouveau ministre de l'Éducation,

1. « Pakistan : le bilan des inondations menace de grimper avec les maladies, selon l'Onu », *Géo* avec AFP, 21 septembre 2022.
2. Gurvan Kristanadjaja, « Immigration : un projet de loi divisé pour mieux passer », *Libération*, 22 mars 2023.

Pap Ndiaye. J'avoue avoir découvert le mot ce jour-là. J'en ai cherché la définition. Je ne l'ai trouvée ni dans le Larousse ni dans le Robert. Seul le Wiktionnaire, libre et contributif, tente d'en préciser le sens : « (2017) Dérivé d'"immigration", avec le suffixe -iste. Néologisme apparu dans les milieux politiques français classés à l'extrême droite. » À part sur la date et le profil des utilisateurs donc, on n'est guère avancé, mais on imagine bien que ce n'est pas un compliment et on peut supposer que le mot désigne une personne qui milite ardemment pour qu'il y ait un maximum d'immigrés en France. Sauf que l'on est bien en peine de trouver un responsable politique qui défendrait une telle position. Était-ce la ligne de Pap Ndiaye quand il était directeur général du Palais de la Porte Dorée, abritant le musée national de l'Histoire de l'immigration (MNHI) ? Non. « Notre mission, c'est faire de l'immigration un élément central de l'histoire nationale », telle était sa pensée, résumée dans les colonnes du *Monde* le 19 mars 2021.

Sa sortie du gouvernement, non pour son bilan mais pour ce qu'il représente et qui vraisemblablement dérangeait au-delà de l'extrême droite, n'invalide en rien sa philosophie. Elle correspond précisément à l'exercice auquel nous venons de nous livrer, avec un focus sarcellois pour ne pas perdre le lecteur, suffisamment large pour donner une portée générale au propos, mais sans viser l'exhaustivité, qui relève de l'immense tâche du MNHI. Nous aurions pu mentionner aussi les Sarcellois originaires de l'île Maurice, de Madagascar ou les bonnes sœurs indiennes pour compléter le panorama de l'océan Indien, d'Haïti pour être complets sur les Caraïbes, de Chine pour finir le tour de l'Asie, de toute l'Afrique de l'Ouest et du Centre, d'Égypte, du Liban et de la Syrie pour n'oublier personne au Proche-Orient, du Chili et de ses réfugiés après le coup d'État de Pinochet en 1973, mais aussi d'Europe, de l'Est en particulier, pour parler des travailleurs venus de Pologne, de Roumanie, d'ex-Yougoslavie ou d'Ukraine, avant et après l'invasion russe. Et encore, nous n'atteindrions toujours pas les 92 nationalités recensées par l'Insee en 2019 à Sarcelles, pour un total de 23,7 % d'étrangers contre, pour rappel, 10,2 % en 1975.

La France, qui est passée de 6,5 % à 10,3 % d'immigrés entre 1968 et 2021, va-t-elle suivre statistiquement la même évolution que Sarcelles ? Peu probable, mais les flux migratoires entrants sont actuellement en forte hausse, tirés par les besoins de l'économie : 10,2 % en 1975 et 18 % en 1990[1]. De surcroît, l'étude de l'Insee « Immigrés et descendants d'immigrés, édition 2023 » révèle, outre le fait que la France se situe dans une position moyenne en Europe quant au pourcentage d'immigrés accueillis, la réalité des difficultés de ces populations : leur niveau de vie moyen est inférieur de 22 % à celui des autres habitants. Mais, à contre-courant des idées reçues, l'Insee montre aussi la réussite de leurs enfants, dont le niveau de diplôme et la répartition par catégorie socioprofessionnelle sont proches de ceux du reste de la population. Ils sont même 33 % à accéder au statut de cadre ou de profession intermédiaire quand leur père est ouvrier non qualifié, contre 27 % pour ceux sans ascendance migratoire. Une surprise pour les observateurs nationaux, mais pas pour les acteurs de terrain, familiers de cette réussite qu'ils contribuent à créer, en particulier dans les treize départements qui, à eux seuls, regroupent la moitié des immigrés, selon cette même étude de l'Insee. En même temps que les dirigeants politiques nationaux doivent

1. Julia Pascual, « L'immigration en hausse en France, tirée par les besoins de l'économie et les étudiants étrangers », *Le Monde*, 27 janvier 2023.

mieux répartir les nouveaux arrivants sur l'ensemble du territoire, ils seraient bien avisés d'écouter celles et ceux qui œuvrent quotidiennement avec ces populations, s'ils veulent en améliorer durablement les conditions d'accueil, réduire la distance culturelle entre la France et ses immigrés, et envisager sereinement notre avenir commun.

Connaître l'histoire de l'immigration, c'est connaître l'histoire de France et se donner la possibilité de la raconter pour forger nos consciences citoyennes, au-delà des clichés, des visions sombres et des thèses réductrices. Car comment parler du vivre-ensemble si l'on ne sait pas qui l'on est? Comment cheminer ensemble si l'on ignore d'où l'on vient? Comment réaffirmer les principes laïcs si l'on distingue mal les communautarismes à combattre? Comment affermir notre identité collective si l'on ne connaît pas les particularismes à dépasser et les blessures à soigner? Cultiver des racines diverses dans le même jardin et en faire un paysage harmonieux est un art bien subtil, que nous ne prétendons pas parfaitement maîtriser. Mais plus nous serons nombreux à mettre les mains dans la terre, mieux notre pays se portera.

II
Tout ce qui nous est commun

4
L'identité heureuse ?

« Caroline a donné un prénom de roi de France à son fils, mais la société le ramènera systématiquement à sa couleur de peau. [...] Caroline le sait d'autant mieux qu'elle-même ne se prénomme pas Caroline : elle a modifié son prénom après son arrivée de République Démocratique du Congo (RDC). C'était il y a vingt ans. » Lou Syrah, journaliste à Mediapart, raconte dans cet article la désillusion de Molima devenue Caroline en 2002 à l'âge de quatorze ans, dix après son arrivée en France. Malgré son changement de prénom et son mariage avec un Français, elle va continuer avec ses enfants métis à souffrir du racisme[1]. Elle finira par repartir au Congo, en phase avec son histoire et en paix avec son identité. L'article ne manque pas de faire référence à la polémique ouverte par Éric Zemmour, qualifiant d'insulte à la France le prénom de la chroniqueuse Hapsatou Sy en 2018, ce qui lui a valu une condamnation pour injure raciste, le 12 janvier 2023, le tribunal considérant que ses propos étaient « outrageants, dès

1. Lou Syrah, « "Avec ce prénom, j'ai pensé me fondre dans la masse" : Caroline ou le piège de la francisation », Mediapart, 4 novembre 2022.

lors qu'ils signifient que son prénom, élément de sa personnalité [...] serait l'expression d'une marque d'irrespect, de mépris envers la France et porterait atteinte à sa dignité[1] ».

Porter un prénom étranger dans notre pays est donc non seulement légal, mais il est même interdit de considérer que cela serait irrespectueux ou insultant envers la France. Ce point du débat est juridiquement clarifié, du moins en première instance, puisque le polémiste a fait appel. Faut-il conclure de ce jugement et du désenchantement de Molima-Caroline que les 12 à 13 % d'étrangers francisant leur prénom lors de leur naturalisation ont tort de le faire[2] ? À l'évidence non, mais le fait majeur est que l'écrasante majorité des nouveaux Français gardent leur prénom d'origine. Pourquoi ? Lou Syrah convoque Albert Memmi pour nous éclairer. D'après l'auteur de *La libération du Juif* en 1966, le changement de prénom serait « un exil intérieur », « un refus de soi » : « on y est conduit pour se protéger contre les autres, mais on ne peut se résigner à payer cette sécurité de ce terrible prix –sa propre destruction ». Une prise de conscience qui a certainement incité, entre autres, beaucoup de Français de confession juive à donner des prénoms d'origine hébraïque à leurs enfants depuis les années 1980, alors qu'eux-mêmes et leurs parents portent le plus souvent des prénoms français. Mais, dans ce cas, pourquoi nombre d'entre eux, bravant les appels unanimes des dirigeants de la communauté juive de France, ont-ils voté à la présidentielle de 2022 pour un

1. « Éric Zemmour condamné pour avoir qualifié le prénom d'Hapsatou Sy d'"insulte à la France" », *Le Monde* avec AFP, 12 janvier 2023.
2. Nicole Lapierre, « L'emprise du national sur le nominal », dans Gianna Zei, Pierre Darlu, Guy Brunet (dir.), *Le patronyme. Histoire, anthropologie, société*, CNRS Éditions, 2017, p. 115-132.

candidat, Éric Zemmour[1], qui promettait d'interdire le type de prénom qu'eux-mêmes choisissent pour leurs enfants ? Parce que, en matière d'identité, nul n'est à une contradiction près.

Le politologue Laurent Bouvet a milité au Parti socialiste pendant près de vingt ans. Il le quitte en 2007, lui reprochant de s'être éloigné du peuple, laissant le champ libre aux populismes, tout particulièrement d'extrême droite. Il critique son ancien parti pour son libéralisme, doublé d'un « économisme », reprenant l'expression d'Antonio Gramsci, à savoir le fait de n'appréhender la réalité qu'à partir de facteurs économiques au détriment de facteurs culturels. Ces derniers seraient tabous à gauche, surtout quand ils concernent le groupe majoritaire (hommes, Blancs, hétérosexuels, autochtones, etc.), mais vus comme positifs quand ils touchent des groupes minoritaires, dominés ou discriminés. Le tout créerait de l'« insécurité culturelle[2] » chez nombre de nos concitoyens. Pour y remédier, Laurent Bouvet entend défendre la laïcité et le commun républicain. Il cofonde à cet effet, en 2016, le Printemps républicain. Fustigeant la gauche depuis l'intérieur, il se rapprochera progressivement d'Emmanuel Macron, pour qui le mouvement appellera officiellement à voter en 2022. Pourtant, personne issu de la gauche n'a jamais mieux incarné que le Président actuel la dérive d'un pouvoir politique coupé du peuple et ne croyant qu'en

1. Éric Zemmour fait 53,59 % chez les Français installés en Israël et près de 35 % dans les bureaux de vote de Sarcelles où la communauté juive est le plus présente. Source : ministère de l'Intérieur. Tout porte à croire qu'il a réalisé des scores élevés chez les Français de confession juive en général. Il a notamment déclaré le 11 octobre 2021 sur Sud Radio : « Moi, je suis très populaire quand je vais à la synagogue. »

2. Laurent Bouvet, *L'insécurité culturelle, sortir du malaise identitaire français*, Fayard, 2015.

l'économie libérale, exactement ce que dénonçait Laurent Bouvet au départ. Ce dernier nous ayant quittés fin 2021 à l'âge de cinquante-trois ans – triste nouvelle –, le débat se poursuit sans lui. Le parcours du Printemps républicain, qui partait d'une louable intention en voulant réhabiliter à gauche la laïcité et la République, reste comme la parfaite illustration qu'en ne parlant plus que d'identité, on en oublie ses fondamentaux sociaux et, avec eux, *le sens du peuple*[1].

« Il nous faut combattre la tentation ethnocentrique de persécuter les différences et de nous ériger en modèle idéal, sans pour autant succomber à la tentation pénitentielle de nous déprendre de nous-mêmes pour expier nos fautes. » La quatrième de couverture de *L'identité malheureuse*[2] d'Alain Finkielkraut est prometteuse, à défaut d'être fidèle au contenu de l'ouvrage qui, lui, est conforme au titre. « Le changement n'est plus ce qu'il était; Le vertige de la désidentification; Le régime exsangue et Le processus inexorable »: les noms des chapitres en disent long sur cet essai au fatalisme mortifère, dans lequel même la loi de 2004 sur l'interdiction des signes religieux à l'école, que l'écrivain appelait pourtant de ses vœux, ne suscite aucune satisfaction. Les affres de notre temps y sont égrenées page après page avec érudition, mais sans empirisme. Alain Finkielkraut cite Charles Péguy à l'envi – « il faut toujours dire ce que l'on voit; surtout il faut toujours, ce qui est plus difficile, voir ce que l'on voit ». Or lui n'observe rien directement. Depuis Mai 68, il n'a vécu aucune des situations dont il parle. S'il explique à merveille dans *Un cœur intelligent* comment la littérature peut nous servir de guide de vie, il oublie de dire qu'elle ne nous enseigne pas tout. Kundera,

1. Laurent Bouvet, *Le sens du peuple. La gauche, la démocratie, le populisme*, Gallimard, 2012.
2. Alain Finkielkraut, *L'identité malheureuse*, Stock, 2013.

dont il a dû comme moi pleurer le décès cet été, a écrit ses plus belles œuvres à partir de son vécu en République tchèque. Finkielkraut, lui, disserte sur une identité qu'il n'appréhende plus que par coupures de presse et journaux télévisés interposés. Alors qu'il brille dans le lire-ensemble, il sombre dans son mal de vivre-ensemble par procuration. La contradiction jusqu'à l'oxymore.

Jean-Paul Améthier est le maire de la ville de Bonoua en Côte d'Ivoire. P-DG d'Instec, une école de commerce d'Abidjan, il est aussi le fils de Jean-Baptiste Améthier, directeur des finances et du commerce extérieur sous la présidence de Félix Houphouët-Boigny. À l'automne 2021, nos deux villes signent un accord de partenariat. À l'issue de la cérémonie officielle, nous déjeunons dans les salons de l'hôtel de ville de Sarcelles afin d'évoquer les axes prioritaires sur lesquels portera notre convention. Tous les sujets y passent : l'éducation, le sport, la culture, la santé, la transition énergétique, le développement économique. Puis j'aborde la question de la sécurité, lui demandant si la situation n'est pas trop préoccupante dans son pays. Il m'explique qu'elle n'est pas parfaite, mais en progrès, et qu'elle est loin d'être aussi dramatique que ce que l'on peut croire en France. Puis il enchaîne en me disant, non sans une pointe de malice : « Mais vous savez, cher collègue, quand je viens chez vous et que je regarde CNews, j'ai l'impression que votre pays est en guerre civile, et pourtant, quand je me promène à Paris ou à Sarcelles, je n'ai pas du tout ce sentiment. » Nous n'étions ni en crise des Gilets jaunes ni en révolte sociale contre la réforme des retraites, encore moins sous le joug des violences urbaines, juste un jour comme un autre, où un homme politique d'un pays étranger dont le PIB par tête est sept fois inférieur au nôtre, qui connaît et aime la France, peut objectivement se rire de notre masochisme médiatique.

Sarcelles, 21 avril 2002. Dominique Strauss-Kahn appelle Lionel Jospin à la mi-journée. Ce dernier est dans son fief de Cintegabelle. Il fait beau et tous les deux sont en terrasse, à distance. Ils plaisantent, confiants sur les résultats du soir. Le documentaire *Comme un coup de tonnerre*[1] a immortalisé ce moment, d'autant plus saisissant que nul n'a idée de ce qui va s'abattre dans quelques heures sur la politique française, sur la gauche spécialement. Après un rapide tour des bureaux de vote du quartier, le petit groupe que nous formons autour de notre député et leader national, DSK, avec Ramzi Khiroun, son conseiller en communication, François Pupponi, le maire de l'époque, et moi-même, alors responsable du Parti socialiste local, se dirige vers le marché de Sarcelles, l'un des plus étendus et fréquentés de la région, réputé pour son éclectisme et ses prix qui défient toute concurrence. « On compte sur vous ! » Le maire, qui a la gouaille avenante à l'époque, ponctue ainsi ses salutations aux habitants que nous croisons. Parmi eux, une sympathisante de gauche lui répond : « Oui, au deuxième tour, parce qu'au premier… » Son regard exprime le sens du devoir et sa fin de phrase est un geste : elle frotte la peau du revers de sa main avec l'index de l'autre. Je comprends juste avant qu'elle ne le dise elle-même. C'est la couleur de sa peau qu'elle montre. Elle est noire, antillaise. Elle va voter pour Christiane Taubira.

Que penser de cette dame, qui n'aura pas l'occasion d'apporter son suffrage à Lionel Jospin au second tour, de son

1. *Comme un coup de tonnerre*, film documentaire de Jérôme Caza, Stéphane Meunier, François Roche, 2P2L (Pourquoi Pas La Lune), 2002.

geste, de sa motivation électorale ? Est-ce condamnable car antirépublicain ? Peut-on réellement en vouloir à une descendante d'esclave, avec le traumatisme qu'elle porte en elle, de voter pour quelqu'un qui est dépositaire de la même histoire et, qui plus est, a l'étoffe d'une femme politique de premier plan ? Ne s'agit-il pas juste d'un acte d'émancipation et d'égalité ? Cependant, si tout le monde choisissait des candidats qui ont la même couleur de peau, la même histoire, la même religion, où tout cela nous conduirait-il ? Pas bien loin. Mais il n'y a que deux certitudes ici. La première, c'est que ce vote est purement identitaire, pas celui de tous les électeurs de Christiane Taubira, celui de cette femme et de toutes celles et ceux qui choisissent leurs candidats, non parce qu'ils rassemblent, mais parce qu'ils leur ressemblent. La seconde est qu'avec 660 515 voix, la candidate soutenue par le PRG a réuni trois fois et demie le nombre de suffrages qu'il a manqué au premier tour à Lionel Jospin pour devancer Jean-Marie Le Pen, un véritable candidat identitaire, cette fois. À Sarcelles, Christiane Taubira a fait 8,49 %, contre 2,32 % au niveau national. De quoi susciter quelques interrogations et aiguiser certains appétits.

Claude Askolovitch rapporte cette anecdote de la dame qui montre sa couleur de peau au marché, dans son article de 2005 consacré à Dieudonné[1]. Comment cette histoire s'est-elle retrouvée dans un papier du *Nouvel Observateur* trois ans plus tard ? Tout simplement parce que je l'ai racontée au journaliste, croisé sur le quai du RER D avec son sac à dos, alors qu'il venait investiguer sur les traces du comique polémiste antisémite. Traces qui menaient une nouvelle fois à Sarcelles, qui n'est pourtant pas la terre électorale initiale de Dieudonné,

1. Claude Askolovitch, « Dieudonné. Enquête sur un antisémite », *Le Nouvel Observateur*, 24 février-2 mars 2005.

candidat aux législatives de 1997 dans la circonscription de Dreux dans l'Eure-et-Loir, pour défier Marie-France Stirbois, figure nationale du FN. Avec moins de 8 %, il échoue de loin, mais gagne l'estime de la gauche, qui le crédite pour son combat antiraciste et antifasciste. Il veut tenter la présidentielle de 2002, mais ne récolte pas les 500 signatures. Il se cherche alors un lot de consolation aux législatives organisées dans la foulée, à une époque où son discours, qui n'a jamais été très net, devient franchement trouble. Il ne connaît pas la dame antillaise du marché, mais repère le score de Christiane Taubira à Sarcelles. Contre DSK en prime. Difficile de rêver d'une meilleure affiche. La campagne, même minimaliste, est à la hauteur de ce que l'on pouvait attendre du personnage. Pour se rapprocher de l'électorat Taubira, il choisit comme suppléante Joby Valente, chanteuse martiniquaise, vice-présidente du Collectif des Filles et Fils d'Africains Déportés (COFFAD) et future membre du Parti des Indigènes de la République (PIR). La manipulation est un peu grossière et Dieudonné est vite taxé de communautarisme. Il avoue avoir choisi Sarcelles pour ses communautés et revendique le soutien d'un imaginaire Parti des musulmans de France[1], mais se « défie de tout communautarisme, contrairement à DSK, qui soutient les intérêts d'Israël[2] ». Son décor identitaire belliqueux est bien planté. Sarcelles et les villes environnantes lui disent ce qu'elles en pensent : 2,18 % des suffrages. DSK est réélu assez facilement, malgré la débâcle nationale de la gauche en 2002. Dieudonné signe, lui, son passage de l'antiracisme à l'antisémitisme. Sa folie lui est propre, mais

1. « Dieudonné : "J'ai choisi Sarcelles pour ses communautés" », propos recueillis par Claire Guédon, *Le Parisien*, 18 mai 2002.
2. *Le Point*, brèves d'actualité politique, 7 juin 2002.

la façon dont elle s'exprime n'est pas sans lien avec l'air du temps, et pas uniquement en France.

De la chute du mur de Berlin, le 9 novembre 1989, aux attentats du World Trade Center, le 11 septembre 2001, moins de douze ans ont suffi pour que l'environnement géopolitique se transforme profondément. Entre les deux, dix ans de guerre des Balkans avec, outre le redécoupage des frontières de l'ex-Yougoslavie, le retour du nettoyage ethnique en Europe. C'est à cette époque, en 1996 précisément, que Samuel Huntington, professeur américain de sciences politiques, publie un ouvrage qui fera date : *Le choc des civilisations*, issu d'un article qu'il avait rédigé trois ans plus tôt. Selon lui, en résumé, la nature des relations internationales est en train de changer foncièrement. Jusqu'à la Première Guerre mondiale, les conflits étaient territoriaux, chaque souverain, puis chaque État-nation cherchait à étendre son pouvoir par la conquête de nouvelles terres. Puis, à partir de la révolution russe, les affrontements militaires sont sous-tendus par des idéologies : communisme, nazisme et guerre froide, où se joue l'affrontement entre deux systèmes politiques et économiques opposés. L'effondrement du bloc soviétique nous plonge ensuite dans une nouvelle ère : celle des conflits culturels, explicites ou larvés, entre civilisations différentes mises en compétition par la mondialisation des échanges. Dans la typologie en neuf civilisations qu'établit Huntington, chacune d'entre elles a pour origine une grande religion, la chute des idéologies ayant laissé la place à une résurgence des sentiments d'appartenance identitaires et confessionnels. L'ouvrage n'a pas manqué de soulever de nombreuses polémiques, après avoir servi de base à l'interprétation des attentats du 11 septembre 2001, qui l'ont effectivement popularisé.

On pourra objecter à Huntington que les religions sont aussi des idéologies et que c'est précisément pour cela que les systèmes politiques englobants, à plus forte raison totalitaires, ne font jamais bon ménage avec la liberté de croyance. On fera remarquer au passage que la « solution finale » programmée par les nazis était autant guidée par la folie identitaire exterminatrice que par le fantasme de toute-puissance expansionniste. On peut également arguer que même les conquêtes de territoire pré-révolution russe avaient des fondements idéologiques, qu'il s'agisse de l'accumulation de richesses mercantiles, qui, érigée en finalité ultime, est une croyance en soi, ou de la mission civilisatrice que les puissances coloniales s'étaient inventée. Quant aux guerres de religion ou d'ethnies, elles ne sont en rien nouvelles. Elles passent simplement au second plan quand les idéologies absolues non religieuses dominent aussi bien les structures politiques que les conflits armés. Par conséquent, la fin ou le recul des grands affrontements idéologiques séculiers entraîne presque mécaniquement le retour de la problématique identitaire, culturelle ou religieuse, depuis le questionnement légitime de celui qui cherche à savoir d'où il vient et à préserver qui il est, jusqu'à l'exaltation dominatrice des particularismes. Deux évolutions contemporaines sont venues renforcer ce phénomène. La première est le triomphe international du libéralisme économique, dont un des piliers est l'individualisme consumériste qui fait refluer le sentiment d'appartenance collective. La seconde est l'avènement d'Internet puis des réseaux sociaux qui créent, certes, de formidables espaces de connaissance, de rencontre et de liberté, mais aussi de la dérégulation citoyenne, une virtualisation des rapports sociaux et un affaiblissement de la rationalité. Le tout génère de la surconflictualité et de nouvelles vulnérabilités sociétales face, entre autres, au populisme, au complotisme, au fanatisme religieux et aux passions identitaires.

En France, la perte de repères a été accentuée par une atténuation du clivage droite-gauche, dont le premier acte a justement été l'absence du candidat socialiste au second tour de la présidentielle de 2002. Le gouvernement Jospin avait pourtant bien travaillé sur ce qui constitue les fondamentaux de la gauche : le retour de la croissance, la réduction des inégalités économiques (couverture maladie universelle, allocation personnalisée pour l'autonomie), la création d'emplois (35 heures, emplois-jeunes) et les droits sociétaux, avec le PActe Civil de Solidarité (PACS). Mais le PS a péché par excès de confiance, avec une campagne particulièrement faible, au moment où il fallait faire preuve d'un second souffle, et ses partenaires par jusqu'au-boutisme, en se présentant tous au premier tour, alors même qu'ils avaient gouverné ensemble. La gauche a non seulement donné un sentiment de désunion, mais elle a en outre sciemment contribué à émietter son électorat à une période charnière où le pays avait éminemment besoin d'un récit fédérateur, face à ses nouvelles angoisses : l'insécurité, mais aussi le malaise identitaire, moins de huit mois après le traumatisme du 11-Septembre et son cortège d'interrogations, que l'on soit adepte ou non de la théorie du choc des civilisations.

Un événement singulier est venu renforcer le mal-être général. Le match amical, opposant l'équipe nationale à celle d'Algérie le 6 octobre 2001 au Stade de France, le premier depuis l'indépendance, s'est terminé dans un fiasco absolu, interrompu par des supporters algériens envahissant la pelouse à la 78e minute, après avoir copieusement sifflé *La Marseillaise*. L'incident a eu un tel retentissement dans l'opinion publique qu'il serait considéré par certains historiens comme un « événement politique autour du lien entre la “question de l'immigration” et le sentiment d'identité nationale » qui peut être « lu comme un négatif de France-Brésil : si la patrie a été sauvée le 12 juillet 1998, elle est en danger le 6 octobre 2001[1] ». L'équipe de France de football, ce déraisonnable baromètre de notre santé identitaire, indiquait ce jour-là que les blessures de la colonisation de l'Algérie étaient loin d'être refermées, mais aussi que la France pouvait compter sur certains défenseurs. Lilian Thuram, l'un des rares joueurs à être restés sur la pelouse envahie, attrape un des adolescents, qui n'avait visiblement pas conscience de la gravité de ses actes, et lui dit : « Est-ce que tu te rends compte de ce que tu fais ? Est-ce que tu te rends compte que tous les préjugés que l'on a sur toi, tu les renforces ? Et après tu vas pleurer, tu vas dire qu'on ne te comprend pas. » Lilian Thuram deviendra membre du Haut Conseil à l'intégration dans les mois qui suivront[2].

Pour couronner cette séquence, quelques semaines auparavant, à l'occasion de la sortie de *Plateforme*, son troisième roman, Michel Houellebecq déclarait dans le magazine *Lire* : « La religion la plus con, c'est quand même l'islam. Quand on lit le Coran, on est effondré… effondré ! […] L'islam est une religion dangereuse, et ce depuis son apparition. Heureusement, il est condamné […] À long terme, la vérité triomphe […] L'islam est miné de l'intérieur par le capitalisme. Tout ce qu'on peut souhaiter, c'est qu'il triomphe rapidement. Le matérialisme est un moindre mal. Ses valeurs sont méprisables, mais quand même moins destructrices, moins

1. Yvan Gastaut, « Le sport comme révélateur des ambiguïtés du processus d'intégration des populations immigrées. Le cas du match de football France-Algérie », *Sociétés contemporaines*, 2008/1, n° 69, p. 49-71.
2. Lilian Thuram, *8 juillet 1998*, Anne Carrière, 2004.

cruelles que celles de l'islam[1]. » De la bouillie intellectuelle et le début d'une longue série de provocations islamophobes de la part de ce fils de militants communistes, né à La Réunion et ayant passé une partie de son enfance en Algérie, issu de la gauche sociale et libertaire, qui a fini trumpiste et suprémaciste blanc, devenant ainsi le champion toutes catégories du volte-face politique de l'obsédé identitaire. Et pourtant, dans cette discipline, la concurrence en France est particulièrement rude.

La présence de Jean-Marie Le Pen au second tour de la présidentielle 2002, qu'on ne peut délier de ce contexte, suscite une émotion sans précédent : 1,5 million de personnes descendent dans la rue en réponse à l'appel des syndicats, et le 1er mai devient la fête du travail de lutte contre le FN. Quinze ans après, Marine Le Pen se qualifie aussi pour le second tour, mais cette fois dans l'indifférence généralisée. Rebelote cinq ans plus tard, l'extrême droite s'approchant chaque fois un peu plus du pouvoir, sans aucune indignation. Que s'est-il passé ? Le RN a ajouté une corde sociale à son arc et a réussi son opération de dédiabolisation, les partis politiques traditionnels n'ont pas convaincu et l'avènement de la thématique identitaire a bien aidé le parti d'extrême droite. Elle a atteint son paroxysme avec les attentats islamistes de 2015 et 2016, mais avait commencé à occuper les esprits quelques années plus tôt, et pas seulement les plus vides, ni les plus extrêmes. Un bref passage en revue de ma bibliothèque me le rappelle : Milan Kundera, *L'identité* (Gallimard, 1998), Bernard-Henri Lévy, *Pièces d'identité* (Grasset et Fasquelle, 2010), Michka Assayas, *Faute d'identité* (Grasset et Fasquelle, 2011), Alain Finkielkraut, *L'identité malheureuse* (Stock, 2013), Gilles

1. Entretien avec Michel Houellebecq, propos recueillis par Didier Sénécal, *Lire*, 1er septembre 2001.

Finchelstein, *Piège d'identité* (Fayard, 2016). Le sujet doit me passionner aussi, sans quoi je n'aurais pas acheté ces livres. Parler d'identité ferait-il le jeu des identitaires ? Mais ne pas en parler ne revient-il pas à leur laisser le terrain libre ? Et, d'abord, qui sont les identitaires ?

À l'extrême droite, le discours est bien rodé et le parti politique qui le porte, le RN, parfaitement identifié. Sa progression structurelle est aussi indiscutable qu'inquiétante. Il est sorti systématiquement victorieux de ses duels fratricides ou cousinaux aux élections présidentielles, contre Philippe de Villiers en 1995 et 2007, Bruno Mégret en 2002, Nicolas Dupont-Aignan en 2017 et Éric Zemmour en 2022. Ce dernier poussera l'hystérie identitaire anti-immigrés et antimusulmane comme jamais auparavant sous la Ve République. Talonnant la candidate RN dans les sondages, il décrochera en fin de campagne, l'aspect monomaniaque de son discours finissant par le desservir. La galaxie se complète de groupuscules officiellement identitaires, telle l'Alliance Générale contre le Racisme et pour le respect de l'Identité Française (AGRIF) qui prétend s'attaquer aux racismes antifrançais et antichrétien, mais dont on peut, pour le moins, douter du caractère universel des combats. Plus radical, le mouvement Génération identitaire créé en 2002, héritier des « Jeunesses identitaires », était régulièrement qualifié de nationaliste, suprémaciste et antimusulmans – ayant, entre autres, occupé le chantier d'une mosquée à Poitiers en 2012. Son activisme hargneux conduira le gouvernement à le dissoudre par décret en Conseil des ministres, en mars 2021, invoquant la sécurité intérieure.

De l'autre côté du spectre, même motif, mêmes dissolutions, tant pour le Collectif Contre l'Islamophobie en France (CCIF) que pour Barakacity, actées fin 2020 par le gouvernement après l'assassinat de Samuel Paty. Le ministre de l'Intérieur avait accusé ces organisations de « propagande islamiste », le Conseil d'État lui a donné raison. Mais toutes les organisations identitaires ne sont pas dissoutes. Le Parti des Indigènes de la République (PIR) trouve son origine dans un appel de 2005 porté par l'activiste franco-algérienne Houria Bouteldja, figure de proue du mouvement, et signé par Tariq Ramadan. Il devient officiellement un parti politique en 2010, s'affirme antiraciste et décolonial, tout en bénéficiant de l'appui idéologique des Frères musulmans. Il se déclare également en faveur de la « lutte des races sociales », antilaïc, anti-israélien et pro-Hamas. Une ambiance aussi pacifiste et républicaine que l'ouvrage de Houria Bouteldja, *Les Blancs, les Juifs et nous*[1], respire la fraternité. Le postulat premier reste l'idée selon laquelle la France serait par essence un pays colonial, structurellement raciste. L'appel initial est d'ailleurs rédigé dans un contexte un brin provocateur : le vote par le Parlement de la loi du 23 février 2005, visant à faire reconnaître dans les programmes scolaires « le rôle positif de la présence française outre-mer, notamment en Afrique du Nord ». Une partie de la France insoumise entretiendra des rapports ambigus avec le PIR. Clémentine Autain retirera sa signature de l'appel de 2005 après celle de Tariq Ramadan. Danièle Obono, autre députée LFI, après avoir refusé de condamner des propos de Houria Bouteldja considérés comme antisémites par Jean-Luc Mélenchon lui-même, finira par exprimer un « profond désaccord avec les thèses[2] » du PIR.

1. Houria Bouteldja, *Les Blancs, les Juifs et nous, vers une politique de l'amour révolutionnaire*, La Fabrique, 2016.
2. « Mélenchon "en totale opposition" avec les Indigènes de la République », rédaction Europe1.fr avec AFP, 9 novembre 2017.

On pourrait être bien plus disert sur les identitaires, mais l'objet n'est pas de donner la nausée au lecteur, il est de mesurer, par le biais de quelques courants emblématiques, la profondeur des dérives. Des dérives miroirs, qui s'appuient sur les mêmes mécanismes, se renforcent l'une l'autre et ont au moins quatre caractéristiques communes. Toutes ces mouvances se présentent comme antiracistes, mais elles n'assurent que la défense du groupe ethnique, culturel ou religieux dont elles sont issues, ce qui est l'inverse de l'antiracisme sincère, qui ne peut être qu'universel. Elles se considèrent comme antisystème, combattant non seulement les politiques menées par les autorités, mais les autorités elles-mêmes, ainsi que les institutions républicaines qu'elles dirigent. Elles s'appuient sur les ressentiments d'un passé colonial douloureux, d'une politique migratoire incomprise et des déconvenues de l'intégration. Elles prospèrent sur une impression d'abandon des citoyens, surtout quand ils sont modestes, par des partis politiques traditionnels jugés trop éloignés d'eux et de leurs préoccupations, qu'elles soient sociales ou identitaires, auxquelles il est donc indispensable de répondre.

De ma collection de livres abordant l'identité dès le titre, l'un d'eux, lu à l'été 2011, l'année de sa parution, m'a marqué plus que les autres. *Faute d'identité*, de Michka Assayas, retrace comment la perte de son passeport va le confronter à une Administration kafkaïenne refusant de lui en délivrer un nouveau, le renvoyant de bureaux en bureaux, de procédures en procédures, de papiers en papiers afin de prouver sa nationalité, alors qu'il est né français, en France, de parents français. Cette bureaucratie infinie, qui s'appuie sur les « circulaires Pasqua » des années 1990 relatives aux cartes d'identité, étendues aux passeports en 2005, exige des justificatifs supplémentaires quand les parents sont nés à l'étranger et ont été naturalisés ensuite. Ce qui est le cas de Michka Assayas, dont le père Raymond, plus connu sous son pseudo de scénariste, Jacques Rémy, né à Istanbul à l'époque où la ville s'appelait encore Constantinople, a obtenu la nationalité française par une naturalisation collective en 1932. Sa mère, Catherine Polya, native de Budapest, est devenue française en se mariant avec son père en 1954, quatre ans avant la naissance de Michel, dit Michka, considéré à juste titre comme l'un des plus grands journalistes et critiques de rock. Ces péripéties administratives l'amènent à se poser d'inépuisables questions sur ses origines et sur son identité.

J'ai été sensible à cette histoire, non seulement parce que j'apprécie l'auteur et la musique dont il parle, mais aussi parce que mon père avait eu droit à peu près au même traitement dans les années 1990, lorsqu'il eut besoin de refaire sa carte d'identité, devant prouver sa nationalité en fournissant un papier que seul le service central d'état civil du ministère des Affaires étrangères, basé à Nantes, pouvait lui délivrer. Comment la France était-elle devenue à ce point mal à l'aise avec son immigration, pour contester de manière rétroactive son propre fonctionnement réglementaire ? La descendance de mon grand-père, naturalisé français en 1928, se composait d'une douzaine de personnes dans les années 1990, vivant toutes en France et auxquelles l'Administration avait délivré à plusieurs reprises des papiers français en bonne et due forme, dont elle s'est un jour, elle-même, mise à douter de l'authenticité. On pourra faire remarquer aux autorités qu'elles étaient moins tatillonnes quand il s'agissait de mobiliser mon grand-père lors de la Seconde Guerre mondiale ou mon père lors de celle d'Algérie. Cette petite forme d'humiliation, qu'ont vécue des centaines de milliers de Français de naissance via ces procédures absurdes, n'a toutefois provoqué nul ressentiment chez Michka Assayas, pas davantage que chez mon père, ma famille ou moi-même. Elle nous a plutôt laissés dubitatifs sur la direction que prenait un pays où pouvait accéder aux manettes d'un ministère régalien un homme douteux, assumant avoir les mêmes valeurs que le Front national et produisant des circulaires imbéciles, sans aucun autre dessein que d'afficher l'existence, dans la République pasquaïenne, de plusieurs catégories de Français.

Néanmoins, c'est pour une autre raison que je n'avais pas oublié ce livre. Pour un très court extrait qu'il contient, dont je ne me rappelais plus la formulation exacte, mais qui me paraissait particulièrement lumineuse pour comprendre l'énigme identitaire des temps modernes. L'auteur raconte une scène entre ses parents au début des années 1950 à Paris, où Jacques Rémy avoue à celle qu'il va épouser qu'il a changé de patronyme, qu'il s'appelle en réalité Assayas, nom qu'elle trouve horrible et ils en rient tous les deux. C'est le commentaire du fils à propos de cette anecdote qui est parfaitement éloquent : « En ce temps-là, on pouvait, et parfois même il fallait effacer et nier ses origines : nouveau nom, nouvelle identité, nouvelle vie. On pouvait dissoudre le passé puisque l'avenir était tout. Aujourd'hui, c'est l'inverse, notre pays a rétréci. Il n'y a plus d'avenir, juste des origines[1]. »

Assurément, le basculement des Trente Glorieuses vers la période suivante n'a pas été qu'un changement de régime économique, une fin d'empire colonial, l'ouverture d'un nouveau chapitre urbain, une accélération des mouvements migratoires ou une redéfinition des relations géopolitiques. Tout cela est vrai, majeur même. Mais une autre crise est venue parachever les précédentes. Celle de l'espoir, celle de la

1. Michka Assayas, *Faute d'identité*, Grasset et Fasquelle, 2011, p. 128.

croyance en un monde meilleur, vers lequel de grands mouvements citoyens et politiques pouvaient encore nous conduire. La série d'ouvrages sur l'identité mentionnée plus haut paraît dans la décennie 2010, à l'exception de celui de Kundera, qui en plus d'avoir toujours été précurseur, n'écrit pas là un essai, mais un roman dont le thème principal est l'amour. Un amour intimiste, replié sur le couple, face à un monde hostile. Les questionnements identitaires avaient fait immersion dans le débat public dès les années 1980 et ils n'ont eu de cesse de monter en puissance, mais c'est bien à partir de 2010 qu'ils inondent les esprits. Et quelle thématique avait fait florès chez les éditeurs dans la décennie précédente ? Le déclin.

Raphaëlle Bacqué, dans *Le Monde* du 24 février 2006, nous en fait une belle compilation[1] : Nicolas Baverez, *La France qui tombe* (Perrin, 2003), Jean-Marie Rouart, *Adieu à la France qui s'en va* (Grasset, 2003), Jacques Julliard, *Le malheur français* (Flammarion, 2005), Rémi Godeau, *La France en faillite* (Calmann-Levy, 2006), Pierre Lellouche, *Illusions gauloises* (Grasset, 2006), liste non exhaustive. Les analyses sont plutôt droitières, libérales ou souverainistes, et affichent surtout une singulière similitude de tonalités. On est évidemment en droit, sûrement en devoir, même, de s'inquiéter, voire de s'alarmer de tous les désordres du monde. Mais l'opinion dominante bascule dans autre chose en ce début de XXIe siècle, dans un scepticisme généralisé quant à l'avenir de la France, parfois modéré de quelques recommandations, souvent vagues et peu innovantes, si ce n'est rétrogrades, telle la cure de libéralisme forcené que Nicolas Baverez nous intime de nous auto-administrer. Des pages et des pages de déclinisme acharné pour accoucher de quelques

1. Raphaëlle Bacqué, « Pour qui roulent les "déclinologues" », *Le Monde*, 24 février 2006.

banalités propositionnelles. Et qui fait la jonction entre le déclin et l'identité ? Éric Zemmour, avec *Le suicide français* (Albin Michel, 2014), 544 pages noircies, sans l'ombre d'une proposition.

J'ai eu la chance de passer un peu de temps en 2015 avec la grande Madeleine Riffaud. Engagée dans la Résistance à seize ans, trois ans plus tard elle abat de deux balles dans la tête un officier allemand en plein Paris occupée. Elle sera arrêtée et torturée pendant plusieurs semaines. Libérée en échange de prisonniers allemands, après avoir perdu tant d'amis, elle goûtera peu aux joies de la Libération. Elle deviendra ensuite grand reporter de guerre en Algérie, puis au Vietnam, frôlant la mort à plusieurs reprises. Auteure de nombreux articles, ouvrages et poèmes, elle continue sans relâche de témoigner, aujourd'hui encore, avec l'énergie qu'il lui reste à quatre-vingt-dix-huit ans. Elle avait quatre-vingt-dix ans quand je l'ai rencontrée et lui ai posé une question qui me taraudait. Comment après avoir vu, connu et subi tant d'horreurs, avait-elle trouvé la force pendant toutes ces décennies de continuer de croire, de combattre et de transmettre ? Elle m'a répondu ce qu'elle répond toujours quand on lui pose cette question : « Parce qu'on n'a pas le droit de désespérer les gens. »

Si le fond de l'air véhicule le virus du déclin, la réaction immunitaire sera celle de la défense identitaire. Et l'inverse doit être vrai. Recréer un climat optimiste et constructif est le premier antidote au repli culturel. Par le discours et par la preuve. Les mots ne suffisent pas, mais ils comptent, beaucoup. Il faut donc trouver les bons. La « positive attitude » de Jean-Pierre Raffarin reprenant Lorie en 2005[1] a fait grimper les ventes des *Raffarinades*[2] plus que le moral des

1. « Quand Raffarin s'inspire de Lorie », *L'Obs*, 22 janvier 2015.
2. André Bercoff, Éric Giacometti, *Raffarinades*, Michel Lafon, 2003.

Français. Le *Make America great again* de Donald Trump est un Canada Dry de progressisme, le volontarisme du retour en arrière. La start-up nation prônée par Emmanuel Macron dès 2017[1] peut être vue, même si elle est réductrice, comme une forme de dynamisme. Le Président n'a d'ailleurs jamais fait dans la nostalgie austère, le conservatisme rance ou le propos stigmatisant la banlieue ou les immigrés. Il faut lui en rendre acte. Par contre, sa croyance dogmatique dans les forces libérales du marché l'a largement coupé du peuple, jusqu'à l'écœurement national lorsque a été imposée sa réforme des retraites de 2023, rejetée par une écrasante majorité de Français. L'autoritarisme n'est jamais un progrès. Mépriser la démocratie ne génère que de la violence et du ressentiment.

La crise de la démocratie : c'est le thème dont traite largement *Piège d'identité*, l'essai de Gilles Finchelstein, paru en 2016. Égalité ou identité ? Telles sont les deux grandes questions qui, selon lui, structurent désormais l'opinion publique, moins articulée que par le passé autour de grandes idéologies ou d'un clivage central. Le directeur de la Fondation Jean-Jaurès invite à privilégier politiquement l'égalité, sujet fédérateur et terrain propice à trouver des compromis, exercice inhérent à la démocratie. Il propose en parallèle de déshystériser la question identitaire en trouvant un consensus républicain sur l'immigration et sur la laïcité, ainsi qu'en reformulant le débat sur l'identité. On ne peut que saluer cet appel, aux antipodes de la stratégie de Nicolas Sarkozy et de sa création d'un ministère de l'Identité nationale en 2007[2], notablement chargé d'organiser des débats sur ce thème dans

1. Stéphanie Mundubeltz-Gendron, « Emmanuel Macron : "La France doit devenir en cinq ans la nation des start-up" », L'Usine digitale, 10 mai 2017.
2. Précisément le « ministère de l'Immigration, de l'Intégration, de l'Identité nationale et du Développement solidaire ».

les préfectures et sous-préfectures. Comme si un sujet aussi riche pouvait être traité de façon normative par les services déconcentrés de l'État. Comme si l'Administration allait se mettre à produire des arrêtés et des circulaires pour définir et faire appliquer l'identité nationale. Il n'est évidemment rien ressorti de ce débat, rien d'autre que l'esbroufe sarkozyste habituelle, la même que sur la gestion des émeutes urbaines, produisant naturellement les mêmes effets : la victoire à court terme par siphonage des voix de l'extrême droite, l'affaiblissement de son propre parti à moyen terme par la fuite d'électeurs qu'il aura lui-même radicalisés.

L'égalité et l'identité sont-elles alternatives ou complémentaires ? Sont-elles seulement comparables ? L'identité est un objet complexe, mais l'égalité est un champ particulièrement vaste, touchant à la fois aux salaires, aux revenus, à l'impôt, à la protection sociale, à la santé, aux retraites, aux services publics, aux infrastructures, à l'aménagement du territoire, etc. Cette asymétrie prouve non seulement que les deux questions ne peuvent être mises en compétition, mais elle démontre aussi qu'il y a bien d'autres domaines à traiter politiquement que l'identité, que nous avons beaucoup mieux à faire que de discourir sur qui nous sommes. Alors pourquoi en parler ? Tout simplement parce que nous avons besoin de savoir qui nous sommes pour faire ensemble. Nombre de nos concitoyens veulent aujourd'hui être rassurés sur le fait que leur histoire, leur culture d'origine, leurs traditions, leurs croyances, leurs cultes ne vont pas se fondre dans l'accélération du temps, l'accentuation des mouvements migratoires et la dématérialisation des rapports sociaux. Le plus absurde, le plus affligeant, mais peut-être, paradoxalement, le plus encourageant, c'est que ces aspirations, contrairement à ce que veulent nous faire croire les extrémistes de tous bords, sont assez similaires quel que soit le groupe social considéré. Et si l'égalité s'appliquait aussi en matière d'identité ? Si elle permettait de substituer la coopération à la guerre des identités[1] ?

Qu'est-ce qui oppose un Français de Bretagne, catholique, souhaitant aller régulièrement à l'église et préserver sa langue celtique, à un autre Français d'origine sénégalaise, musulman, voulant fréquenter la mosquée et pratiquer le peul ? En théorie, rien, mais il y a des conditions pour que cela fonctionne en pratique. Et force est de constater que cela marche mieux dans certaines villes que dans d'autres. Sarcelles et Marseille ont des similitudes de ce point de vue. Une forme de patriotisme local y existe, une identité communale s'y est forgée, de longue date à Marseille, la plus ancienne ville de France, cosmopolite depuis ses origines, plus récemment à Sarcelles, mais pour arriver à un résultat similaire : la multiplicité des origines et des cultures rend improbable le rejet de l'autre. De là, naît une identité qui rassemble au-delà des particularismes. On est sarcellois comme on est marseillais, français mais pas que, solidaires jusque dans la galère, fiers de là d'où l'on vient, même si l'on nous regarde parfois bizarrement en dehors des frontières communales. Nul ne peut minimiser le fléau du grand banditisme ou celui de la pauvreté de certains quartiers marseillais, mais ils ne sont en rien liés à des problématiques identitaires. Avec 250 000 musulmans et 80 000 Juifs environ, si des tensions intercommunautaires existaient dans la cité phocéenne, le monde entier s'en serait rendu

1. Pascal Blanchard, Nicolas Bancel, Dominic Thomas (dir.), *Vers la guerre des identités ? De la fracture coloniale à la révolution ultranationale*, La Découverte, 2016.

compte[1]. En tant que Sarcellois, je crois que, de toute la France, c'est à Marseille que nous sommes le mieux accueillis, sans la moindre condescendance mais, au contraire, avec une sorte d'adoubement naturel, parce que l'on se ressemble dans notre diversité, parce qu'il existe une fraternité entre cousins.

Au-delà des exceptions locales, à quelles conditions la question identitaire peut-elle être globalement pacifiée ? J'en vois quatre principales. D'abord, il faut commencer par l'histoire. L'histoire de France reste trop méconnue, singulièrement celle de la France coloniale et de l'immigration. L'enseigner permet de comprendre comment la France est devenue ce qu'elle est aujourd'hui. C'est l'exercice auquel nous nous sommes livrés au chapitre 3. Sans repentance, mais sans glorification non plus, juste les faits. Non pour rejouer les conflits, mais justement pour les éviter et préparer un avenir commun apaisé, qui ne se fondera ni sur les rancœurs ni sur l'amnésie, mais sur la vérité historique et sur une mémoire partagée. L'avenir reposera aussi sur une vision prospective et assumée de l'immigration, dont nul politique responsable ne pourra s'exonérer.

Deuxièmement, il faut mener une lutte incessante, implacable et intégrale contre toutes les formes de racisme, d'antisémitisme et de discrimination, terrain particulièrement sensible, à ne surtout pas laisser aux identitaires, ni aux antiracistes sélectifs, qui au fond ne sont pas antiracistes du tout. Si chacun se sent menacé pour ce qu'il est ou pour ce à quoi il croit, les conséquences seront le renfermement et une vulnérabilité accrue face aux thèses extrémistes. Au contraire, si chacun s'estime compris et protégé par la République, il adhérera plus facilement à ses valeurs et sera disponible à son

1. Yaakov Schwartz, « Sous le soleil de Marseille, les relations entre Juifs et musulmans au beau fixe », *The Times of Israël*, 8 décembre 2020.

tour pour les défendre. Mais lutter contre ne suffira pas. Il faut savoir construire autre chose que des barrages.

D'où le troisième point : retrouver le sens des grands combats, susceptibles de rassembler une majorité de Français en renouant avec l'idée de progrès, qu'il soit économique, social, sociétal, environnemental ou autre, et contribuer à la définition d'un projet de société, résolument tourné vers l'avenir. De plusieurs projets, même, alternatifs, que les électeurs départageront par le vote. La démocratie sert précisément à cela. Il faut lui redonner tout son sens. C'est d'ailleurs là que réside l'erreur majeure d'Emmanuel Macron, réélu non pour sa proposition de réforme des retraites, mais malgré elle, et pour éviter l'extrême droite. En s'entêtant contre 70 % des Français, qui se sont soudés pour préserver leur modèle social, alors qu'on explique depuis des années qu'ils sont divisés, il a manqué une occasion élémentaire d'affermir la cohésion nationale.

Enfin, pas de cohésion, pas de destin commun, pas d'identité heureuse, pas de fin de guerre des identités sans règles collectives, sans référentiel partagé. L'identité française ne s'édictera pas en imposant des prénoms, cela n'existe dans aucun pays démocratique. En revanche, la langue est primordiale, constitutive. Elle est à la fois le cadre et le mouvement, le patrimoine et le vivant. Hors la maîtrise du français, point d'identité commune. Le lien avec les religions est, lui, organisé par un principe intangible : la laïcité. On lui fait souvent dire l'inverse de ce qu'elle dit, alors que son esprit est limpide. Il n'y a qu'à l'appliquer avec intelligence aux nouvelles situations sur lesquelles elle doit se prononcer. Et, par-dessus tout, la France se définit par une devise, qui n'est pas une addition aléatoire de mots-valises, mais un socle de valeurs intangibles : la liberté, l'égalité et la fraternité. Tous ceux qui s'attaquent à ces valeurs s'attaquent à la France, tous ceux qui les défendent sont des patriotes. Des patriotes qui peuvent venir du monde entier, dont l'identité de départ peut être étrangère à la France, mais dont l'identité d'arrivée, tout en étant composite, plurielle, a forcément un socle français essentiel, avec les fondements linguistiques et culturels qui ont forgé notre pays au cours des siècles, et avec les enrichissements à venir, car l'histoire n'est pas finie.

5
Les communautés de la République

Gènes, Italie, 1976. Le cardinal Giuseppe Siri accepte d'accueillir Jean-François Guérin dans son diocèse. Le prêtre de quarante-sept ans, originaire de Loches en Indre-et-Loire, ordonné à Tours en 1955 et exerçant à Paris, souhaite fonder une nouvelle communauté. Dans cette révolution sociétale des années 1960 et 1970, il pressent une crise de vocation chez les prêtres français. Il est vrai que la perspective d'une vie en solitaire au presbytère attire de moins en moins. Pourquoi ne pas habiter en groupe de trois ou quatre, et partager les repas et les tâches, comme une famille, ou comme des colocataires qui, ensemble, étudieraient et animeraient la communauté des fidèles ? Il a élaboré un programme complet de séminaire sur ces bases. Mais l'Église de France n'est pas particulièrement sensible à son discours et ne lui accorde pas le soutien qu'il attend. Il lui faut s'expatrier de l'autre côté des Alpes pour trouver une oreille attentive et une proposition d'hébergement, pour ses premiers fils spirituels et pour lui-même. C'est à Voltri, dans le diocèse de Gênes donc, que l'abbé Guérin fonde la communauté Saint-Martin, d'inspiration bénédictine. Il y devient Monseigneur Guérin, son séminaire grandit et gagne la confiance des évêques français qui confient à ses prêtres leurs premiers ministères. Au bout de dix-sept ans, ils ont incontestablement fait leurs preuves. Ils peuvent s'installer en France, dans le diocèse de Blois. Leur succès s'amplifie, et ils y seront bientôt à l'étroit. En 2014, ils acquièrent l'abbaye Notre-Dame d'Évron, en Mayenne, y installent leur siège et leur maison de formation, devenue la première de France. Aujourd'hui, s'il y a de nouveau des prêtres français dans les églises, c'est grâce à l'abbé Guérin, que personne n'avait pris au sérieux au départ dans son propre pays.

Plus de trente paroisses hexagonales, en plus de celles de Gènes en Italie, de Cologne en Allemagne et de Placetas à Cuba, ont désormais fait appel à la communauté Saint-Martin pour couvrir leurs besoins ecclésiastiques. Quelle a été la première à les accueillir en banlieue ? Sarcelles. À la rentrée 2019, le nouveau curé qui a la charge des églises Saint-Pierre-Saint-Paul et Jean-XXIII, vient se présenter à moi. Son nom est Hugues Mathieu, mais il se fait appeler don Hugues. Il est arrivé dans notre ville avec don Alexis et don Thibault. Contrairement à leurs prédécesseurs, originaires d'Amérique du Sud et d'Afrique, eux viennent de France. Pourquoi « don » ? Parce que leur communauté a gardé de sa période d'incubation en Italie ce titre honorifique pour ses prêtres. Ils sont jeunes et avenants. Ils circulent souvent en deux-roues, revêtant casque, blouson de cuir et soutane, cette dernière étant de rigueur dans leur communauté. Lors de ce rendez-vous introductif, je sonde don Hugues quant à ses premières impressions sur notre ville. Il me répond très positivement : « Personne ne me dévisage dans la rue avec ma soutane, ce qui n'est pas le cas partout. » Il est vrai qu'entre les femmes voilées, celles en boubous, les Pakistanais en robes et les Juifs orthodoxes tout de noir vêtus, les tenues ethniques ou religieuses sont monnaie courante. On ne peut pas franchement dire qu'il y ait de *dress code* républicain dans les rues de Sarcelles. Et cela tombe bien, la laïcité n'en exige pas.

Quelques incidents en marge du feu d'artifice du 14 Juillet à Sarcelles avaient conduit la municipalité à renoncer à toute célébration de la fête nationale à la fin des années 2000. Mais quitte à le faire différemment, comment ne pas honorer cet événement républicain majeur, rassembleur par excellence, dans une ville qui organise moult autres cérémonies ? Réinstaurer la célébration du 14 Juillet à Sarcelles fut donc une de mes premières actions. L'événement prend désormais la forme d'une marche républicaine avec fanfare reliant les points cardinaux de la ville, jalonnée de multiples animations réalisées par des enfants louant le drapeau et la devise. Lancée en 2020, la marche monte en puissance chaque année et se conclut par un bal populaire devant la sous-préfecture. En 2022, l'association Lumière des Nations, créée par la communauté Saint-Martin de Sarcelles à destination de sa jeunesse, se joint à nous. Bienvenus, comme tous les habitants, eux sont en nombre, avec les enfants de leur centre de loisirs. Fervents partisans de l'Église et de la République, ils entonnent à mi-parcours, avec la chorale des participants, une *Marseillaise* mémorable, mais pas du goût de tout le monde. Un ami très à cheval sur la laïcité en ressort fortement courroucé. Des prêtres en soutane célébrant la République laïque, l'offense suprême. Leur surreprésentation ce jour-là n'était naturellement pas préméditée, mais, à bien y réfléchir, il s'agit plus d'une victoire de la laïcité que d'une défaite.

La fête nationale est promulguée le 6 juillet 1880 par la toute jeune IIIe République, à la suite d'une proposition de loi de Benjamin Raspail, en référence à la fois à la prise de la Bastille du 14 juillet 1789 et à la fête de la Fédération du 14 juillet 1790. Le nouvel État s'est fixé une mission dans ces années 1880 : soustraire les Français à la tutelle de l'Église. Via l'école, d'abord : la loi Ferry de 1882 substitue l'instruction morale et civique à l'instruction morale et religieuse, puis la loi Goblet de 1886 remplace les enseignants religieux par des instituteurs laïcs, qu'elle fonctionnarise. Presque vingt ans plus tard, toujours dans le même souffle républicain, la loi du 9 décembre 1905, relative à la séparation des Églises et de l'État, institutionnalise la laïcité. Elle repose sur deux axiomes, complémentaires et inséparables : la neutralité de l'État à l'égard des différentes religions ; la liberté de conscience et d'exercice des cultes. Ses principes seront inscrits en 1946 dans l'article Ier de la Constitution de la IVe République : « la France est une République indivisible, laïque, démocratique et sociale », repris et complétés dans celle de la Ve République, article Ier toujours : « Elle [La République] assure l'égalité devant la loi de tous les citoyens sans distinction d'origine, de race ou de religion. Elle respecte toutes les croyances. » Des prêtres et leurs fidèles encensant, lors d'un 14 Juillet, une République qui leur a pris le pouvoir tout en les protégeant : plutôt une belle consécration de la laïcité, non ?

Les gardiens du temple laïc ne sont toutefois pas les seuls à se méfier de la communauté Saint-Martin. De nombreux évêques étaient circonspects avant de se laisser convaincre par leurs actions concrètes, mais les rapports restent particulièrement tendus avec les catholiques de gauche. « L'aile gauche de l'Église s'inquiète de ce qu'elle estime être une contamination de l'intérieur par l'esprit réactionnaire », analysait Benoît

Hopquin dans *Le Monde* en 2014[1]. Bernadette Sauvaget, journaliste spécialiste des religions et de la laïcité, n'a pas de mots assez durs les concernant : « symbolique de la dérive du catholicisme français, résistant de moins en moins aux sirènes de l'extrême droite[2] », ou encore : « fer de lance d'une restauration identitaire[3] ». Réactionnaires et proches de l'extrême droite selon leurs détracteurs, mais aussi modernes, innovants, engagés sur le terrain, surtout auprès des populations socialement fragiles et des jeunes, de parfaite composition avec les autorités, présents et actifs là où leurs fidèles sont nombreux et d'autres cultes bien implantés. Impossible de les considérer localement comme belligérants d'une quelconque bataille d'identité. Comment un politique pourrait-il porter un jugement ferme et définitif sur une telle communauté ? Exercice délicat, que rien n'oblige à pratiquer tant que l'essentiel est préservé : le respect de la loi, du dialogue institutionnel élémentaire et de la concorde républicaine. Pas de religion dans la politique ; pas de politique dans la religion. La laïcité peut se résumer aussi simplement. C'est aussi pour cela qu'il nous faut la préserver.

New York, 1985. Yaacov Bitton reçoit sa lettre d'affectation de la part de Menachem Mendel Schneerson, le Rabbi Loubavitch, septième héritier de la dynastie hassidique Habad[4], fondée en 1797 en Biélorussie. Fuyant la guerre et le nazisme en Europe, la communauté quitte le

1. Benoît Hopquin, « La communauté Saint-Martin, un commando en soutane », *Le Monde*, 7 février 2014.
2. Bernadette Sauvaget, « Les cathos identitaires de la communauté Saint-Martin à la conquête de la France », *Libération*, 20 mars 2022.
3. Bernadette Sauvaget, « Mont-Saint-Michel : le grand remplacement ? », *Témoignage chrétien*, 7 mai 2021.
4. Habad est l'acronyme de « Hokhma Bina Daat » en hébreu, signifiant « sagesse, compréhension, savoir ».

village de Lioubavitchi en Russie, où elle avait élu résidence, pour s'installer à Crown Heights, dans l'arrondissement de Brooklyn à New York, au début des années 1950. Depuis son nouveau quartier général, le Rabbi, qui s'est fixé comme mission de rendre le monde meilleur et d'éliminer toutes les souffrances, a élaboré une stratégie pour le rayonnement mondial du judaïsme: missionner un *shaliah*, un émissaire, pour ouvrir une maison Habad et développer la communauté Loubavitch dans chaque recoin du globe où résident des Juifs. Le télescope utilisé depuis la Grosse Pomme est bien assez précis dans les années 1980 pour repérer Sarcelles et y envoyer Yaacov Bitton, jeune rabbin originaire du Maroc, francophone donc, qui correspond en tout point au profil recherché. Que la destination enchante l'intéressé ou non ne change rien, on ne discute pas une injonction du Rabbi. On l'exécute avec ferveur.

Près de quarante ans plus tard, les institutions Loubavitch ont largement réussi leur pari dans le monde et à Sarcelles, qui accueille leur siège départemental. Ils ont installé dans la ville une école, une crèche, deux synagogues, trois offices, un centre d'études et un bain rituel. Le rav[1] Bitton, avec son épouse, ses fils, belles-filles, et toute son équipe, organise continuellement des activités pour les jeunes et les moins jeunes. La philosophie que leur a transmise le Rabbi est celle du développement perpétuel et de la visibilité du judaïsme dans l'espace public. Même s'ils ne font pas consensus parmi leurs coreligionnaires, leurs allumages monumentaux des bougies de Hanoucca, la fête des lumières, sont mondialement connus

1. Marque de respect dans la tradition hébraïque, généralement utilisée pour désigner un rabbin.

et autant célébrés que Noël aux États-Unis[1]. À Sarcelles aussi, leurs manifestations sont les plus ostensibles : Hanoucca et Lag Baomer en particulier, une fête marquant la fin d'une période de deuil, trente-trois jours après la Pâque juive. Elle est célébrée par une parade gigantesque, réunissant plusieurs milliers de personnes, certaines faisant même le voyage depuis New York. La sécurité est toujours organisée au cordeau par les services municipaux et la police nationale. Est-ce laïc que les pouvoirs publics prêtent main-forte à un événement religieux ? Oui, tant que l'État reste neutre et que les fonctionnaires mobilisés exercent leurs missions *stricto sensu*, comme ils le feraient pour n'importe quelle autre manifestation sur la voie publique, dont on n'exige pas la neutralité religieuse ou politique, exigence qui serait, au demeurant, contraire à la liberté de croyance ou d'opinion.

Après deux années de Covid, l'édition 2022 de Lag Baomer est particulièrement festive et fréquentée. En fin de parade, avec mes collaborateurs, le nouveau commissaire divisionnaire et ses adjoints, nous déjeunons sous un grand ciel bleu en terrasse chez Sergioh, le restaurant sarcello-tunisien par excellence, qui vient d'avoir les honneurs du Guide du Routard[2], tenu par Serge Sayada et son épouse, familial jusqu'au tutoiement généralisé. Rav Bitton, toujours empreint de sincérité et d'humilité, passe nous saluer et nous remercier pour l'organisation sans faille et la qualité du dispositif sécuritaire. Je lui présente le commissaire. Il le gratifie de longues minutes durant, expliquant à ces haut gradés du ministère de l'Intérieur l'origine céleste de leur mission et à quel point ils la remplissent bien. Ces derniers l'écoutent

1. David Geffen, « Le renouveau de Hanoucca aux États-Unis », *The Jerusalem Post*, 10 décembre 2017.
2. Le Routard, *Roissy Pays de France*, Hachette, 2023.

dans un silence religieux et le remercient aimablement. Peu commune, la scène est touchante, à en tacher sa chemise de *mloukhiya*[1], mais est-elle laïque ? Ça se discute. Toujours est-il que les policiers ont plus souvent droit à la défiance qu'à la gratitude, bien qu'ils ne ménagent pas leur peine pour protéger leurs concitoyens. Les dérapages de quelques-uns, parfois mortels et pleinement condamnables, ne sauraient entacher toute l'institution. Voir ce jour-là deux mondes fort distincts, l'un religieux, l'autre régalien, qui partagent l'espace mais se côtoient peu, nouer des liens chaleureux, correspond bien à l'idée que l'on peut se faire de la fraternité républicaine. Et elle n'est qu'une déclinaison de la pratique systématique dans les synagogues de bénir le pays qui les abrite, de prier pour la République française, reconnaissant de fait son cadre et ses lois.

Au printemps 2019, je ne suis maire que depuis quelques mois, quand trois auditeurs de la Cour des comptes viennent me rendre visite. Pas d'inquiétude, il ne s'agit pas d'un contrôle, mais de mettre en discussion la version de travail du rapport qu'ils sont en train de rédiger sur l'attractivité des quartiers relevant de la politique de la Ville. Ils en ciblent huit au niveau national, dont celui de Rosiers-Chantepie à Sarcelles, particulièrement déshérité. La version finale de ces cahiers territoriaux est publiée en décembre 2020[2], mais les investigations ont lieu dans les deux années qui précèdent et portent sur des données de la décennie écoulée (2008-2018). L'analyse est fouillée et les résultats contrastés. Les logements

1. Plat populaire en Afrique du Nord, dont l'ingrédient principal est la corète potagère.

2. Cour des comptes, *L'évaluation de l'attractivité des quartiers prioritaires*, Cahiers territoriaux. Rapport public thématique « Évaluation d'une politique publique », décembre 2020.

de ce quartier sont majoritairement sociaux, mais ce qui le caractérise par-dessus tout, c'est son enclavement. Construit principalement dans les années 1970 et 1980, situé entre celui du Grand Ensemble et celui du village, il ne les relie pas pour autant, et ses voies de cheminement intérieur ne sont pas claires. L'édification fin 2011 du centre commercial My Place dans sa proximité immédiate a contribué à le connecter, mais il reste relativement hermétique. Ses défauts urbains doivent être corrigés dans le cadre du Nouveau Programme National de Rénovation Urbaine (NPNRU). En attendant, la Cour des comptes relève que le quartier, du fait de son aspect relativement clos, est « peu attractif pour l'extérieur mais attachant pour ses résidents », évoquant même un « patriotisme de quartier ». Néanmoins c'est encore sur un autre point qu'ils attirent mon attention : le rôle et la place de la mosquée.

Seul lieu de culte d'un quartier qui compte une importante population musulmane, la mosquée En Nour y forme un véritable point d'ancrage, tissant des liens sociaux et culturels entre les habitants de différentes nationalités ou origines qui la fréquentent. Une diversité qu'on ne trouve pas dans toutes les mosquées, souvent constituées sur la base des origines des fidèles. Toutefois, le rattachement d'En Nour à la mouvance tabligh inquiète, du moins c'est le retour que nous fait la Cour des comptes, car le courant est considéré comme prosélyte et fondamentaliste. Fondé en 1927 en Inde par Muhammad Ilyas Kandhlawi dans l'objectif de réislamiser les musulmans indiens, installé en France depuis 1966, on peut lire à son propos qu'il incarne « un islam piétiste et calme en apparence, mais fondé sur un socle dogmatique d'une extrême rigidité[1] », et aussi qu'il se réclame « strictement apolitique, non violent,

1. Philippe Aziz, *Le paradoxe de Roubaix*, Plon, 2001.

de tradition mystique et soufie[1] ». On apprend aussi qu'il se disputerait le monopole du marché religieux et identitaire avec le courant salafiste, notamment à l'aide d'émissaires envoyés dans les quartiers les plus défavorisés. À Sarcelles, en tout cas, ils ne font l'objet d'aucun signalement préoccupant de la part des renseignements territoriaux, et dans la réalité de leurs rapports avec la municipalité ou avec les habitants, les dirigeants de la mosquée En Nour sont des gens parfaitement responsables, positifs et accueillants, les élus y sont toujours très bien reçus lors des *iftars*[2]. Il en est de même dans toutes les mosquées de la ville, qui acceptent parfaitement le cadre laïc que nous avons, par ailleurs, rappelé à tout le monde.

Les courants des trois religions monothéistes que nous venons d'évoquer sont-ils comparables ? Là encore, il serait hasardeux de se prononcer définitivement, mais on constate des récurrences. La doctrine est solide et bien établie par un maître spirituel hautement respecté. Contrairement aux courants réformés ou libéraux, moins implantés dans nos quartiers, les discours prônent un certain retour aux sources, allié à une modernité des méthodes, un regard tourné vers l'avenir et un focus sur la jeunesse. Point de déclinisme dépressif ici. Au contraire, le développement est de mise et repose sur des missionnaires allant vers toutes les populations, y compris les plus fragiles, qui savent que les portes de ces organisations leur seront toujours ouvertes. Et, pour ces fidèles, ce n'est pas du luxe. Quels enseignements en tirer ? Comprendre déjà l'importance des convictions pour s'occuper des quartiers

1. Moussa Khedimellah, « Jeunes prédicateurs du mouvement tabligh, la dignité identitaire retrouvée par le puritanisme religieux ? », revue *Socio-Anthropologie*, n° 10, 2001.

2. Repas de rupture de jeûne pris chaque soir par les musulmans pendant le mois de ramadan.

populaires et de leurs habitants. Qu'elles soient religieuses ou politiques, on ne consacre pas le plus clair de son temps aux gens les plus en difficulté par hasard. On le fait parce que l'on y croit fermement. Les fantassins du service public doivent aussi redoubler d'abnégation dans ces quartiers.

Mais comment faire cohabiter les croyances civiques et religieuses ? En agissant à un double niveau. Juridiquement, par l'application précise et identique de la loi républicaine, quelle que soit la communauté considérée. C'est la laïcité jusqu'au bout. Politiquement, en différenciant bien la communauté du communautarisme. Même si le terme est connoté négativement en France contrairement aux pays anglo-saxons, la communauté constitue un fait social indéniable, faisant intégralement partie des libertés élémentaires. Le communautarisme, appelé aussi séparatisme selon la récente terminologie gouvernementale, advient quand la communauté se referme sur elle-même, se construit dans l'antagonisme vis-à-vis du reste de la société et de la République, qui demeure, elle, la seule garante de l'intérêt général.

L'enjeu est de taille dans une aire urbaine où la présence religieuse a spectaculairement augmenté. Hervé Vieillard-Baron note dans un article de 2013[1] que, à l'échelle des quatre villes qui constituent la communauté d'agglomération de l'époque : Sarcelles, Villiers-le-Bel, Garges-lès-Gonesse et Arnouville, les implantations cultuelles sont passées de 4 à 69 en une centaine d'années. Alors que, depuis la fin du XIXe siècle, l'urbanisation va de pair avec le déclin de la religion, c'est précisément l'inverse qui s'est produit dans les banlieues françaises, principales réceptrices de l'immigration. Églises

1. Hervé Vieillard-Baron, « Le nouveau paysage religieux de la banlieue parisienne. L'exemple de la communauté d'agglomération Val de France », *Carnets de géographes*, « Géographie des faits religieux », n° 6, 2013.

d'Orient, synagogues, mosquées, pagodes, temples évangéliques ou autres modifient l'espace urbain des quatre villes en question, de façon plus ou moins visible, tout en constituant de nouveaux centres de vie sociale, culturelle et de ressourcement communautaire. L'intensité des pratiques religieuses conservatrices est notable, et Hervé Vieillard-Baron constate que, en dépit de possibles tensions, les acteurs concernés s'inscrivent dans le dialogue et la négociation avec les pouvoirs publics, dans un esprit de tolérance. On y ajoutera que la présence structurante de plusieurs congrégations religieuses a constitué des pôles d'attractivité permettant le maintien de classes moyennes qui auraient quitté ces villes en l'absence d'institutions communautaires rendant possibles leurs modes de vie particuliers. En d'autres termes, la communauté peut avoir un aspect équilibrant et favorable à la mixité à l'échelle d'une ville ou d'une agglomération, tout comme elle peut, au contraire, contribuer à l'isolement. Tout dépend des intentions de cette communauté, de son degré d'ouverture sur l'extérieur et du lien entretenu avec les collectivités locales.

Sarcelles a été globalement épargnée par la vague de fondamentalisme islamiste qui a touché de multiples banlieues. Certainement pour les mêmes raisons que la ville a échappé aux émeutes et autres grands désordres des quartiers sensibles : l'urbanisme ouvert, l'ambiance solidaire qui y règne, un rapport à l'altérité plus riche et moins enfermant qu'ailleurs, une implication quotidienne des acteurs locaux, publics et associatifs. La ville aurait pu basculer au milieu des années 2010, mais tel n'a pas été le cas. Les situations préoccupantes rencontrées ont toutes été réglées : la mosquée suspecte fermée, l'école coranique peu transparente aussi[1], la tentative

1. Thibault Chaffotte, « À Sarcelles, la radicalisation gagne du terrain », *Le Parisien*, 12 avril 2016.

d'entrisme au sein de la Maison des jeunes et de la culture par un étrange « complexe éducatif européen », avortée[1]. Les renseignements territoriaux sont en contact étroit avec les quatre mosquées de la ville et le centre culturel islamique franco-turc. Je m'entretiens régulièrement avec eux et avec les dirigeants de ces lieux de culte. Je les encourage à être transparents, et ils le sont. Cette vigilance est devenue indispensable et doit être bénéfique pour tout le monde. Elle prouve en outre, puisqu'il y a des fermetures administratives de mosquées[2], que celles qui restent ouvertes se conforment bien aux lois de la République. La normalisation de l'organisation du culte musulman en France est un mouvement qu'il faut continuer d'accompagner nationalement, comme localement, en lui appliquant le même régime laïc qu'aux autres cultes. Ni plus ni moins.

Spécificité française peu comprise dans le monde, même si l'ensemble des pays démocratiques se sont sécularisés à leur manière, on se demande parfois si la laïcité est correctement appréhendée dans son propre pays, tant elle donne lieu à d'intarissables débats, bien au-delà du raisonnable. Non seulement sur sa mise en œuvre, mais aussi sur son principe même, profondément questionné, avec des controverses qui frisent parfois l'hystérie : laïcité accommodante ou intransigeante ? Laïcité ouverte ou de combat ? Partisans d'une laïcité inclusive ou laïcistes ? Nous sommes en permanence exhortés à choisir un camp, alors que le but du principe laïc est au contraire de fédérer. Les multiples tentatives de reconceptualisation de la

1. Thibault Chaffotte, « Sarcelles : bras de fer autour de la présidence de la MJC », *Le Parisien*, 13 décembre 2016.
2. « Ces deux dernières années, 23 lieux de culte séparatistes ont été fermés », déclaration de Gérald Darmanin, ministre de l'Intérieur, sur Twitter, le 28 septembre 2022.

laïcité ne nous aident guère à sortir de ce paradoxe. Quant aux élus en prise avec ces réalités, le moindre lien non conflictuel qu'ils entretiendraient avec une communauté religieuse jetterait sur eux une suspicion de forfaiture. Dans la réalité, l'élu local compose, et ses remontées de terrain sont toujours instructives. La confrontation aux situations empiriques est particulièrement éclairante, et la laïcité n'apparaît finalement pas si difficile à appliquer, à condition d'en avoir saisi l'essence et de se tenir à l'écart de toute tentation clientéliste d'une part, discriminatoire de l'autre.

« Je n'accepte pas dans nos écoles qu'il y ait des tables de juifs et des tables de musulmans ! Si, dans sa famille, on ne mange pas de porc, le jour où à la cantine il y a des frites et une tranche de jambon, eh bien, le petit ne prend pas de tranche de jambon, et prendra une double ration de frites, c'est la République ! » Nicolas Sarkozy, débordé par François Fillon et Alain Juppé dans les sondages de la primaire de la droite, retente le coup de l'excitation identitaire, le 16 novembre 2016, dans son fief de Neuilly-sur-Seine. Mais la ficelle a grossi autant que sa cote de popularité a fondu. Un régime sec sans mandat électif va s'imposer. Dans la vraie vie, n'importe quel prestataire ou cuisine centrale sait préparer des repas équilibrés sans viande ou sans porc. Les mêmes options sont d'ailleurs offertes dans nombre de collectivités aux enfants végétariens, dont le nombre ira sans doute grandissant. La limite qu'impose la laïcité, en toute logique, est de ne pas servir de nourriture confessionnelle dans les cantines, puisque cela reviendrait à faire entrer la religion dans les écoles. Ce dont il ne saurait être question. La loi de 2004 est venue tardivement, mais elle a tranché, et bien, le débat sur le port de signes ou de tenues manifestant une appartenance religieuse dans les établissements publics d'enseignement. N'y revenons plus. La présence de mères voilées lors des sorties scolaires ? La jurisprudence a clarifié ce point : elles ne sont pas considérées comme des agents du service public à proprement parler, mais comme des usagers, le devoir de neutralité ne s'applique pas à elles[1]. Elles peuvent donc le porter.

Récemment, à l'occasion de visites dans les services et équipements municipaux, je constate que des employées se couvrent la tête. Le cadre leur est pourtant présenté dès l'embauche, mais apparemment certaines prennent la liberté de s'en écarter. J'en parle à mon cabinet et à mon administration, car il faudra traiter le sujet, qui, considéré comme trop sensible, ne l'a pas été depuis fort longtemps à la mairie de Sarcelles. Avant que nous ne commencions à le faire, je reçois un appel du cabinet du Directeur Académique des Services de l'Éducation Nationale (DASEN) du Val-d'Oise. Leurs inspecteurs font le même constat : certaines animatrices de centres de loisirs municipaux, au sein des écoles de Sarcelles, se voilent pendant leur temps de travail. Ils considèrent, à juste raison, que c'est une atteinte à la laïcité. Même si le vêtement n'est pas religieux par nature, porté de façon systématique pour qu'il masque les cheveux, il le devient par destination. Le préfet nous fait le même rappel. Toujours avec sérénité et bienveillance. Exactement la façon dont nous procédons à présent pour régler le problème, après avoir clairement pris position devant les cadres municipaux et les élus, et en prévoyant d'appliquer la même règle à tous les signes ostensibles. L'affichage de son identité religieuse n'a pas sa place chez les agents du secteur public dans l'exercice de leur mission, elle contrevient au premier axiome de la laïcité :

1. Tribunal Administratif (TA) de Nice, 9 juin 2015, Madame D., n° 1305386 ; TA Amiens, 15 décembre 2015, troisième chambre, n° 1401797.

la neutralité de l'État. Il n'est pas exclu que nous rencontrions quelques obstacles dans ce rappel à la règle, il n'en reste pas moins indispensable. Il n'y a pas de compromis à faire en la matière, mais de la pédagogie à dispenser : la laïcité est un principe protecteur pour le service public et pour ses agents, qui ne sauraient être réduits à leur appartenance religieuse.

Au début du mandat précédent (2014-2020), lorsque j'étais adjoint au maire en charge de l'éducation, un projet de fresque était porté par un autre élu. Il consistait à inscrire comme légende sous un dessin de petits garçons jouant au football sur fond bleu, blanc, rouge : « Quand j'étais petit, il y avait des musulmans, des juifs, des chrétiens, des Noirs et des Blancs… c'était juste des copains. » En plus d'avoir contribué à limiter l'aspect suranné de la formule en l'amendant, je m'étais opposé, avec l'aide des inspecteurs de l'Éducation nationale, à ce que ces inscriptions figurent sur la façade d'une école, car telle était l'idée de départ. J'ai obtenu gain de cause, et la fresque orne finalement un immeuble du quartier. Même drapé de bonnes intentions, on n'écrit pas « juifs, musulmans ou chrétiens » sur le frontispice d'une école laïque, on en préserve la neutralité. En revanche, j'ai fait en sorte, répondant à une demande légitime de nombreux enseignants, que chaque école arbore désormais le drapeau tricolore et la devise de la France sur sa façade. Ça, c'est la République !

Sarcelles compte de multiples établissements d'enseignement privés, certains sous contrat d'association avec l'État, d'autres hors contrat. De la première catégorie, deux grands couvrent les niveaux primaire et secondaire, l'un est catholique : La Salle-Saint-Rosaire, l'autre juif : le groupe Ozar Hatorah-Torat Emet. Tous deux ne désemplissent pas. Une série d'écoles privées, plus petites et hors contrat, sont également présentes. Elles sont essentiellement juives, dirigées par différents courants religieux. D'autres, moins nombreuses, sont musulmanes. Aucune ne fait actuellement l'objet de signalement par les services académiques ou les renseignements territoriaux pour quelque suspicion que ce soit. La question qui reste posée concernant ce type d'école est l'absence totale de lien contractuel avec la puissance publique. La loi dite « séparatisme[1] » leur a fixé de nouvelles obligations, créant un régime de fermeture administrative des écoles hors contrat non déclarées ou n'ayant pas corrigé les manquements constatés par l'Administration. Le préfet peut également s'opposer à l'ouverture d'écoles hors contrat financées par un État étranger hostile à la France. Saines dispositions. Je pense qu'il faudra aller au-delà : toute ouverture d'école, même hors contrat, devrait être soumise à une autorisation préalable par l'Éducation nationale, après avis du préfet et du maire. J'en avais d'ailleurs touché un mot à Jean-Michel Blanquer, encore ministre en 2022. Il semblait partager cet avis.

Lille, Strasbourg et Sarcelles ont défrayé la chronique au milieu des années 2000 pour des vacations non mixtes dans leurs piscines, confiées à une association religieuse. Bien que la pratique n'ait plus lieu depuis longtemps[2], j'ai été questionné sur ce sujet par une auditrice lors d'une table ronde en 2022 sur la « fraternité » au musée national de l'Histoire de l'Immigration. Ma position a toujours été la même. Dans ce débat, on confond deux choses totalement différentes : l'immixtion de la religion dans un équipement public et la mixité ou non d'une vacation sportive. Réserver certains créneaux d'un équipement public exclusivement

1. Loi du 24 août 2021 confortant le respect des principes de la République.
2. Xavier Ternisien, « Dans les piscines, les créneaux "communautaires" diminuent », *Le Monde*, 26 juin 2008.

à des personnes de même appartenance religieuse, femmes ou hommes, est inconcevable. En revanche, une association bénéficiant d'un agrément ministériel peut tout à fait avoir des vacations dans un équipement public sportif, sans que cela soit assorti d'une obligation de mixité de genre. La très grande majorité des activités sportives ne sont d'ailleurs pas mixtes. Que l'association ait des origines catholiques, juives ou musulmanes ne change rien, l'accès aux équipements publics doit lui être ouvert, tant qu'elle est reconnue comme sportive et non cultuelle, et qu'elle ne discrimine pas ses adhérents, au-delà de les répartir en catégories d'âge et de genre, comme c'est généralement le cas dans le domaine du sport. Simple. Mais ce qui s'explique en quelques lignes a donné lieu à des heures, voire à des années, de polémiques dans notre pays.

Autre clarification éminemment indispensable : le statut des terrains publics destinés à édifier des lieux de culte, et les conditions dans lesquelles ils peuvent être vendus ou mis à disposition des associations portant ces projets, tant il y a eu d'interprétations différentes et parfois de dérives sur le sujet. Ce n'est pas grâce à la loi « séparatisme », mais via la toute récente « jurisprudence Montreuil[1] », où le terrain pour agrandir une mosquée a été préempté par la municipalité, que cet éclaircissement a eu lieu. Que dit-elle ? S'il est possible de considérer comme étant d'intérêt général la construction ou l'extension d'un lieu de culte, elle doit se faire sans libéralité, c'est-à-dire sans aide financière de la collectivité. Le terrain public peut être vendu ou loué sous forme de bail emphytéotique (bail de très longue durée à faible loyer), au prix

1. Florianne Herpin, « Le principe constitutionnel de laïcité ne fait pas obstacle à ce qu'une décision de préemption soit prise en vue de permettre la réalisation d'un équipement collectif à vocation cultuelle », Conseil d'État, 22 décembre 2022, n° 447100, Seban Avocats, 24 janvier 2023.

officiellement fixé par la Direction de l'Immobilier de l'État (DIE), anciennement service des domaines. Concrètement : fin des ventes de terrain à l'euro symbolique pour des lieux de culte. Nous appliquons donc la jurisprudence Montreuil aux projets impliquant des terrains municipaux couramment portés par les communautés juive, musulmane, catholique et assyro-chaldéenne.

Je fus interpellé en 2022 lors d'une fin de ramadan par un jeune fidèle me demandant pourquoi il fallait désormais payer pour bénéficier du terrain municipal attenant à la mosquée afin de l'agrandir, alors que, avec l'ancien maire, les parcelles étaient vendues à l'euro symbolique. Je lui explique que moi aussi j'ai voté ces ventes à l'époque en tant que conseiller municipal, mais que la législation a évolué depuis. Il n'a pas l'air totalement convaincu, d'autant plus qu'apparemment l'ancien premier magistrat continue de raconter que la transaction à l'euro symbolique est toujours possible, contre toute évidence juridique et malgré la confirmation absolument limpide du préfet. Je poursuis en argumentant, en substance, de la façon suivante. Appliquer la même règle à tout le monde est une profonde marque d'égalité et de respect, y compris vis-à-vis des Français de confession musulmane, parce que cela signifie qu'on les considère exactement comme les autres Français, qu'on ne leur brade pas de terrains pour acheter leurs voix, parce qu'on a trop d'estime envers eux pour penser que l'on peut échanger leur conscience politique contre une pièce d'un euro. Je crois qu'il m'a compris.

En revanche, rien n'empêche de prêter un terrain ou une salle municipale à une communauté religieuse, le temps d'une prière, d'une journée, en quelques exceptionnelles occasions, permettant que les pratiquants d'un culte, parfois très nombreux, ne prient pas dans la rue. Et pouvons-nous aller, nous autres élus, saluer les fidèles lors de telle ou telle grande fête religieuse ? On en discute régulièrement avec mon ami Jérôme Guedj, député de l'Essonne et secrétaire national du PS à la laïcité, et nous sommes en désaccord. Il pense que non, je pense que oui. Je respecte son point de vue, et, d'ailleurs, il ne s'agit pas de créer d'obligation ou d'interdiction en la matière. Mais je crois que les fidèles ne comprendraient pas et vivraient mal le fait de ne plus avoir droit à un salut respectueux de leur maire, une fois ou deux dans l'année, du moins dans des villes où le fait religieux est aussi présent. Pourquoi le ferait-on pour des associations de footballeurs, de philatélistes, de musiciens, mais pas de religieux ? Les membres d'un culte seraient-ils moins estimables que ceux d'un club ? Non, mais, laïcité oblige, il y a toujours des garde-fous à placer. Le problème, et nous sommes d'accord avec Jérôme Guedj sur ce point, c'est de faire de la politique dans un lieu de culte, d'y vanter ses actions, de commencer à promouvoir ce que l'on réalise pour cette communauté et pour la ville ou la circonscription. Si je me permets d'aller dans les lieux de culte, je ne m'autorise qu'à y passer un message de salutations fraternelles, de paix et d'espoir, avec la communauté concernée, en n'oubliant jamais d'évoquer le lien avec le reste des habitants de la ville et du pays.

On pourrait passer au crible du bon usage local de la laïcité toutes les situations possibles et imaginables, mais cela justifierait la rédaction d'un ouvrage en soi, voire d'un guide. On recommandera à ce propos celui de la Fondation Jean-Jaurès[1]. Et retenons l'essentiel. À défaut d'être exhaustifs, les exemples évoqués montrent qu'à partir de fondamentaux laïcs maîtrisés, dans leur esprit comme dans leur cadre juridique, d'un peu

1. Jean Glavany, *Le guide pratique de la laïcité, une clarification par le concret*, Fondation Jean-Jaurès, « Les Essais », 2011.

de courage républicain, d'équité et de bienveillance non électoraliste, le juste traitement des événements interrogeant la laïcité n'est pas si compliqué à réaliser. Parfois, il y a besoin de préciser le cadre légal. Le gouvernement l'a fait en 2021, évoquant le séparatisme, sans que la loi porte finalement ce nom. J'ignore s'il y avait besoin d'une loi complète ou d'inventer un nouvel « isme », mais je remercie le législateur d'accomplir ce travail, car la capacité de discernement et le sens de la République, qui doivent en permanence animer les élus locaux ont besoin d'un encadrement juridique sans équivoque, immuable sur les principes laïcs et prompt à en déterminer les modalités d'application au fur et à mesure que de nouvelles problématiques se présentent.

Peut-être qu'un jour il faudra aussi légiférer sur les fêtes religieuses dans les mairies ou les bâtiments publics en général, organisées directement par des élus. Les dernières décisions de justice ont certes interdit les « crèches de la nativité » dans les mairies de Perpignan et de Béziers, en se référant à la loi de 1905, provoquant la colère des maires concernés, RN ou apparentés, mais elles ont aussi déclenché en retour la frénésie identitaire d'une vingtaine de sénateurs LR, déposant dans la foulée une proposition de loi visant à « préserver les traditions immémoriales[1] ». Le gouvernement pourrait songer à siffler la fin de la récréation, histoire d'arrêter ce jeu quelque peu malsain auquel s'adonnent certains collègues, heureusement rares, qui consiste à afficher de façon ostentatoire leur proximité avec une religion, pour accompagner sa volonté expansionniste ou pour contrer celle d'une autre. Erreur dramatique. Seule la République, sa neutralité, sa fraternité, son projet égalitaire et sa garantie de la liberté de croyance

1. Texte n° 215 (2022-2023) de M. Stéphane Le Rudulier et plusieurs de ses collègues, déposé au Sénat le 19 décembre 2022.

protègent contre les excès des religions, pas le fait de les utiliser les unes contre les autres. Entrer dans ce jeu, c'est devenir un apprenti sorcier et cesser d'être un républicain.

Une attitude similaire peut être adoptée vis-à-vis des communautés ethnico-culturelles non religieuses et de leurs représentants associatifs locaux ou nationaux. Nul ne les empêchera dans un pays libre de se réunir par affinités. Oui au dialogue, à l'échange et au partage. Nous avons vu à quel point le travail de ces associations communautaires était important pour permettre à des populations venant de loin de s'installer et de s'intégrer dans notre pays. Elles peuvent aussi nous sensibiliser aux discriminations actuelles et aux drames historiques que leurs membres ou leurs ascendants ont connus, du colonialisme à la guerre, de l'esclavage aux crimes de masse ou aux génocides, afin que nous constituions ensemble une mémoire commune nous rendant plus alertes et plus résistants face au pire, dont la guerre en Ukraine nous rappelle malheureusement chaque jour qu'il n'est jamais bien loin. La limite est toutefois la suivante, et elle est valable quel que soit le type de communauté considéré : le pouvoir n'appartient qu'au politique, en tant qu'émanation démocratique de la volonté de citoyens irréductibles à leurs liens réels ou supposés avec une communauté ethnique, religieuse ou culturelle, qui ne saurait faire écran entre eux et la vie de la cité. Si le pouvoir démocratiquement élu gagne à s'entourer d'instances participatives, ces dernières ne sont pas constituables sur la base de particularismes identitaires. Pour une raison simple, le récit communautaire est toujours partiellement excluant, parce qu'il est par nature dédié à ses propres membres. Une communauté peut contribuer à l'intérêt général, mais elle ne l'incarne pas. Seul le politique a cette légitimité.

Le même raisonnement est valable à l'international. Quelle que soit la position du curseur laïc ou séculier, tout régime démocratique le demeure tant que le pouvoir n'est pas entre les mains des religieux. Car, quand ils l'exercent, ils le font tôt ou tard en privilégiant leurs propres fidèles, en vertu de lois divines, convertissant, de fait ou de droit, la démocratie en théocratie. Il en va de même concernant la conduite des affaires locales. Elle doit garder comme cap exclusif l'intérêt général, avec une égale considération pour tous les citoyens, qu'ils se reconnaissent ou non dans une communauté particulière. On ne saurait lutter contre l'aspiration légitime de chacun à ne pas disparaître dans la marche du temps, mais on doit expliquer à tous que la préservation spécifique de leur culture, de leur foi et de leur histoire se fera avec – et non au détriment de – celle des autres. Il ne s'agit pas de combattre les communautés, ni de les diaboliser, ni même d'en avoir peur ou de nier leur existence. Il ne s'agit pas non plus de les exalter, de les instrumentaliser ou de s'appuyer sur elles jusqu'à en devenir l'otage. Il s'agit de nouer des liens de confiance, encadrés par des règles claires, et d'inclure tout le monde dans le projet commun dont les élus sont dépositaires. Cela n'empêche pas d'accompagner telle ou telle communauté dans ses actions, tant qu'elle ne se referme par sur elle-même, tant que l'on assure la compatibilité du tout via le ciment laïc et le mouvement du singulier vers l'universel. Porter un récit, incarner un mouvement, avancer, fédérer, entraîner, intégrer, au-delà de tous clivages, participe puissamment à leur atténuation. C'est ce que nous, politiques, devrions toujours privilégier.

6
Le discours est autoréalisateur, pour le pire ou le meilleur

« Haine, trahisons, trahi, ennemis, trahi, trahira, minorités meurtries, victimes, barbarie, discrimination, douleur, racisme, haine antisémite, obscurantisme, mourir, se battre jusqu'au bout, l'horreur de la Shoah, survie, drame, victimes, génocide, l'horreur de Daesh, drames, mourir, passer des pactes avec le diable, islamistes, bourreau, victime, antisémites, nationalistes, négationnistes, islamistes, islamo-gauchisme, inquiétude. » D'où vient donc cette sinistre logorrhée ? Du vocabulaire employé par François Pupponi, entre quelques remerciements, en un seul et même post Facebook, publié le 20 juin 2022, le lendemain de sa défaite aux élections législatives, qui selon ses termes « met fin à quarante ans de militantisme et vingt-trois ans de mandats électifs majeurs ». Comment un homme resté vingt ans maire de Sarcelles et quinze ans député, sans jamais perdre la moindre élection avant 2020, a-t-il pu tout dilapider politiquement en si peu de temps ? Les symptômes sont dans le champ lexical énuméré ci-dessus. Au-delà du déclin, le morbide. Un véritable cas d'école, dont l'analyse quasi clinique est fort instructive.

L'arrivée de Dominique Strauss-Kahn à la tête de la commune, le 18 juin 1995, est accueillie dans la liesse populaire. C'est la première élection municipale à laquelle je vote, mais j'ai suivi depuis l'enfance la vie politique sarcelloise. Mes parents ont longtemps été adhérents du Parti socialiste. Mon père depuis la SFIO, même s'il en a été exclu un temps, à la suite de sa candidature sur une liste en 1971 menée par des socialistes dissidents souhaitant s'affranchir du leadership communiste. Le règne du PC durera dix-huit ans et prendra fin dans la douleur en 1983, avec une défaite contre le candidat RPR, Raymond Lamontagne, doublée d'une fraude électorale mémorable qui coûtera un an de prison avec sursis et cinq ans de privation de droits civiques à Henry Canacos[1]. Mais, après deux mandats de droite, la gauche revient aux commandes à Sarcelles, pour la première fois avec un maire socialiste. Et pas n'importe lequel : Dominique Strauss-Kahn, l'étoile montante du PS. Implanté localement depuis 1988, il restera élu communal jusqu'en 2007, après avoir été député à trois reprises et ministre à deux. Sarcelles avait déjà occupé le haut de l'affiche nationale sur bien des sujets, mais pas dans le domaine politique. C'est désormais chose faite : la ville dispose d'un ténor national, qui deviendra un présidentiable. Pour une banlieue, cela n'était jamais arrivé avant. Et n'est plus arrivé après.

En quelques années, DSK obtient l'implantation de la sous-préfecture, située jusqu'alors à Montmorency, une extension de l'IUT de Cergy, l'emménagement de l'Agence nationale des chèques-vacances, la programmation du tramway

1. « Pour fraude électorale, l'ancien maire communiste de Sarcelles est condamné à un an de prison avec sursis », *Le Monde*, 8 mars 1991.

T5 et l'installation de l'entreprise Gemplus, fleuron français de la carte à puce. Cette dernière quittera la ville avant de disparaître dans une fusion-absorption, mais la dynamique des grands projets continuera de tirer la municipalité vers le haut. Et le pouvoir politique incarnera bien la diversité de la commune, en même temps qu'il la remettra en mouvement, avec une attention particulière à la jeunesse : une véritable lune de miel entre Sarcelles et le réformisme de gauche, son mouvement associatif et sa démocratie locale, redynamisée par l'installation de nouveaux conseils de quartier. Dans le sillage de DSK, plusieurs adjoints auront de belles carrières : Janine Haddad deviendra vice-présidente de la Région, Didier Arnal, député, puis président du conseil départemental du Val-d'Oise, Jean-Luc Porcedo intégrera le cabinet de Claude Bartolone, ministre de la Ville, et le suivra jusqu'à la présidence de l'Assemblée nationale. Sarcelles est politiquement porteuse et convaincue de son avenir. François Pupponi héritera du fauteuil de maire en 1997, puis de la députation dix ans plus tard. Jeune, dynamique, pur produit sarcellois, le binôme qu'il forme avec DSK fonctionne bien pendant assez longtemps : à l'un le national, à l'autre le local. Les années du gouvernement Jospin constituent le firmament de cette époque, l'ancien édile de Sarcelles y occupe un ministère clé, celui de l'Économie, des Finances et de l'Industrie, et ses qualités sont louées par à peu près l'ensemble des observateurs politiques. Yves Cochet, déjà écologiste mais pas encore survivaliste, se fera élire député sur l'autre circonscription de la ville, la septième du Val-d'Oise, avant de devenir brièvement ministre de l'Aménagement du territoire et de l'Environnement (2001-2002). Carton plein pour la gauche plurielle sarcelloise ! Et, juste retour des choses, Lionel Jospin y avait tenu le 24 avril 1997, à la salle André-Malraux, le premier meeting national de la campagne victorieuse des législatives.

Premiers nuages dans ce ciel méditerranéen, Dominique Strauss-Kahn est contraint de quitter son portefeuille ministériel fin 1999, mis en examen dans deux affaires, qui finiront en non-lieu ou en relaxe. La gauche échoue aux élections nationales de 2002, puis à celles de 2007. DSK avait perdu la primaire socialiste fin 2006. Nommé directeur général du FMI, où sa valeur est internationalement reconnue, il apparaît comme le grand favori de la présidentielle de 2012. Puis tout s'effondre le 14 mai 2011 au Sofitel de New York, et sa carrière politique prend définitivement fin avec l'épisode du Carlton de Lille. Aucune condamnation, mais trop de révélations incompatibles avec l'exercice de fonctions de premier plan. Ses amis socialistes sarcellois, comme tous les autres, mais peut-être localement avec plus de ferveur qu'ailleurs, préparaient son retour. Il n'aura pas lieu. L'amitié demeure, mais le désarroi est grand, très grand sur le terrain. Sarcelles, ce curieux objet urbain à la population multicolore, scruté comme une étrangeté aussi fascinante qu'inquiétante depuis la création de son Grand Ensemble, s'était imaginé prendre l'Élysée. Le rêve s'achève aux portes, qui se referment avec pertes et fracas. *Sordid details following*, détails sordides à suivre, comme chante David Bowie dans « Ashes to ashes », des cendres aux cendres. Le leader sarcellois ne sera pas l'homme providentiel conduisant la gauche au pouvoir après dix ans de droite, mais le précurseur en contre de la vague mondiale #MeToo.

Je me souviens, quelques jours après le choc, le temps de l'absorber un peu, d'être resté contemplatif devant la ville la nuit, qui s'observe en surplomb depuis mon balcon, avec une désolation lucide : le prochain président de la République ne sera pas l'un des nôtres, avec cette sensibilité particulière aux quartiers populaires que nous considérions comme un véritable atout. Mais, qui sait, peut-être que la gauche gagnera quand même et ne nous oubliera pas ?

Pour ne rien arranger, la presse n'est pas tendre avec François Pupponi fin 2011. Lui sont reprochés ses liens supposés avec le grand banditisme corse. Et même s'il n'est finalement pas inquiété judiciairement dans cette affaire, il considère que son image est suffisamment écornée pour déclarer : « Ma carrière nationale, je peux faire une croix dessus[1] ! » et quitter dans la foulée l'équipe de campagne de Martine Aubry pour la primaire socialiste. Finalement emmenée par François Hollande, la gauche remportera les élections présidentielles et législatives. Elle aidera en partie les quartiers prioritaires, avec un nouveau découpage territorial de la politique de la Ville, concentrant les moyens là où les difficultés sont les plus grandes. Aux côtés du ministre François Lamy, François Pupponi est à la manœuvre comme parlementaire. Je crois que c'est la dernière fois où il fut sincèrement, concrètement et efficacement de gauche. Dans la foulée, il présidera le conseil d'administration de l'ANRU de 2014 à 2017, atteignant le sommet de sa carrière. Ensuite, il sait qu'il va redescendre. Le PS l'a inscrit dans son projet dès 2010 et dans son programme de 2012 : le cumul des mandats de parlementaire et de membre d'un exécutif territorial ne sera bientôt plus possible. Plus de député-maire, ni de sénateur-maire. La loi ne s'appliquera qu'en 2017, mais les élus qui s'enorgueillissent de leurs potentats locaux savent que la partie est bientôt terminée.

1. Michel Henry, « François Pupponi nie tout lien avec le cercle Wagram », *Libération*, 30 septembre 2011.

Le quinquennat de François Hollande s'achève à peu près dans les pires conditions. L'exécutif ne doit son sursaut de crédibilité qu'à sa posture irréprochable durant les attentats terroristes, mais ce n'est pas vraiment un élément de bilan, encore moins un argument de campagne. Fin de cycle pour le PS qui aura gouverné quasiment à parts égales avec la droite pendant trente-cinq ans, mais n'y reviendra pas avant longtemps. Fin du rêve présidentiel strauss-kahno-sarcellois. Fin de carrière nationale pour François Pupponi, qui doit de surcroît se démettre, la mort dans l'âme, de l'un de ses deux mandats. Usure locale du pouvoir où il ne reste plus grand-chose de la dynamique de 1995 : les nouveaux grands projets, le circuit de Formule 1 en particulier, ne tiennent pas la route. Et l'équipe s'étiole, le management par le conflit ne facilitant ni sa stabilité ni son renouvellement. Le système local s'achemine aussi vers sa fin, et pas spécialement dans la finesse.

« Pupponi "chouchoute" ses communautés à Sarcelles[1] », titre *L'Express*. « La gestion de la ville par le poulain du président du FMI, François Pupponi, pourrait desservir le potentiel candidat du PS pour 2012. En particulier sa politique envers les communautés[2] », explique Slate.fr. En quinze ans, la gestion socialiste du pouvoir local a progressivement dérivé. À la promesse égalitaire, y compris dans l'équitable considération des habitants d'origines différentes, dont la diversité est bien représentée dans l'équipe municipale, s'est graduellement substituée une gestion balkanisée des communautés. Au lieu de rechercher le point d'équilibre entre la main tendue

1. Marcelo Wesfreid, « Pupponi "chouchoute" ses communautés à Sarcelles », *L'Express*, 10 novembre 2010.
2. Marina Bellot et Sylvain Mouillard, « Sarcelles, terrain miné pour DSK », Slate.fr, 4 mars 2011.

vers chacune d'entre elles et les garde-fous républicains élémentaires, au lieu de définir une doctrine d'approche principielle et opérationnelle de ces communautés, comme nous l'avons fait au chapitre précédent, le député-maire ne voit plus la ville qu'à travers son prisme communautaire. Il n'y a plus d'habitants, juste des sujets qui appartiennent à l'un ou l'autre de ces blocs hermétiques. Dès lors, pourquoi s'adresser à 60 000 habitants, quand il suffit de discuter avec une poignée de dirigeants confortés dans leur rôle d'intermédiaires entre le fidèle et le politique, et notablement chargés de diffuser la bonne parole électorale ? On fait ouvertement campagne auprès des communautés, chacune prise séparément, y compris dans les lieux de culte, sans mesurer le risque de surenchère et de renfermement sur soi que cette méthode comporte. À quel moment parle-t-on d'intérêt général si l'on passe le plus clair de son temps à s'adresser aux électeurs en tant que membres réels ou supposés d'un groupe particulier et exclusif de tous les autres ?

Pour aggraver l'imprudence de la démarche, ces communautés sont systématiquement ramenées à des conflits internationaux traumatisants, historiques ou actuels. Le passé est déchirant, le présent inquiétant, l'avenir menaçant. Chacun finit par croire qu'il joue sa survie dans une ville truffée, selon son premier magistrat, de représentants de « victimes », de « bourreaux » et de « diables » avec lesquels il ne faudrait pas « pactiser ». Des identités clivées, des communautés repliées, des rapports conflictuels à tous les étages. On est bien loin de la fraternité originelle sarcelloise. Si le premier avertissement sur les risques d'importation des guerres israélo-arabes date de l'article du *Monde* de 1972, Michel Wieviorka est bien plus explicite en 2005 dans *La tentation antisémite*[1]. Analysant, entre autres, l'exemple de Sarcelles, il constate que, si la situation n'a pas dégénéré, c'est aussi parce que longtemps les communautés juive et musulmane ont fait preuve de retenue en n'affichant pas au grand jour leurs divergences sur le conflit israélo-palestinien. Or ce conflit finit par s'inviter aux premiers rangs de la vie sarcelloise. Et le politique ne donne pas l'exemple. La précaution n'existe plus, la prise de distance non plus, encore moins depuis l'avènement des réseaux sociaux. Personne ne rappelle que juifs et musulmans n'ont pas d'objet d'antagonisme en France, et que se considérer ici comme partie prenante d'un conflit étranger à la limite de l'inextricable est d'une absurdité criminelle.

C'est dans ce climat de tension que surviennent les émeutes antisémites de juillet 2014. La guerre de Gaza, opposant Israël au Hamas et au Jihad islamique, fait rage. La contagion en France est aiguë, rue de la Roquette le 13 juillet, Barbès le 14, Sarcelles le 20, une sorte de tournée de l'antisémitisme par importation belligérante proche-orientale s'organise. Un des porte-parole du collectif à l'origine de la manifestation sarcelloise aura beau obtempérer à l'injonction préfectorale d'interdiction, en déclarant sur site, avant le départ : « La manifestation a été annulée, comme vous le savez tous [...] on est ici, à la base, par rapport à une initiative de paix, de soutien au peuple palestinien, mais aussi à Israël, on veut qu'il y ait la paix dans les deux États. À Sarcelles, on a toujours bien vécu dans la mixité, on n'a jamais eu aucun problème avec nos frères juifs[2]. » Trop tard, la mèche est allumée. La plupart

1. Michel Wieviorka, *La tentation antisémite. Haine des Juifs dans la France d'aujourd'hui*, Robert Laffont, 2005.

2. Yannick Sanchez, « À Sarcelles, la manifestation du 20 juillet a mis la ville sous tension », Mediapart, 30 juillet 2014.

des émeutiers ne sont pas sarcellois, mais certains le sont bel et bien. Poubelles brûlées, mobilier urbain et commerces saccagés… La grande synagogue attaquée aux cris de « Mort aux Juifs ! » ne devra son salut qu'aux habitants descendus eux-mêmes défendre leur quartier, prêtant main-forte aux CRS. Car le dispositif sécuritaire est grandement insuffisant. J'en suis le témoin direct. J'ai vu les gendarmes reculer devant les émeutiers. Pas de maire présent ce jour-là à Sarcelles, il reviendra précipitamment, mais après la bataille. Pas de dispositif préventif ou policier municipal suffisant. Seul l'orage permettra d'éteindre le brasier en fin d'après-midi. Le travail de réparation sociale, psychologique et médiatique sera long. Curieusement, les émeutes parisiennes, dont celle de Sarcelles a été une réplique, sont presque tombées aux oubliettes. La maire de Paris n'est jamais interrogée sur ces événements, le maire de Sarcelles très régulièrement, même neuf ans plus tard et malgré le fait que ce type de drame n'ait jamais eu lieu dans notre ville, ni avant ni après, et qu'il demeure, fort heureusement, l'exception et non la règle de la vie courante sarcelloise.

Les émeutiers ont toujours tort, les racistes et les antisémites jamais aucune excuse. La seule question posée au politique est de savoir comment éviter cela. Sans trahir les principes républicains, mais, au contraire, en les renforçant. Il y aura toujours des gens dangereux pour craquer des allumettes. Aux responsables de faire en sorte non seulement qu'il y en ait le moins possible, mais aussi que les villes ne soient pas des poudrières identitaires et constituent au contraire des lieux de vie sûrs, paisibles et égalitaires. Est-ce la leçon première tirée des émeutes du 20 juillet localement ? Pas vraiment.

Un centre de prévention de la radicalisation est installé et confié, comme dans d'autres communes, à des équipes combinant l'improvisation pédagogique, l'opportunisme financier et le charlatanisme. J'ai mis fin à ce dispositif, lancé par des formations-conférences de l'ineffable Mohamed Sifaoui, dont nul ne se souvient de l'impact, à part les finances de la ville. En parallèle, la gestion communautariste s'intensifie, et les volte-face sur la laïcité atteignent des sommets. « La laïcité nous interdit d'interdire la burqa », déclarait François Pupponi en 2009[1]. Douze ans et cent quatre-vingts degrés plus tard, lors de l'examen de la loi « séparatisme » à l'Assemblée nationale, il veut interdire le voile chez les assesseurs dans les bureaux de vote. Son amendement, déposé au nom du groupe Modem, est finalement rejeté. *L'importance d'être Constant*, écrivait Oscar Wilde. Probablement pas le livre de chevet de l'auteur des *Émirats de la République*[2], qui se garde bien d'y révéler sa stratégie de campagne législative de 2017, la dernière qu'il gagnera. Il signe, le 12 mai, la décision n° 2017-148 accordant des locaux à tarifs réduits à la mosquée En Nour dans le quartier des Rosiers. Il installe, sans droit ni titre, la mosquée de l'AMIS (Association des Musulmans d'Inspiration Sunnite) dans l'ancienne école Anatole-France. Il adresse, le 29 mai, à la confédération islamique franco-turque Millî Görüş, un courrier officiel d'engagement à leur vendre un terrain de 2 500 mètres carrés, ouvrant 10 000 mètres carrés de droits à construire, parcelle par ailleurs promise au diocèse de Pontoise. Le tout dans le mois qui précède l'élection et sans aucune concertation avec le reste de l'équipe municipale.

J'ai repris les discussions avec ces associations, de façon sereine et constructive, pour trouver des solutions durables aux problèmes posés par cette précipitation électoraliste, en appliquant rigoureusement les règles et principes qui cadrent

1. François Pupponi, député-maire, « La laïcité nous interdit d'interdire la burqa », *Le Parisien*, 1er juillet 2009.
2. François Pupponi, *Les émirats de la République*, Le Cerf, 2020.

les rapports entre les élus et les communautés religieuses, avec celles-ci comme avec toutes les autres. Peu importe que cela m'ait valu d'être accusé par mon prédécesseur d'avoir accepté de l'une d'entre elles le « baiser de la mort[1] », les électeurs se sont chargés de mettre fin à son errance intellectuelle et politique. De 65,80 % au second tour des élections législatives en 2017, il passe à 38,28 % en 2022, perdant 3 255 voix, malgré 2 305 votants de plus, laissant son fauteuil de député à Carlos Martens Bilongo (LFI), dans une circonscription parmi les plus à gauche de toute la France, qui n'a pas basculé à droite depuis Pierre Lellouche en 1993. François Pupponi concourait en 2022 sous l'étiquette Modem – majorité présidentielle, alors qu'il était jusqu'alors le candidat socialiste. La sentence est limpide, ses causes indiscutables.

En 2018, *L'Express* rendra compte de cette dérive progressive par la formule suivante : « Aux dernières législatives, François Pupponi affrontait Samy Debah, le fondateur du CCIF (Collectif Contre l'Islamophobie en France) pour la huitième circonscription du Val-d'Oise. Et si ce n'était que le début du revers de la politique communautariste[2] ? » Le journal ne fera pas de retour sur la défaite de ces deux candidats, qu'il considère comme communautaristes, aux municipales de 2020 dans les deux villes, où Benoît Jimenez (UDI) et moi-même nous imposerons. Ainsi va la vie du commentateur politique : on met la lumière sur les problèmes, mais pas sur ceux qui les règlent.

Auteure de cet article de *L'Express*, Noémie Halioua, ancienne Sarcelloise, décrit bien la crise existentielle de la

1. *Ibid.*
2. Noémie Halioua, « Sarcelles, le laboratoire du "vivre-séparé" », *L'Express*, 25 septembre 2018.

ville dans *Les uns contre les autres*[1], ouvrage rédigé pendant la période d'instabilité politique inédite de la fin du mandat municipal précédent, avec quatre maires en moins de quinze mois. Des communautés qui se regardent en chiens de faïence, une augmentation des actes antisémites, les émeutes de 2014, la déshérence du centre commercial des Flanades, l'absence de perspective de création d'équipements culturels après la perte du Forum des Cholettes, tout y est. Cependant, la journaliste, ancienne de I24NEWS et de LCI, coutumière des plateaux de Russia Today France, avant que la chaîne de propagande poutinienne soit interdite par l'Union européenne, est prisonnière de son filtre décliniste sur fond de guerre des identités. Sarcelles n'a pas d'avenir, telle est la conclusion de son livre. Pas une grande surprise pour quiconque connaissait déjà ses écrits, mais ce qui m'a frappé en lisant l'ouvrage, outre une petite série d'erreurs factuelles, c'est la connivence avec mes opposants de l'époque, cités à profusion, encensés et remerciés. C'est évidemment, à elle comme à eux, leur droit d'expression le plus absolu, mais je n'ai pas saisi tout de suite ce qui les reliait, certains se disant de gauche, d'autres de droite, ni pourquoi aucun de mes colistiers n'était interviewé dans ce livre. Puis j'ai compris.

Le syndrome d'Hibernatus. L'immobilisation dans le passé. Aucun opposant n'a été capable d'incarner le moindre espoir. Tous n'ont mené que des campagnes en contre, en ordre dispersé, avant de se coaliser au second tour, se galvanisant derrière François Pupponi et son fantasme de restauration de la grandeur passée de Sarcelles, qu'il avait lui-même bien abîmée depuis le jour où il avait compris que sa carrière était derrière lui. L'addition de leurs scores de premier tour

1. Noémie Halioua, *Les uns contre les autres – Sarcelles, du vivre-ensemble au vivre-séparé*, Le Cerf, 2022.

donnait 51,54 %, le score de second tour de leurs trois listes fusionnées sera de 42,15 %. Notre liste totalisait 38,99 % des suffrages exprimés au premier tour, elle passera, inchangée, sans fusion, à 57,85 % au second. Le tout avec 7 points de participation en plus entre les deux tours, du jamais vu. Que le lecteur se rassure, je n'écris pas ces lignes à ma propre gloire électorale. Je le fais parce que je fus le premier surpris par l'ampleur des résultats, par le souffle qui nous a portés et a balayé l'opposition, et parce que cet épisode politique mérite une analyse. Une partie de mes adversaires a trouvé l'explication : nous avons triché. Nous avons acheté les voix des électeurs en leur distribuant des bons alimentaires de trente euros, au plus dur de la crise sanitaire[1]. Ils déposeront un recours en annulation principalement sur ce fondement, au tribunal administratif puis au Conseil d'État, avec le même succès que devant les électeurs, dont la conscience politique a définitivement plus de valeur que certains ne l'imaginent.

Comment Noémie Halioua analyse-t-elle les résultats de cette élection qu'elle scrutait de près ? Elle ne le fait pas. Son ouvrage paraît en mars 2022, mais le récit s'achève mi-2019, presque trois avant. Pourquoi ? Parce qu'il y a embouteillage aux Éditions du Cerf. François Pupponi y publie deux essais coup sur coup sur Sarcelles, en 2020 et 2021. Revers de la médaille droitière, il a la priorité sur la journaliste chez cet éditeur, géré par l'Ordre dominicain, qui, depuis 2013, sous la direction de Jean-François Colosimo, a élargi son champ aux essais politiques, pas aux plus modérés, en l'occurrence. Cette évolution provoquera l'ire de vingt-sept dominicains qui pétitionneront en 2016 contre l'intrusion d'une « droite perverse », en rupture avec la tradition progressiste qui a fait

1. Victor Tassel, « Sarcelles : Patrick Haddad élu, François Pupponi absent », *Le Parisien*, 5 juillet 2020.

l'honneur de leur ordre en France[1]. La victoire en 2020 de la gauche rassemblée pour ouvrir un nouveau chapitre de l'histoire de Sarcelles aurait pu faire l'objet d'une actualisation avant parution du livre de Noémie Halioua, lui évitant d'être, dès sa sortie, dépassé en plus de passéiste. Mais non, le renouveau que connaît la ville n'entre pas dans son schéma de pensée. Son ouvrage aurait pu s'appeler « la défaite des défaitistes », tant il ressemble à l'oraison funèbre de ceux qui ont arrêté de croire en l'avenir de Sarcelles et que les électeurs ont fini par enterrer.

Il y a toutefois une scène touchante dans cet ouvrage, celle où la mère de l'essayiste, tout juste divorcée avec quatre enfants, va voir Dominique Strauss-Kahn à son cabinet à l'époque où il était maire, pour qu'il l'aide à trouver un logement social. Il le fait, et la famille Halioua gardera de l'admiration pour lui. J'imagine très bien la scène, puisque ce bureau aux Flanades, au cœur du Grand Ensemble, est aujourd'hui le mien et que des mères célibataires en mal de logement, mes équipes et moi en recevons quotidiennement et en aidons beaucoup. Ce bureau date de 1995. Avant, le maire de Sarcelles n'en avait qu'un à l'hôtel de ville, au village. Or la dynamique électorale qui porte au pouvoir le premier édile socialiste émane des quartiers populaires, quand les plus résidentiels ont continué de voter pour le maire RPR sortant ou le candidat FN, l'élection de 1995 s'étant jouée sur une triangulaire. Dans la foulée de la victoire, la municipalité de gauche loue donc une aile supplémentaire au centre administratif des Flanades pour le maire et son cabinet, afin de rester proche de la majorité des habitants.

1. Joseph Confavreux, « Derrière Taguieff, la dérive éditoriale des Éditions du Cerf », Mediapart, 26 octobre 2019.

La superposition des résultats électoraux de 1995 et 2020 est confondante : ma liste est en tête dans quasiment tous les bureaux de vote où celle conduite par le PS l'était déjà en 1995, et, inversement, celle conduite par François Pupponi, pourtant jeune lieutenant de DSK à l'époque, est majoritaire en 2020 là où la droite plus l'extrême droite l'étaient en 1995. Pupponi est passé de l'autre côté, et le clivage droite-gauche est réapparu à Sarcelles, faisant reculer les lignes de fracture moins républicaines. De cela, je le remercie. Et à Noémie Halioua, je me dois de faire remarquer que, selon ses propres écrits, le seul homme politique qui ait un jour aidé sa famille dans le besoin était un socialiste qui croyait dans l'avenir de sa ville et de son pays, pas un décliniste ni un complaisant avec le régime de Poutine, pas une plume des Éditions du Cerf version dérive extrême-droitière, ni un élu qui refuse de construire des logements sociaux dans sa commune, tout en se délectant des tribunes réactionnaires qu'elle signe dans la presse. L'école de la fraternité sarcelloise produit de très nombreuses réussites, malheureusement, elle a aussi ses décrocheurs.

Printemps 2018, je réfléchis. Vais-je me présenter en 2020 ? Nicolas Maccioni, que l'ancien maire a fait venir pour lui succéder, a jeté l'éponge au bout de six mois. Annie Péronnet, maire PCF du moment, a uniquement prévu de finir le mandat. Tous les regards ou presque sont tournés vers moi. Même François Pupponi m'appuie dans cette démarche. Je sais, cela paraît peu intuitif à ce stade du récit, mais d'autres maires aussi ont été soutenus avant d'être attaqués par leurs prédécesseurs qui ne supportaient pas leur émancipation. James Chéron par Yves Jégo à Montereau-Fault-Yonne, Raphaël Cognet par Pierre Bédier à Mantes-la-Jolie, Jean-Paul Jeandon par Dominique Lefebvre à Cergy, pour ne citer que ceux qui me viennent spontanément à l'esprit, où l'affrontement a d'ailleurs systématiquement tourné en faveur des nouveaux. La respiration démocratique provoquée par la fin du cumul des mandats a étouffé quelques monarques locaux. Je leur dédie ces lignes de Jean Jaurès, en même temps que je nous invite, actuels responsables d'exécutifs territoriaux, à les méditer : « Le politicien, dans sa sphère d'action, a ainsi un pouvoir presque arbitraire et absolu : ou, s'il ne l'a pas, il aspire à l'avoir et il s'irrite de tous les obstacles : et il contracte ainsi peu à peu, si humble qu'il paraisse, si infime que soit son rôle dans l'ensemble de la vie nationale, tous les vices du pouvoir absolu. Il est despote, il veut être toujours obéi et toujours caressé ; il est ombrageux aussi, pouvant être remplacé demain ; et en tous ceux qui ne sont pas tout à lui il voit des ennemis. Par une confusion inévitable et corruptrice, il identifie son intérêt propre et l'intérêt public, et il finit par croire que la satisfaction de ses rancunes, l'assouvissement de ses vengeances et le délire de son orgueil de parvenu font partie de l'ordre républicain[1]. »

Lors de ma période de réflexion, je déjeune avec François Dechy, à Paris, place de la Bastille, près de mon lieu de travail. Il dirige Baluchon, une entreprise d'économie sociale et solidaire spécialisée dans la restauration, particulièrement innovante : qualité gustative, circuits courts, insertion socioprofessionnelle, adaptation aux besoins... une véritable pépite du secteur. Nous parlons de son implantation économique à Sarcelles, puis en découle une discussion plus politique. Je lui fais part de mes questionnements du moment. Il me dit sans hésitation : « Maire, c'est le plus beau des mandats, le dernier dans lequel on peut vraiment changer la vie des

1. Jean Jaurès, « L'État socialiste et les fonctionnaires », dans la série « Organisation socialiste », *Revue socialiste*, 1895.

gens. » Sain rappel aux fondamentaux de la part d'un acteur extérieur, loin de la cuisine politicienne. Si je me souviens de cette conversation, c'est qu'elle a dû peser dans la décision de me présenter. Mais cette croyance profonde de François Dechy, cette certitude quant à la grandeur du mandat local, a eu une autre conséquence. Je le revois quelques mois plus tard, à son domicile cette fois, à Romainville, lors d'un dîner. Je viens de devenir maire, et lui se lance dans une aventure citoyenne au sein de sa commune, en pensant qu'il y a quelque chose à construire à gauche pour la municipale à venir. Le genre d'initiative qui, lorsque l'on s'y prend bien, permet d'atteindre un valeureux 15 %. Sa liste obtiendra le score de 28,49 % au premier tour et 53,26 % au second. François Dechy est devenu le maire de Romainville et il y fait des choses remarquables.

« Elle s'est repliée sur elle-même, il n'y avait plus de projet. Il ne s'y passait rien et le climat politique était malsain. [...]. Déclassée, la ville était à la dérive[1]. » Carole Delga, présidente de la région Occitanie, qualifie en ces termes Montpellier, sous le mandat de Philippe Saurel (2014-2020). Michaël Delafosse, battu à la primaire interne au PS en 2013, est crédité de 7 % dans les sondages avant le début de la campagne des municipales suivantes. Quatorze listes sont alignées au départ, contre huit et neuf lors des scrutins précédents. Il faut battre, outre le maire sortant, le milliardaire patron du club de rugby de la ville, Mohed Altrad. Les observateurs locaux et nationaux regardent Michaël Delafosse comme un gentil outsider, car aucun clignotant n'est au vert pour le quadra socialiste. Mais il y croit et porte une ambition pour sa ville. Il veut la transformer et y inventer l'avenir. Il dispose aussi

1. Christine Ducros et François Delétraz, *Michaël Delafosse, l'atypique maire socialiste de Montpellier*, Éditions du Rocher, 2023, p. 24.

d'une certaine expérience. Si les 16,66 % du premier tour ne laissent pas forcément présager de la victoire, ils représentent plus de deux fois les prévisions sondagières. La partie est jouable. Le maire sortant n'est que 2,5 points devant, mais les candidats arrivés en troisième et quatrième position, le milliardaire et un humoriste, fusionnent et sont soutenus par LFI. Sauf que les électeurs n'aiment pas que l'on se moque d'eux. Entre une farce, le déclin et l'avenir, leur choix est sans équivoque : Michaël Delafosse gagne plus de 30 points entre les deux tours. Avec 47,22 %, il remporte la triangulaire haut la main. En 2021, il recevra le prix de l'élu local de l'année par le jury du Trombinoscope et, en 2022, il déclinera un portefeuille ministériel dans le gouvernement Borne. Même s'il n'est pas pro-Nupes, le succès ne lui a pas fait perdre sa boussole socialiste.

À l'été 2018, je prends la décision de me présenter aux élections municipales de 2020. Je l'annonce à la rentrée, mais la démission d'Annie Péronnet après seulement huit mois de mandat, précipite les choses. Je deviens maire le 5 décembre 2018, élu par le conseil municipal par 34 voix contre 9. Mes premiers mots, écharpe sur l'épaule, sont pour mon grand-père, René Azizi Haddad, à qui je dois ma nationalité française. Cela me vaudra d'ailleurs des dizaines de messages de félicitations de la part de ressortissants tunisiens. Mon engagement prioritaire, en pleine crise des Gilets jaunes, est de rester proche des habitants, d'écouter le peuple. Au fond, deux raisons m'ont convaincu d'y aller. Un, le degré de conflictualité et de risque raciste et antisémite est trop élevé sur la ville pour que je refuse de le combattre. Il faut d'urgence changer le climat général. Deux, je suis adjoint à l'éducation. Je sais le travail que nous accomplissons auprès des enfants. Il est indispensable. C'est un des rares points sur lesquels la municipalité n'a pas dévié de l'axe de 1995, structuré par un adjoint d'exception, Michel Gevrey, longtemps dirigeant du Syndicat National des Instituteurs (SNI), précurseur de la réussite éducative et des rythmes de l'enfant[1]. C'est aussi la raison pour laquelle je n'ai pas quitté la majorité, malgré tout. La plupart des écoles ont été refaites et l'éducation représente le premier poste budgétaire. Ces enfants font partie des plus pauvres de France, on ne peut pas, je ne peux pas, les abandonner à leur sort. Entre le 5 décembre 2018 et le 28 juin 2020, date à laquelle nous remportons les élections municipales, la route sera semée d'embûches. Je ne serai pas épargné par la pression qui a fait craquer mes deux prédécesseurs. Même les autorités préfectorales s'en inquiéteront, je les rassurerai. Chaque fois, je repenserai à ces deux motivations. Chaque fois, les obstacles disparaîtront.

Ma première sortie publique en tant que maire a lieu au moment des fêtes de Noël et de Hanoucca. La ville est illuminée, moi fatigué par une campagne interne particulièrement âpre et une prise de pouvoir dans des conditions improbables. Malgré une toux sèche qui durera quatre mois, m'obligeant à parler en permanence une pastille dans la gorge, j'improvise des discours devant des milliers de personnes sur le fait que la lumière de chacun d'entre nous doit éclairer tous les autres, autant que celle des autres doit nous éclairer. Que la force de Sarcelles, c'est cela : la chaleur humaine et la lumière qui chasse l'obscurité. Un instant, je me demande si les gens ne vont pas me prendre, moi, pour un illuminé. Cela ne m'empêchera pas de conserver cette tonalité fraternelle dans toutes mes prises de parole, y ajoutant l'ambition des grands

1. Michel Gevrey, *Les finalités de l'éducation*, Paris, SUDEL, 1976. Michel Gevrey, *Les rythmes de vie des enfants et des adolescents*, Paris, Stock/Pernoud, 1981.

projets et le regard résolument tourné vers l'avenir. Pourtant, je n'ai pas grand-chose dans mon jeu à ce moment-là. La majorité municipale perdra 40 % de ses membres quand l'ancien maire lancera les hostilités, et l'administration est déstructurée par tant de conflits et de changements de premier magistrat. Mais la dynamique politique est bonne. J'ai le sentiment que la population adhère, qu'elle aspirait à ce renouveau, autant qu'à retrouver le calme et la stabilité.

Je reprendrai, j'affirmerai et j'affinerai ce discours dès le lancement de la campagne qui suit. Nous attendions une centaine de personnes à la première réunion publique de notre comité de soutien, le 26 novembre 2019. Nous sommes plus de 250, la salle est trop petite, il y a des gens dehors. Je me demande quel est leur état d'esprit. Nos propos vont-ils rencontrer un écho favorable ? Les participants prennent la parole à tour de rôle. Ils sont unanimement pleins d'espoir. Ils aimeraient que Sarcelles redevienne Sarcelles. Ils veulent se réconcilier. Comme si on les avait séparés pendant des années et qu'on fêtait ce soir-là leurs retrouvailles. Je descends de la scène à la fin de l'événement, chaviré. Je dis aussitôt aux collaborateurs et colistiers qu'on ne peut décemment pas perdre cette élection. Mais, quand je rentre chez moi, un autre sentiment m'anime. Un grand moment de solitude alors que les lumières s'éteignent. Comment vais-je faire pour être à la hauteur de toutes ces espérances ? Ils en ont tellement. Je n'ai pas de baguette magique. Je vais forcément les décevoir.

Trois ans, cinq mois et onze jours plus tard, le 11 mai 2023, nous présentons le projet de réhabilitation du Grand Ensemble à la population. Nous avons tenu moult réunions de quartier, conduit des diagnostics en marchant, posé des temps de concertation divers et variés, mais pas de réunion publique d'ampleur sur un sujet majeur depuis les élections.

Les Sarcellois seront-ils toujours au rendez-vous ou bien déjà passés à autre chose ? Ils sont là. Cette fois encore, la salle est archi-comble et enthousiaste, surtout quand on leur annonce que l'on a obtenu 511 millions d'euros pour cette rénovation géante, d'une envergure sans précédent, alors qu'à peine la moitié de ces sommes étaient attendues avant notre arrivée. En parallèle, l'ambiance en ville s'est assainie. Les paroles, faits ou actes racistes ou antisémites ont drastiquement chuté, quasiment disparu. Quant à la guerre de Gaza d'avril-mai 2021, elle n'a même pas donné lieu à un tag, le calme identitaire absolu. L'âme de Sarcelles serait-elle de retour ? Comment est-ce possible en si peu de temps ? La chance ? Les communautés ont prié à l'unisson ? Le travail de la nouvelle équipe a payé ? L'État et les partenaires nous ont suivis avec entrain ? Et si la conviction de départ, la volonté qui la porte et le discours qui la traduit étaient autoréalisateurs ?

Villepinte, 5 décembre 2021. Douze militants de SOS Racisme organisent un happening pacifique durant le meeting d'Éric Zemmour. Sous leurs pulls, ils portent des T-shirts, chacun imprimé d'une lettre. Ensemble, ils forment un « NON AU RACISME », qu'ils ne tardent pas à dévoiler. Le type de pratique courante dans un rassemblement politique. Un exercice normé dans les pays démocratiques, où les provocateurs sont généralement sifflés et éconduits par le service d'ordre sans violence. Mais pas chez Reconquête ! Comment des gens peuvent-ils s'opposer au racisme, qui semble être la valeur cardinale de leur mouvement ? Un châtiment s'impose. Ils seront jetés à terre, frappés, tabassés à coups de chaise jusqu'au sang. La haine à l'état pur. Par les seuls discours de leur mentor, des hordes ont été dressées pour massacrer tous ceux qui s'aventurent à passer des messages fraternels.

« Il est plus facile de conduire les peuples avec la haine qu'avec un discours sur la grâce »: la phrase sonne comme un aveu chez Michel Houellebecq, dans la revue au titre usurpateur *Front populaire*, dirigée par Michel Onfray, et son hors-série de novembre 2022, sur la supposée « Fin de l'Occident[1] ? ». Le grand remplacement y est validé, non comme une théorie, mais comme un fait que Renaud Camus aurait révélé, sans préciser que ce dernier le conceptualise en tant que « génocide par substitution » de la population blanche européenne, organisé par une caste d'élites politico-financières, nommée le « pouvoir davocratique », en référence au forum économique mondial de Davos, réunissant les puissants de ce monde. Irremplaçable complotisme. Mais ce numéro spécial d'un canard relativement confidentiel et modérément pris au sérieux s'est tout de même écoulé à 75 000 exemplaires. Pas sûr que la haine supplante la grâce pour conduire le peuple ; par contre, elle constitue un excellent fonds de commerce. Le même que celui de l'empire médiatique réactionnaire aux prétentions hégémoniques de Vincent Bolloré qui, en donnant autant de temps d'antenne à Cyril Hanouna, rend un bien bel hommage à La Boétie : « Pour maintenir son pouvoir, le tyran cherche à abrutir ses sujets[2]. »

Quoique agaçantes, ces inepties seraient presque dérisoires si leur seule conséquence était le succès commercial des nouveaux comparses de l'extrême droite. Mais il y a plus grave : les militants antiracistes passés à tabac par les masses zemmouristes en furie et, désormais, les élus en danger. Yannick Morez, maire divers droite de Saint-Brevin-les-Pins, station balnéaire de 15 000 habitants de Loire-Atlantique,

1. « Fin de l'Occident ? », *Front populaire*, hors-série n° 3, novembre 2022.
2. Étienne de La Boétie, *Discours de la servitude volontaire*, rédigé en 1549, publié en 1576.

qui compte moins de 5 % de logements sociaux, a annoncé sa démission le 10 mai 2023. Le simple déplacement d'un Centre d'Accueil de Demandeurs d'Asile (CADA) au cœur de sa commune a donné lieu à « plusieurs manifestations [...] organisées à l'appel de l'extrême droite, en particulier de la mouvance de Reconquête!, le parti d'Éric Zemmour », rapporte *Le Monde*[1], jusqu'à ce que le domicile du maire soit incendié. La classe politique a quasi unanimement condamné cette attaque criminelle, soutenu Yannick Morez et demandé que les élus soient mieux protégés par l'État. Tant mieux, il le faut. Posons-nous également la question sur Reconquête! Le mouvement fait-il réellement partie du champ républicain ou s'apparente-t-il à un groupuscule d'ultradroite menaçant l'ordre public ? La question se pose avec d'autant plus d'acuité que les tweets particulièrement ignobles du syndicat extrémiste et marginal France Police lors de la mort de Nahel[2] ont amené le ministre de l'Intérieur à demander à ses services d'étudier les modalités de dissolution de l'organisation en question, dont l'un des dirigeants, Bruno Attal, était candidat aux élections législatives de 2022 sous les couleurs du parti zemmouriste.

Plus fondamentalement, quel discours et quels actes politiques peuvent durablement faire reculer l'extrémisme et la violence dans notre société ? Nous avons pris quelques exemples locaux. Il n'en manque pas, tant sont nombreux les

1. « Démission du maire de Saint-Brevin-les-Pins : la gauche dénonce "une honte absolue", Élisabeth Borne propose de le recevoir », *Le Monde* avec AFP, 11 mai 2023.
2. « Bravo aux collègues qui ont ouvert le feu sur un jeune criminel de dix-sept ans. En neutralisant son véhicule, ils ont protégé leur vie et celle des autres usagers de la route. Les seuls responsables de la mort de ce voyou sont ses parents, incapables d'éduquer leur fils. » Twitter, 27 juin 2023. Message effacé le jour même.

collègues maires qui préservent quotidiennement la cohésion sociale. N'attendons pas qu'ils démissionnent pour les soutenir. Comprenons aussi que, si le vent est mauvais, nul n'est à l'abri. Au-delà des initiatives locales, il y a un avenir commun à construire. Or de quoi parle actuellement la droite ? Laurent Wauquiez, soutenu pour la prochaine présidentielle par le président des Républicains, Éric Ciotti, veut « sortir la France de la décadence[1] ». C'est probablement la raison pour laquelle, dans sa région Auvergne-Rhône-Alpes, il a coupé les aides culturelles d'un million d'euros en 2022 et de 4 millions en 2023. Au moins, on ne pourra pas lui reprocher de vendre du rêve. Mais la droite française ne vaut-elle pas mieux que ça ?

Alors que le dialogue avec les Français est rompu, le président Macron reçoit, en grande pompe, Elon Musk à l'Élysée. Il est vrai que l'homme le plus riche du monde a approuvé la réforme des retraites en France et s'est résolument prononcé contre l'existence des syndicats. Cela doit faciliter la conversation. Sûrement plus que son ancien rôle de conseiller de Donald Trump et son soutien au militant complotiste d'extrême droite, Jake Angeli, qui séjourne actuellement dans une prison américaine à la suite de sa participation à l'assaut du Capitole. Si tout le monde peut comprendre qu'un Président doit discuter avec de grands investisseurs, quelles que soient leurs opinions politiques ou presque, afficher une telle complicité quand on montre aussi peu de considération pour ses propres concitoyens est au minimum une erreur de communication. Mais c'est probablement plus grave. En démocratie, la voix du plus pauvre compte autant que la voix du plus riche. Le pouvoir émanant

1. « Laurent Wauquiez : "Je veux sortir la France de la décadence" », propos recueillis par Nathalie Schuck et Valérie Toranian, *Le Point*, 9 mai 2023.

du peuple doit donc être utilisé pour corriger les inégalités que génère le pouvoir économique, pas pour les aggraver. Ce principe est devenu une urgence face à des multinationales plus riches que nombre d'États, qui ne cachent même plus leur ambition d'organiser un monde post-politique, dans lequel elles auraient les pleins pouvoirs.

Qu'en pense Bruno Le Maire ? N'est-il pas trop perturbé par ses multiples préoccupations ? En pleine crise sociale, le ministre de l'Économie, des Finances, de la Souveraineté industrielle et numérique de la France, excusez du peu, sait pertinemment que le passage érotisant de son dernier livre provoquera un buzz préjudiciable à sa fonction, en même temps qu'il dopera ses ventes. Il est trop intelligent pour ne pas l'anticiper et opère donc ce choix tactique en son âme et conscience, considérant qu'il n'a rien de mieux à offrir que ses fantasmes malaisants à un peuple laborieux réclamant sa part de dignité. Chacun ses priorités. Secrétaire d'État jusqu'en juillet 2023, Marlène Schiappa a les siennes aussi. Elle privilégie la transparence dans le magazine *Playboy* et sa conception très particulière du féminisme à celle de la gestion du fonds Marianne, placé sous sa responsabilité dans le gouvernement précédent et doté de 2,5 millions d'euros pour promouvoir les valeurs de la République après l'assassinat de Samuel Paty. Les victimes du terrorisme apprécieront. Confirmés ou évincés du gouvernement, une relecture des *Irresponsables* de Hermann Broch[1] s'impose à ces dirigeants politiques. Pas seulement à eux, d'ailleurs. Les atermoiements de Jean-Luc Mélenchon pour appeler au calme lors des dernières émeutes ont entamé sa crédibilité et semé un certain trouble jusque dans son camp.

1. Hermann Broch, *Les irresponsables* [*Die Schuldlosen*], traduit par Andrée-R. Picard, Gallimard, « Du monde entier », 1961.

Où est la gauche, d'ailleurs ? Ragaillardie par son unité de circonstance contre la réforme des retraites, syndicats compris, elle n'en reste pas moins divisée. Si elle veut revenir au pouvoir, il lui faudra rassembler bien au-delà des frontières de la Nupes. Mener le combat social et antilibéral, comme le fait par exemple François Ruffin avec panache et conviction. Se montrer crédible sur le régalien et la posture d'homme d'État, indispensables aux yeux des Français pour gouverner, et qu'une personnalité comme Bernard Cazeneuve incarne noblement. Être profondément écologiste, en faisant du défi vert une formidable opportunité de sauver la planète et non une lamentation sur fond de « solastalgie », cette nouvelle maladie qui touche les jeunes désespérés climatiques. Rendre réelle la promesse des « jours heureux » de Fabien Roussel, tout en clarifiant le rapport ambigu qu'entretient une partie de LFI avec la démocratie, depuis leur fonctionnement interne jusqu'à l'international, le bonheur faisant rarement bon ménage avec la dictature.

Heureuse coïncidence de pensée, au moment de conclure ce chapitre, je lis avec satisfaction Jérémie Peltier, codirecteur de la Fondation Jean Jaurès, dans *Libération* : « La gauche doit travailler sur une tonalité optimiste, positive lorsqu'elle parle de la société, de l'avenir. Elle ne pourra pas gagner en 2027 avec un discours décliniste, défaitiste, être en permanence dans une forme d'opposition. Pour cela, elle doit mettre en lumière les initiatives locales qui existent dans les villes, les départements ou les régions où elle est aux commandes. Ceux qui transforment le pays, ce sont les élus locaux. La gauche a une vraie carte à jouer en mettant en lumière ce qui se fait de bien à l'échelle des collectivités[1]. » Excellente transition : place à l'action.

1. Lilian Alemagna, « La gauche ne peut pas gagner dans une société qui se recroqueville », *Libération*, 9 mai 2023.

III
Reconstruire ensemble la ville de demain

7
La ville des possibles ou la cordée revisitée

Sarcelles, 21 avril 1964. Pierre fait sa rentrée en classe de CE1. Natif de Gironde, il vient d'emménager dans cette ville en chantier avec ses parents, sa petite sœur et son jeune frère. À l'époque, leur commune d'origine, Caudéran, disparaît et devient officiellement un quartier de Bordeaux. Mais c'est évidemment pour une autre raison que la famille Vareille s'installe à Sarcelles. Le père de Pierre est militaire de carrière et il a été affecté à la base aérienne du Bourget, tout proche de là. Le ministère de la Défense fait partie des grands réservataires de logements sociaux auprès de la SCIC et propose donc aux Vareille un appartement spacieux dans la barre Albert-Roussel, au cœur du nouveau quartier Camille-Saint-Saëns. Ils resteront sur la commune un peu plus de trois ans, puis voleront vers d'autres cieux, au gré des mouvements de l'armée. Le père, qui dirige l'un des escadrons les plus décorés de l'armée de l'air, accède au grade de commandant pendant ses années sarcelloises, avant d'être muté à Toulouse. Quatorze ans plus tard, Pierre obtiendra son diplôme d'ingénieur de l'École centrale de Paris. Il deviendra capitaine d'industrie en France et à l'international, chez Vallourec, GFI Aerospace, Pechiney, Wagon Automotive, FCI, puis Constellium. Une carrière bien remplie, mais pour s'accomplir totalement, à l'approche de la retraite, il aspire à transmettre autre chose que son savoir professionnel. Lui et son épouse, Hélène, créent en 2014 une fondation à leur nom. Leur objectif? Réduire les inégalités scolaires via l'apprentissage du violon.

Après une première école à Persan, les Vareille souhaitent investir à Sarcelles. Pierre veut rendre à sa ville de cœur ce qu'elle lui a donné, en commençant par son ancien établissement. Il le recherche en ligne : selon Google Maps, c'est Albert-Camus. Il appelle le directeur, se présente et propose d'offrir des violons et les cours qui vont avec, depuis la moyenne section de maternelle jusqu'au CE1. Le directeur accepte sans hésiter. Pierre lui demande aussi d'essayer de le retrouver dans les archives de l'école, mais il n'y figure pas. Quand l'industriel philanthrope se déplace sur site, il comprend son erreur. Il se gare au pied de la barre Albert-Roussel et effectue le chemin à pied, comme quand il était petit, il y a cinquante-trois ans, mais il arrive à Jean-Mermoz et non à Albert-Camus. Il n'enlèvera pas à cette dernière le privilège d'être la première à bénéficier de l'opération « Un violon dans mon école », d'autant plus que Jean-Mermoz l'intégrera dans la foulée, comme 85 % des écoles publiques sarcelloises, désormais couvertes par un dispositif qui touche 6000 enfants de quatre à huit ans dans 80 établissements relevant de l'éducation prioritaire, dont une partie de celles de Villiers-le-Bel et de Garges-lès-Gonesse, même si Sarcelles reste de loin la plus impliquée.

Les premiers résultats sont plus qu'encourageants. Une étude scientifique, menée par le Centre de Recherche sur les Inégalités Sociales (CRIS) de Sciences Po et du CNRS, valide à titre provisoire au bout d'un an et demi d'expérimentation, que « l'apprentissage du violon contribue au développement cognitif de l'enfant et à la qualité de sa scolarité au début de l'école primaire [...], renforce les capacités de transfert des connaissances et agit comme un catalyseur qui stimule le développement des capacités cognitives ». Les auteurs ajoutent que « les effets les plus prononcés concernent les élèves les plus démunis sur le plan social, économique et culturel[1] ». Et si on tenait là les bases d'une véritable révolution pédagogique susceptible de faire remonter la France dans les classements internationaux de performance des systèmes éducatifs ? Les conclusions transitoires sont suffisamment probantes pour investir davantage. Ce n'est pas uniquement ma conviction d'élu et d'ancien élève des écoles Jean-Mermoz et Albert-Camus de Sarcelles, mais aussi celle des services de l'État, si bien que des crédits de la politique de la ville et du Fonds d'innovation pédagogique du ministère de l'Éducation nationale seront mobilisés, aux côtés de ceux de la commune, pour prendre le relais de la Fondation Vareille, qui arrive au bout de ses capacités contributives en ayant consommé la majeure partie du patrimoine familial. Ainsi sera pérennisée cette action au potentiel insoupçonné, initiée par un ancien Sarcellois, pour les enfants de sa ville et de l'ensemble des réseaux d'éducation prioritaire. Car telle est la philosophie de cette initiative : concentrer les moyens sur

1. Bruno Suchaut, directeur scientifique de la Fondation Vareille, « Premiers résultats sur les effets du programme "Un violon dans mon école" sur les compétences des élèves en grande section de maternelle », janvier 2023.

les élèves les plus défavorisés, sur lesquels l'apprentissage du violon a les effets les plus significatifs.

« Faut-il supprimer l'école privée ? », tel est le thème sur lequel je suis invité à débattre par les Jeunes Socialistes à l'université d'été du PS à Blois, fin août 2022, avec mes collègues Michaël Delafosse, maire de Montpellier, et Mathieu Klein, maire de Nancy. Sans nous concerter, nos positions sont similaires, en résumé : non, mais il faut donner la priorité à l'école publique. Les jeunes socialistes sont partagés, certains sont radicalement contre l'école privée, d'autres moins. L'un d'entre eux, d'origine algérienne, prend la parole et livre un exposé très pragmatique : « Moi, je viens des quartiers nord de Marseille, mes parents avaient peu de moyens, mais ils voulaient que je réussisse. À l'école publique, ça n'était pas possible, ils m'ont inscrit à l'école privée catholique, ça m'a aidé et c'est comme cela que j'ai pu ensuite faire des études supérieures. » Force est de constater que, parfois, la présence d'écoles privées dans des communes pauvres diminue mécaniquement la mixité scolaire, mais améliore la mixité sociale à l'échelle d'une ville ou d'un quartier, en offrant des possibilités de scolarisation à des classes moyennes qui, si elles en étaient privées, iraient vivre ailleurs. Faut-il pour autant renoncer au combat pour l'école publique ? Évidemment non. Mais encore faut-il poser le bon diagnostic.

L'école, en dépit de son caractère gratuit, laïc et obligatoire, joue très imparfaitement son rôle de correcteur des inégalités. La France reste l'un des pays développés où la réussite scolaire et professionnelle des élèves est le plus corrélée avec l'origine sociale et culturelle des parents. Le processus de reproduction de classes est édifiant. « Le poids de l'origine sociale sur les performances des élèves est ainsi plus fort en France que dans tous les pays de l'OCDE : 1,7 fois plus élevé qu'en Finlande,

1,4 fois qu'au Royaume-Uni, 1,3 fois qu'en Allemagne[1] », explique le gouvernement lui-même. La récente médiatisation des annonces gouvernementales sur les lycées professionnels s'est concentrée sur une mesure phare et pourtant mineure : la rémunération des stages effectués par les élèves au cours de leur scolarité. Tout stage actif mérite salaire. Mais un aspect n'a aucunement été traité : la quasi-totalité des élèves des filières professionnelles et technologiques, tant dans les lycées publics que dans les Centres de Formation des Apprentis (CFA), gérés par les chambres des métiers, sont originaires de milieux particulièrement modestes. En parallèle, l'écrasante majorité des étudiants de l'Institut d'études politiques de Paris a au moins un de ses deux parents qui est ancien élève de la prestigieuse institution de la rue Saint-Guillaume. *Idem* pour plus de la moitié des lauréats du concours de l'ENA, désormais transformée en « École Nationale des Services Publics ». Quand on connaît la place occupée plus tard par les élèves de Sciences Po Paris, comme de l'ENSP, dans la haute fonction publique, les cabinets ministériels et autres instances décisionnelles, on mesure l'ampleur du phénomène à infléchir.

Par où commencer pour réintroduire de la mixité ? La stratégie consistant à contraindre les choix par la carte scolaire paraît peu convaincante. Fatigue, frustration, multiplication des stratégies de contournement, déplacements inutiles… Elle ne peut être qu'un outil local d'ajustement. Essayer de rendre l'école privée plus mixte en lui faisant accueillir plus de boursiers ? Les représentants des établissements concernés opposent aussitôt la question des moyens, sur la cantine et les transports notablement, en présentant la facture aux pouvoirs

1. « Refonder l'école. L'action contre les inégalités scolaires », gouvernement.fr, mis à jour le 1er juin 2021.

publics, avec les collectivités territoriales en première ligne. Nos finances sont déjà en tension, et le surcroît d'argent public investi dans l'école privée le sera en moins dans l'école publique, qui ne pourra que s'appauvrir et concentrer les difficultés. Contreproductif. Il n'y a, en réalité, que deux façons de recréer durablement de la mixité.

D'une part, l'investissement durable et massif dans l'école publique, tant dans son aspect bâtimentaire et matériel que par la qualité des enseignements et des projets pédagogiques proposés, doit la rendre plus attractive. Le sous-investissement structurel dans les écoles publiques de Marseille, par exemple, est un véritable scandale national. La municipalité de gauche dirigée par Benoît Payan a heureusement pris le problème à bras-le-corps, avec l'aide massive et indispensable de l'État qui, là, joue bien le rôle que l'on attend de lui. Une ambition pour l'école publique ne pourra pas non plus faire l'impasse sur l'attractivité du métier d'enseignant, qui a subi un déclassement substantiel, tant dans sa rémunération que dans sa perception sociétale, au point que les meilleurs étudiants des promotions de masters passent de moins en moins les concours de l'enseignement. Rémunération, attractivité du métier, valorisation de la fonction de transmission, tout est à retravailler.

D'autre part, la ghettoïsation scolaire n'est qu'une conséquence de la ghettoïsation sociale et urbaine. C'est à la racine, aux inégalités elles-mêmes qu'il faut s'attaquer, ainsi qu'au déséquilibre criant en termes de logements sociaux entre les villes. Déconcentrer, diluer les inégalités, en plus de les diminuer, est le meilleur service que l'on puisse rendre à la mixité scolaire. La loi Solidarité et Renouvellement Urbain (SRU) oblige les communes à disposer d'au moins 25 % de logements sociaux. Elle devrait être beaucoup plus coercitive avec les récalcitrants qui rivalisent d'excuses pour ne pas l'appliquer, en même temps qu'elle devrait fixer à l'autre bout du spectre un plafond de 50 % d'habitat social à ne pas dépasser. Disons-le clairement, l'accumulation de la richesse dans certaines communes et de la pauvreté dans d'autres n'est pas soutenable à terme. Elle mine profondément la cohésion nationale.

Malgré cela, certains établissements et leurs professeurs déploient des efforts considérables pour soutenir au mieux leurs élèves. Au classement 2022 des meilleurs lycées établi par le journal *Le Parisien*, non sur leurs résultats dans l'absolu, mais sur leur capacité à accompagner les jeunes, à les faire progresser, le lycée Jean-Jacques-Rousseau de Sarcelles se hisse à la cinquième place de toute la France[1]. Un exploit qui mérité d'être souligné.

Paris, 1er juillet 2022. J'ai rendez-vous avec El-Mouhoub Mouhoud, président de l'université Paris Dauphine-PSL (Paris Sciences et Lettres), dans son bureau. Nous nous étions croisés quelques semaines auparavant, mais nous nous connaissons de bien plus longue date. À la fin des années 1990, je siégeais comme représentant des doctorants au sein du conseil d'administration du Centre d'économie de Paris Nord, le laboratoire de recherche en sciences économiques de l'université Paris XIII Villetaneuse, et lui le présidait. Son sens du compromis avait été particulièrement apprécié pour mener à la fusion deux anciens laboratoires rivaux. Si je me doutais qu'il avait quelques origines méditerranéennes, je ne connaissais pas son parcours personnel. Arrivé en France d'un petit village de Kabylie à l'âge de dix ans, avec pour seul patrimoine son éducation familiale et un père qui croit

1. Joffrey Vovos, « Comment se classent les lycées de votre département ? Découvrez notre palmarès 2022 », *Le Parisien*, 23 mars 2022.

profondément dans la réussite par le travail, il va transformer cette croyance au-delà des espérances. Professeur des universités agrégé dès l'âge de trente-trois ans, il menait une carrière déjà remarquable à l'époque où je l'ai connu, et elle s'est confirmée depuis : une centaine d'articles scientifiques publiés, ainsi qu'une vingtaine d'ouvrages, et la présidence de la trente-huitième meilleure université du monde selon le classement de Shanghai. Engagé comme soutien de Martine Aubry à la primaire de 2011, puis de François Hollande en 2012, spécialiste des phénomènes de délocalisation et relocalisation des entreprises, mais aussi des questions d'immigration, il fait partie des intellectuels avec lesquels la gauche gagnerait à discuter pour reconstruire sa doctrine. Il croit en la lutte contre les inégalités et donc dans le besoin d'investir massivement dans les quartiers prioritaires, avec deux considérations socio-économiques en toile de fond, que je me permets de synthétiser ainsi. Un, le fait qu'il y ait autant d'exclus, chez les jeunes notamment, constitue une perte de richesse et de bien-être pour toute la collectivité. Deux, la société des oppositions permanentes, le recul du sens de l'intérêt général et de la recherche de compromis altèrent la santé économique du pays.

Une analyse qu'aurait dû écouter Emmanuel Macron avant de fracturer la France à l'hiver 2023. Quand plus personne ne comprend pourquoi le Président va aussi loin dans l'aveuglement, il trouve un avocat en la personne d'Alain Minc. Ce dernier, à défaut d'avoir le CV ès sciences économiques du professeur Mouhoud, peut se prévaloir d'un beau parcours de zigzagueur politique et d'une double condamnation pour plagiat. Cela ne l'empêche pas d'expliquer sur Europe 1, le 21 février 2023, que nous sommes obligés de reculer de deux ans l'âge légal de départ à la retraite parce que nous vivons à crédit et qu'il est nécessaire de rassurer les marchés financiers. Ces derniers le seront tellement par cette séquence d'adoption au forceps de la réforme que, deux mois plus tard, l'agence Fitch dégradera la note française de AA à AA–, la faisant passer de « haute qualité » à « qualité moyenne supérieure ». Et Standards and Poor's la maintiendra de justesse. Tout ça pour ça. Alain Minc pourra toujours trouver des économistes ultra-libéraux à plagier pour expliquer que la réforme aurait dû aller plus vite et plus loin, le problème est sensiblement différent. Une politique économique se conduit de façon cohérente, avec une direction, une finalité et une méthode, qui inclut nécessairement une part de concertation avec la représentation nationale et les partenaires sociaux. Comprendre aussi peu son pays au point d'y semer le chaos social n'a jamais rassuré personne, ni les précaires ni les banquiers.

À l'instar de ce que Sciences Po a initié dès 2001 sous la présidence de Richard Descoings, avec les Conventions d'Éducation Prioritaire (CEP) signées avec 105 lycées pour diversifier l'origine de ses recrutements, la Fondation Paris-Dauphine a créé un programme « Égalité des chances » en 2009 et l'a déployé auprès de 45 établissements de quartiers défavorisés et de zones rurales isolées. Les lycées publics de Sarcelles, 3 600 élèves en tout, font partie de ces dispositifs d'excellence. C'est d'ailleurs à deux étudiants sarcellois issus de milieux populaires et réalisant un parcours universitaire admirable que j'ai souhaité confier le projet « Alumni Sarcelles ». Car très nombreux sont les anciens de la ville qui connaissent le succès dans de multiples domaines et qui souhaitent s'impliquer au service de la réussite des jeunes d'aujourd'hui. *Learn, earn and return*, disent les Américains, « apprendre, gagner et redonner ». Si Pierre Vareille a mis la barre très haut, si Riyad Mahrez va bientôt être en mesure de créer sa propre fondation, des milliers d'anonymes sont prêts à tendre la main, pourvu qu'on les mette en relation avec leurs suivants générationnels. Ce sera bientôt possible.

La ville des possibles ou encore la ville-tremplin sont des formules que nous aimons faire nôtres, même si nombre de communes aux caractéristiques sociales comparables peuvent aussi les revendiquer. « Un rôle de sas et de tremplin », peut-on lire à propos des quartiers pauvres dans le rapport d'information sénatorial de juillet 2022 sur la politique de la Ville[1]. Parmi les auditionnés, François-Antoine Mariani, directeur général délégué de l'Agence Nationale de la Cohésion des Territoires (ANCT), compare la Seine-Saint-Denis à un « Ellis Island à la française », l'île new-yorkaise ayant accueilli une belle part de l'immigration aux États-Unis. L'image est pertinente tant elle correspond à la fonction première de nos villes. Mais nous devons être plus que cela si nous aspirons à la durabilité, à l'équilibre et à la stabilité. Tous les dispositifs existants visant à améliorer ou renforcer les apprentissages sont activés à Sarcelles : le Programme de Réussite Éducative (PRE) et son suivi individualisé des élèves en légère ou grande difficulté, la scolarisation des enfants issus de familles défavorisées dès l'âge de deux ans, les classes dédoublées avec 12 à 15 élèves par enseignant de la grande section jusqu'au CE1, la Cité éducative avec ses actions pédagogiques innovantes facilitant l'acquisition des savoirs. Ces outils sont toujours à questionner, à évaluer, à optimiser, mais ils aident très concrètement des dizaines de milliers d'élèves en France chaque année, dans leur scolarité et dans leurs apprentissages civiques

1. Viviane Artigalas, Dominique Estrosi Sassone et Valérie Létard (rapporteures), *La politique de la Ville, un tremplin pour les habitants*, Sénat, rapport d'information n° 800 (2021-2022), déposé le 19 juillet 2022.

et citoyens, dont le parcours serait à l'évidence plus difficile sans ces accompagnements spécifiques.

Les années Covid l'ont prouvé par la négative. Malgré le travail en distanciel, de nombreux jeunes ont accumulé un retard considérable, et certains sont tout simplement sortis du radar des suivis pédagogiques. L'un d'entre eux, décrocheur avéré de seize ans, vivant dans une famille nombreuse et monoparentale, perdu durant ces deux ans, pris dans des phénomènes de bandes, est mort sous les balles d'un rival, pour rien. Cela arrive une fois tous les cinq ans en moyenne à Sarcelles. Cinq fois de trop en vingt-cinq ans.

Les voyants sont au rouge sur cette génération Covid depuis plusieurs mois. Le directeur de l'association de prévention spécialisée principale œuvrant sur la ville, l'OPEJ (Œuvre de Protection de l'Enfance et de la Jeunesse), m'avait alerté sur le doublement du nombre de familles précarisées présentant des carences éducatives. La crise sanitaire a non seulement révélé d'importantes inégalités en santé, mais elle a de surcroît fragilisé les plus vulnérables. Quand autant de jeunes sont à la dérive, restaurer l'autorité de l'État et de l'institution scolaire est certes nécessaire, le rappel à la loi et à la responsabilité des pères et mères aussi, mais on ne s'exonérera pas d'un investissement significatif dans l'accompagnement à la parentalité.

Il viendra compléter et renforcer ceux réalisés dans les actions éducatives, sportives et culturelles, qui favorisent quotidiennement la réussite, même s'il est nécessaire d'aller plus loin. Les résultats dans les Réseaux d'Éducation Prioritaire, les REP et REP+, s'améliorent, mais lentement. Le ministère évoque au niveau du CP une « réduction très sensible des différences de performance entre les élèves scolarisés en REP+ et ceux du secteur public hors éducation prioritaire, entre 2019 et 2022 », et le fait que « les écarts qui s'étaient creusés en 2020 à la suite du confinement sont non seulement entièrement résorbés, mais désormais plus faibles qu'en 2019. [...] En mathématiques, les écarts en résolution de problèmes tombent de 24,7 points en 2019 à 23 points en 2022[1] ». Un rattrapage modéré et qui laisse des disparités notables. Pourquoi ? Principalement parce que les populations nouvellement accueillies sont toujours plus défavorisées que les précédentes. L'évolution des Indices de Position Sociale (IPS), utilisés pour classer les établissements scolaires selon la situation socio-économique des familles, le démontre. En six ans, entre les années scolaires 2016-2017 et 2022-2023, les IPS des six collèges publics de Sarcelles ont baissé de 3,4 points pour atteindre 74,2 quand la moyenne nationale est à 106,6, celle de l'académie de Paris à 126,3 et celle des collèges sarcellois privés sous contrat à 110,4[2]. La géographie prioritaire de l'Éducation nationale sera revue pour la rentrée 2024. Nous demandons que tout le Grand Ensemble intègre le REP+, les caractéristiques populationnelles le justifient amplement. Concrètement, cela signifierait plus de moyens et des enseignants mieux rémunérés. Toujours cela de pris. Avoir plus de professeurs expérimentés aussi, alors qu'aujourd'hui ce sont les plus jeunes qui sont affectés dans les zones les plus difficiles. Mais nous ne sommes jamais sûrs d'obtenir gain de cause, tant les moyens sont contingentés.

Continuer de nous inscrire dans l'ensemble des dispositifs nationaux, tout en construisant notre dynamique éducative locale qui combine l'ambition, l'innovation et l'insertion de contenu pédagogique dans toutes les activités destinées à la

1. « Évaluations nationales de septembre 2022 en CP, CE1 et 6e : une percée en REP+ », ministère de l'Éducation nationale et de la Jeunesse, education.gouv.fr, novembre 2022.
2. Calculs effectués à partir de https://data.education.gouv.fr/

jeunesse, doit nous permettre de la sortir de l'univers consumériste et superficiel dans lequel elle est trop souvent enfermée. Apprendre le violon aux petits Sarcellois ? Et pourquoi pas la philosophie ? Edwige Chirouter, professeure des universités, et Chiara Pastorini, maîtresse de conférences, toutes deux philosophes, ont développé des méthodes pédagogiques adaptées aux petits, et même aux tout-petits. Un soir en conseil municipal, au printemps 2020, une élue d'opposition nous critique car ces enseignantes seraient trop diplômées pour s'adresser à des élèves aussi jeunes. Il est vrai que certains cours commencent dès la dernière année de maternelle. Nous l'assumons. Il faut être d'autant mieux armé intellectuellement et pédagogiquement pour pouvoir philosopher avec des enfants de cinq ans. Les retours des enseignants et des parents sur ces séances sont d'ailleurs élogieux. Leurs enfants les affectionnent particulièrement. Qu'est-ce que la vie, la mort, l'amour ou la souffrance ? Comment mettre des mots et des explications sur ce que l'on ressent ? Les gamins fourmillent de questionnements. La connaissance les nourrit et les apaise. Plusieurs études montrent que, dès l'âge de deux ans, le niveau d'acquisition du langage est fortement corrélé au niveau de diplôme de la mère[1]. Et selon James Heckman, prix Nobel d'économie en 2000, la rentabilité sociétale de l'investissement dans la petite enfance est bien plus élevée que dans tout autre niveau d'enseignement. Raison de plus pour intervenir tôt en termes de socialisation et de pédagogie pour compenser les inégalités de départ. Chaque petit Sarcellois fréquentant une crèche publique se voit ainsi offrir un livre, a accès au théâtre, à l'initiation musicale, aux contes, et surtout à des

1. Sébastien Grobon, Lidia Panico, Anne Solaz, « Inégalités socio-économiques dans le développement langagier et moteur des enfants à deux ans », Insee, Ined, Santé publique France, 2018.

éducatrices bénéficiant de formations continues nombreuses et polyvalentes. Les rencontres avec les enfants de la ville ont tellement inspiré Chiara Pastorini qu'elle en a tiré un ouvrage, une bande dessinée précisément. *La cité des sages*[1] raconte les aventures de collégiens qui ont perdu l'un des leurs. Partant à sa recherche, ils croisent de célèbres philosophes déguisés en personnages du quotidien qui leur prodiguent de précieux conseils. Tout est si bien résumé dans ce livre, la jeunesse de Sarcelles, sa diversité, l'urbanisme reconnaissable entre tous, la priorité éducative et l'aspiration à comprendre le monde, que nous en faisons désormais notre carte de visite.

« La lumière est dans le livre. Ouvrez le livre tout grand. Laissez-le rayonner, laissez-le faire », clamait Victor Hugo dans son discours d'ouverture du congrès littéraire en 1878. La bibliothèque Anna-Langfus, inaugurée en 1969, si importante dans la vie des habitants du Grand Ensemble de Sarcelles, devenue depuis 2021 médiathèque intercommunale Anna-Langfus, est passée de 600 mètres carrés à 1 800 mètres carrés en 2022. « Dans un monde saturé d'images, de sons et qui semble paradoxalement produire tant de vide et de perte de sens, il nous faut, avec les écrivains, avec les penseurs, retrouver le sens des mots, le sens du verbe, l'importance de lire et d'écrire », disais-je lors de cette nouvelle inauguration, rendant hommage au Goncourt 1962 et à son combat : « Anna Langfus fut non seulement une conscience de la Shoah, mais aussi une plume de la survie. Et quelle plume ! Maniée dans un français limpide et tranchant, à la frontière entre la crudité de l'autobiographie et le souci de mâtiner le réel par le romanesque et un certain sens de l'imaginaire. Évoquant ses démons passés, elle déclare : "Écrire, pour moi, c'était une façon de m'en débarrasser. Je crois que plus une

1. Fiamma Luzzati et Chiara Pastorini, *La cité des sages*, Philippe Rey, 2022.

situation est horrible, plus une situation est anormale, plus doit être grande la distance qui permet de la comprendre dans sa vérité[1]" ». Lire, écrire, face au pire et pour le meilleur. Une deuxième médiathèque ouvrira en 2024, au vieux Sarcelles cette fois. Nous avons la preuve que le village est habité depuis la fin du IXe siècle, mais il n'a jamais eu son lieu de lecture publique. Ce sera bientôt chose faite au sein du centre socio-culturel Simone-Veil, en cours de création par réhabilitation d'un édifice historique classé, dernièrement utilisé comme Ehpad par la Ville de Paris, avant qu'elle le laisse dépérir et le cède. En deux ans, aidé par notre rattachement à la communauté d'agglomération Roissy Pays de France, l'espace dédié à nos médiathèques aura quadruplé de volume, nous faisant avancer d'un grand pas sur le chemin de la réussite et de l'émancipation par le savoir.

Un chemin qui reste largement à parcourir. Sarcelles n'a plus de librairie depuis que celle de l'enseigne Leclerc a quitté les Flanades en même temps que l'hypermarché, quand un deuxième centre commercial, My Place, est sorti de terre fin 2011. Le village a aussi perdu la sienne, même s'il dispose désormais d'un « Livre-échange », agréable lieu de don et de récupération d'ouvrages géré par la municipalité. Aucune librairie n'est facile à implanter. Tous les paramètres doivent être réunis pour qu'une intention devienne réalité. Une étude menée par un cabinet très sérieux dirigé par deux anciens du Centre national du livre tirait des conclusions en demi-teinte quant à l'hypothèse d'une installation à Sarcelles, avant de nous rencontrer et d'écouter notre plan. La librairie viendrait parachever notre grand projet éducatif, du plus jeune âge jusqu'à l'enseignement supérieur. Elle serait située dans le

1. Judith Kauffmann, « Pour (re)lire Anna Langfus. Survivre/résister. Et après… », *Revue d'histoire de la Shoah*, 2002/3, n° 176, p. 100-114.

centre des Flanades entièrement refait, face au tramway et à la médiathèque Anna-Langfus, en partenariat avec notre université populaire et les collectivités publiques, à proximité de la toute neuve Maison du numérique et de l'IUT, dont l'accroissement de l'offre à la rentrée 2023 préfigurera la dimension universitaire que doit prendre le cœur du Grand Ensemble, avec deux résidences étudiantes et une formation innovante : la Maker School. Développée par l'université de Cergy, dite « CY », elle dispensera des modules courts où, comme son nom l'indique, on apprendra en faisant, en formation initiale ou continue, en collaboration avec des opérateurs de formation privés et les grands employeurs du territoire pour préparer de façon opérationnelle aux métiers de demain. Dans ces conditions et avec un local à moindre coût, ce que nous avons négocié au rez-de-chaussée d'un immeuble moderne en construction, la librairie serait viable. Plus encore si on lui donne un thème, une identité. Pourquoi pas la francophonie ? Le rayonnement du français à l'international, l'ouverture sur le monde à travers la langue de Molière, sera au minimum le thème du salon du livre que nous comptons organiser à l'avenir dans nos deux médiathèques. Et celui que nous suggérons donc au porteur du projet de la future librairie. Après tout, 142 d'entre elles se sont ouvertes en France en 2022. L'espoir est permis.

L'aéroport de Roissy-Charles-de-Gaulle, avec ses 100 000 emplois, désormais situés sur le territoire de notre intercommunalité, fera partie des employeurs cibles de notre Maker School, mais dans une proximité plus grande encore, le secteur de la santé compte deux fleurons dans notre ville qui constitueraient d'excellents partenaires de CY. L'Hôpital Privé Nord Parisien (HPNP) et ses 700 professionnels, deuxième pourvoyeur d'emplois à Sarcelles après la mairie, est dirigé par Ségolène et Charles-Antoine Benhamou. Ils ont pris le relais de leur père, Pierre-Alain, pionnier de la médecine hospitalière à Sarcelles, qui a dirigé pendant vingt-cinq ans cette clinique construite par la SCIC en 1962, au sein du Grand Ensemble, preuve supplémentaire de la vision globale de ses bâtisseurs. Elle s'appelait Alexis-Carrel, nom qu'elle a conservé jusqu'en 1993, quand fut porté au débat public le fait que le plus jeune lauréat du prix Nobel de médecine en 1912, à trente-sept ans, était aussi un eugéniste, un adepte de la méthode qui consiste à intervenir sur le patrimoine génétique de l'espèce humaine pour l'améliorer. Des travaux qui n'ont pas manqué d'inspirer les idéologues nazis. Le fait de débaptiser la clinique et la rue attenante n'a pas fait un pli, ni à Sarcelles ni dans la vingtaine de communes qui l'avaient également honoré, dont Paris, qui clôturera le mouvement en 2002. Personne ne fut accusé de promouvoir la *cancel culture* à l'époque. L'offre de l'hôpital s'est considérablement étoffée : chirurgie, pôle mère-enfant, neurologie, néphrologie, hémodialyse, ainsi qu'un institut de cancérologie avec sa technologie de pointe : le cyclotron, disponible uniquement sur une trentaine de sites en France. Et l'HPNP n'est pas notre seule institution de santé exceptionnelle.

Comme Alexis Carrel, Léonie Chaptal est née en 1873, mais son héritage n'est en rien controversé. Issue de la noblesse française par son père et d'une famille juive russe par sa mère, cette fervente catholique fonde en 1924 l'Association nationale des infirmières diplômées de l'État français, devenue l'Anfiide[1], toujours active aujourd'hui. Elle crée également une fondation, considérée comme l'un des plus anciens établissements inscrits au patrimoine mondial de la santé publique.

1. Association nationale française des infirmières et infirmiers diplômés et des étudiants.

Léonie Chaptal décède en 1937. En 1973, la fondation et son école de formation emménagent à Sarcelles pour devenir l'une des principales structures régionales, comptant 645 étudiants, incluant infirmiers, aides-soignants et auxiliaires de puériculture. Si l'institution est toujours dynamique, son conseil d'administration est vieillissant. Le président m'a sollicité pour que je les aide à trouver des administrateurs bénévoles. Comment ne pas le faire ? Avant la fin du mandat, promis. Mais ce ne sera pas tout. La fondation Chaptal est arrivée à Sarcelles par opportunité foncière sur ces grands terrains achetés par la Caisse des dépôts. Il est désormais temps de créer des synergies entre ces grands acteurs historiques et les pouvoirs publics pour constituer ensemble un pôle de santé régional, avec formations de pointe sur l'ensemble de la chaîne des métiers. Après tout, la mise en réseau d'acteurs de la santé a parfaitement fonctionné pendant la crise Covid pour créer un des plus grands centres de vaccination de la région, sous la houlette du docteur Majida El Mokhtari, autre excellent exemple de réussite sarcelloise.

Investir dans l'enseignement supérieur, sur le papier tout est simple. Dans la réalité, beaucoup moins. Ouvrir un quatrième département à l'IUT est un véritable parcours du combattant, alors qu'il faisait partie du plan de relance officiellement annoncé par le Premier ministre Jean Castex, le 7 mai 2021. Les collectivités locales doivent être mises à contribution tellement les budgets ministériels sont serrés, même quand il s'agit uniquement d'aménager et d'équiper des locaux existants, ainsi que de créer une poignée de postes d'enseignants. Les recrutements tardent à venir, et la formation n'était pas disponible en temps et en heure sur Parcoursup avant son lancement. Un premier groupe de vingt-six étudiants intègre la formation en cette rentrée 2023, mais il faudra se battre pour que le ministère de l'Enseignement supérieur réalise les investissements nécessaires pour atteindre la vitesse de croisière, à savoir deux groupes sur trois ans. Comme si former des techniciens spécialisés dans la transition environnementale et énergétique, car tel est le thème de ce nouveau département, n'était pas une priorité nationale.

Mais nous y arriverons, sur ce projet universitaire comme sur d'autres, j'en suis persuadé, avec une méthode que j'observe aussi sur d'autres territoires dynamiques : porter une ambition, développer, convaincre, emporter l'adhésion. Si pauvres que soient nos communes, nous ne leur rendons pas service en le répétant en boucle, ni en brandissant un statut de perpétuelle victime. Oui, il faut rappeler la dureté de la condition sociale de nos populations et la faiblesse relative de nos moyens, mais nous obtiendrons plus et mieux de nos partenaires en suscitant l'envie, pas la pitié. En ne faisant pas l'aumône, mais en relevant le défi de la réussite collective. Les cours de violon, comme ceux de philosophie, favorisent l'esprit de groupe et la coopération. Ce n'est pas là leur moindre mérite. Dans une société où la concurrence et l'individualisme se sont généralisés, il n'y aura pas de sursaut commun sans espaces de solidarité, ni sans intelligence collective. L'autre doit cesser d'être un étranger ou, pire, un rival, pour devenir un partenaire, un coéquipier, une ressource. C'est aussi pour cela que cette méthode de l'« apprentissage par le faire » nous va bien, si bien que nous allons la développer également dans le domaine culturel. Un « cinécubateur », une école où l'on découvre les métiers du cinéma par la pratique, devrait voir le jour début 2025 au centre socioculturel Simone-Veil, en partenariat avec la société de production Diversyfilms (*Mon frère*, *La cité rose*, *Mama lova*) et probablement un grand groupe européen de l'audiovisuel. Le même modèle sera appliqué à la musique en convertissant l'ancien cinéma UGC des Flanades, désaffecté depuis vingt ans, en une fabrique des cultures urbaines, un coworking artistique et musical, dédié au spectacle vivant, qui intéresse plusieurs acteurs du secteur particulièrement innovants.

Paris, siège de l'Unesco, septembre 2022. Sarcelles est annoncée parmi les 77 villes de 44 pays qui intègrent son Réseau mondial des villes apprenantes, « en reconnaissance de leurs efforts exceptionnels pour faire de l'apprentissage tout au long de la vie une réalité pour tous au niveau local ». Nanterre et Brest ont droit aux mêmes honneurs dans cette séquence, rejoignant ainsi Clermont-Ferrand, Mantes-la-Jolie, Évry-Courcouronnes et Montpellier, autant de villes-monde parmi les 244 du réseau, amenées à partager entre elles « inspiration, savoir-faire et bonnes pratiques ». « Plus de la moitié de l'humanité vivant dans des zones urbaines, les villes ont le pouvoir de conduire des politiques d'apprentissage tout au long de la vie en mettant en œuvre et en soutenant des initiatives locales ainsi qu'en apportant un changement de la base vers le sommet[1] », déclare à cette occasion Audrey Azoulay, directrice générale de l'Unesco.

De la base vers le sommet. Ce n'est pas tout à fait l'image des « premiers de cordée », censés ouvrir la voie aux autres et sur lesquels il ne faudrait surtout pas « jeter de cailloux », selon les expressions employées par le président Macron peu après son élection en 2017[2]. Le plus curieux n'est pas tant l'éloge de la réussite que l'intention prêtée à certains de vouloir lapider ceux

1. « Réseau mondial des villes apprenantes de l'Unesco : 77 nouveaux membres issus de 44 pays », unesco.org.fr, 2 septembre 2022.

2. « Je crois à la cordée, il y a des hommes et des femmes qui réussissent parce qu'ils ont des talents [...] Si l'on commence à jeter des cailloux sur les premiers de cordée, c'est toute la cordée qui dégringole. » Interview d'Emmanuel Macron sur TF1, 15 octobre 2017.

qui rencontrent le succès. Qui aurait envie de faire cela à Pierre et Hélène Vareille, à El Mouhoub-Mouhoud, à Léonie Chaptal ou à Audrey Azoulay ? Personne. Pas plus qu'aux entreprises qui investissent dans les quartiers les plus en difficulté, qu'il faut féliciter et encourager. Ce n'est pas la réussite qui peut poser un problème, c'est ce que l'on en fait. Si l'on s'en sert pour écraser les plus faibles, cela provoque de la révolte, mais si l'on tend la main pour aider les autres à réussir à leur tour, on construit alors une société solidaire au bénéfice de tous.

Mais il y a autre chose de symptomatique dans cette image de premiers de cordée ou dans la théorie du ruissellement (des revenus des riches vers les pauvres) également chère au Président. C'est que tout y est descendant. Tout part du sommet. On peut y objecter des arguments moraux sur le droit de chacun à une égale considération, comme on peut y objecter des arguments pratiques sur qui est réellement indispensable à faire fonctionner la société. En cela, la crise sanitaire a été on ne peut plus révélatrice. La première ligne, celle dont l'utilité est vitale, est composée de travailleurs modestes : soignants, aides à domicile, commerçants alimentaires, agents de propreté, policiers, enseignants, etc. Cela démontre la nécessité de consolider nos bases, de soutenir ces hommes et femmes, ainsi que les villes où ils vivent, et pas uniquement dans les situations de crise. Une vision de la société construite sur ces principes et qui met la réussite à la portée de tous constitue un lien bien plus fort pour unir les citoyens qu'une « corde » au long de laquelle les positions sociales sont éternellement figées. Plutôt que de simplement vivre ensemble, « agir et construire, ensemble », écrivais-je dans le *JDD* en 2020[1]. Apprendre ensemble, se former

1. « Le maire de Sarcelles appelle à "réparer la République" », *Journal du Dimanche*, 31 janvier 2020.

ensemble, pourrait-on y ajouter, pour réussir ensemble. Telle est la philosophie très concrète de la ville des possibles.

8
La ville-monde et sa culture universelle

Toi mon ami indifférent,
Tu n'auras pas peur en me parlant
Toi, tu me ressembles parmi toute beauté
Avec moi, tu ne vas pas changer

Insensé, toi qui ne crois pas que je suis toi !
Pourquoi tu penses ça de moi ?
Tu me traites de la sorte
Et tu me jettes à la porte

Insensé, toi qui ne crois pas que je suis toi !
Je suis fière d'être moi
La couleur n'a pas d'importance
Et ce qui compte le moins, c'est la différence

Insensé, toi qui ne crois pas que je suis toi !
Tu ne feras pas de jalousie entre toi et moi
Non, la différence n'est pas un défaut
Car nous sommes tous égaux

Extrait de « Le racisme »,
élèves de CM2 de l'école primaire
Ozar Hatorah de Sarcelles,
juin 2019

Je ne suis pas encore maire, mais adjoint, lorsque je rencontre, en octobre 2018, Frédéric Potier, Délégué Interministériel à la Lutte Contre le Racisme, l'Antisémitisme et la Haine anti-LGBT (DILCRAH). La fonction a été créée en 2012 et enrichie du combat contre l'homophobie et la transphobie en 2016. Je suis accompagné de ma collègue Chantal Ahounou, qui verra son périmètre de délégation élargi dans la nouvelle équipe municipale et deviendra l'élue référente antiraciste par excellence. Les premiers contacts avec la Dilcrah ont été initiés par mon prédécesseur, Nicolas Maccioni. Nous en sommes collectivement convaincus : il faut donner localement de l'ampleur, une dynamique partenariale et des moyens à ce grand combat. Comment ? En établissant un plan territorial. Il n'y en avait que trois à l'époque dans toute la France, il y en a toujours moins de dix. Je salue mon homologue Hélène Geoffroy, maire de Vaulx-en-Velin, qui fut précurseuse en la matière. Pour le nôtre, j'ai pensé à associer de grandes institutions : SOS Racisme, la Ligue Internationale Contre le Racisme et l'Antisémitisme (LICRA) et l'Union des Étudiants Juifs de France (UEJF). Le premier plan sarcellois sera signé le 5 juillet 2019 à l'hôtel de ville. L'État y est représenté par le préfet délégué à l'égalité des chances, et la communauté d'agglomération signe au titre de sa compétence emploi. PLURADIS, pour Plan de LUtte contre le Racisme, l'Antisémitisme et les DIScriminations, est devenu un marqueur essentiel de notre action municipale.

La démarche sera complétée par la signature d'une convention de partenariat avec le musée national de l'Histoire de l'immigration en 2021, qui place désormais la ville de Sarcelles dans son exposition permanente, et une autre en 2022 avec le Mémorial de la Shoah, dont les ressources et le travail pédagogique sont fort utiles pour transmettre l'essentiel à nos jeunes. Le premier plan n'est pas encore formalisé que des actions sont déjà menées. Le « Souccot expliqué à nos potes » de l'UEJF raconte la fête des Cabanes chaque année à un groupe différent d'habitants. SOS Racisme, qui intervient régulièrement sur la ville, propose une action originale : un concours de poésie contre le racisme. Mettre les jeunes en mouvement, les inciter à trouver les mots justes, à les faire sonner, à puiser dans la langue française pour combattre un mal qui les touche tous et qui, pour cette raison, doit les rassembler. L'exercice est d'autant plus utile que la perte de mixité sociale et d'origine dans les écoles publiques éloigne inexorablement les enfants les uns des autres, obligeant les acteurs publics à construire des ponts pour recréer du commun et de la connaissance mutuelle. Le sport est un excellent vecteur pour cela, et nous le faisons fonctionner à plein à Sarcelles, mais je pense que la création artistique donne aux projets une autre dimension. Des collégiens bénéficiant d'un accompagnement scolaire dans les maisons de quartier ou via des associations seront invités à concourir, au côté d'élèves de CM2 de l'établissement israélite Ozar Hatorah.

« Sarcelles en poésie » aura aussi son parrain, en la personne de Maurice Joffo, l'un des deux petits garçons d'*Un sac de billes*, le best-seller écrit par son frère Joseph, publié en 1973.

Traduit dans dix-huit langues, paru dans vingt-deux pays, vendu à 20 millions d'exemplaires, il raconte avec un regard d'enfant les persécutions dont sont victimes en France des milliers de familles innocentes, qui doivent fuir, mentir et se cacher pour survivre. Particulièrement débrouillards, les deux frères feront fortune plus tard dans les salons de coiffure, leurs carrières seront aussi étonnantes que leur enfance fut difficile. Dans ses vieux jours, Maurice a sympathisé avec un Sarcellois, Bruno Pounewatchy, homme de compagnie, artiste, militant antiraciste, et l'une des chevilles ouvrières de ce concours. La soirée de restitution réunit bien plus de présents que prévu. Il fait une chaleur étouffante ce 18 juin dans la salle Jacques-Berrier, mais cela n'enlève rien à l'émotion générale d'écouter Maurice témoigner du haut de ses quatre-vingt-dix ans, puis les enfants réciter leurs propres vers, avec force et conviction. Joseph Joffo nous avait quittés six mois plus tôt, Maurice partira à l'été 2021. Je fus parmi les premiers à être prévenus par Bruno, notre ami commun. Si leur histoire a été immortalisée dès 1973, en 2019, ils inspiraient encore de jeunes Sarcellois qui, malgré tout le mal que l'on peut dire de leur ville, ont la chance de vivre libres et de grandir sous le regard d'adultes bienveillants, chance qu'auraient aimé avoir les frères Joffo et tous les enfants qui ont connu la guerre, auxquels je pense en relisant les poésies des deux vainqueurs.

Toi qui t'es installé parmi nous
Toi qui as rendu ce monde si pourri
Toi qui rends les gens fous
Tu as fait de mes amis des ennemis

Des murs entre nous tu as créés
Seuls et tristes, tu nous as laissés
Toi, poison acide de nos liens
Tu les as brisés en ne laissant rien

Ce mur je le transformerai
En pont où nous pourrions nous retrouver
Ces liens je les reconstruirai
En chaîne d'or et d'acier

Extrait de « Toi racisme, le fléau de nos vies »,
Amira Kassara, collégienne sarcelloise,
juin 2019

« Chalom, salam, salut » est une autre initiative menée par SOS Racisme dans plusieurs communes en France, dont Sarcelles. Elle vise à rapprocher par le débat des jeunes d'origines et de religions différentes, au départ juifs et musulmans, avant de se donner une portée plus générale. Hanna Assouline en a tiré un documentaire : *À notre tour*[1], appelant sa génération et celles qui suivent à s'engager dans la lutte antiraciste. Projeté avec succès dans notre ville, quand il s'agira d'en organiser la campagne d'impact, la réalisatrice se tournera naturellement vers nous. Je lui soumets alors l'idée suivante : organiser un concours de courts-métrages à partir du visionnage de son documentaire, en sachant que nous avons à Sarcelles l'association idéale pour cela : Project 214. Créée par de jeunes adultes, elle enseigne les bases de la réalisation cinématographique en mettant les apprentis en action. La ville est partenaire de leur concours annuel depuis

1. *À notre tour!*, écrit et réalisé par Hanna Assouline, Chaï Chaï Films, France, 2020.

son lancement en 2020 et leur a également confié la réalisation de capsules vidéo contre la consommation et le trafic de stupéfiants dans le cadre de l'expérimentation MILDECA (Mission Interministérielle de Lutte contre les Drogues Et les Conduites Addictives), conduite sous l'égide du ministère de l'Intérieur, qui a suffisamment apprécié la qualité de ces mini-films pour les citer en exemple à travers la France. Cette fois, le concours thématique sera celui du combat antiraciste, au sens large, contre l'antisémitisme aussi et contre toute forme de discrimination.

On ne sait jamais comment les jeunes vont s'approprier un tel sujet, le mettre en mots et en images, même si l'on disposait d'un précédent poétique pleinement convaincant. Ils ont quarante-huit heures pour le concevoir et, à part la durée et le thème, rien n'est imposé. La projection au cinéma CGR fait salle comble et se voit complétée d'un défilé pré-festival, comme à Cannes. Les réalisations primées seront à la hauteur de nos attentes, voire au-delà, car on anticipe difficilement la créativité. L'équipe gagnante a livré un récit poignant de réalisme sur un crime d'honneur commis par le frère d'une étudiante sur son petit ami, dont le seul tort était de ne pas avoir la bonne couleur de peau. Les seconds, adolescents, se sont attaqués aux discriminations qui touchent les personnes transgenres : un collégien qui voulait devenir une collégienne était brimé, avant d'être accepté par son groupe. Une troisième équipe a fait dans le fantastique : une force mystérieuse jouait de mauvais tours à des garçons jusqu'à ce qu'ils comprennent, l'un juif, l'autre arabe, qu'ils étaient tous les deux sémites et qu'il leur fallait fraterniser pour conjurer le sort. Rôle de composition pour au moins l'un des deux, le Juif est joué par un garçon originaire d'Afrique subsaharienne. Se mettre dans la peau de l'autre, n'est-ce pas là la meilleure façon d'appréhender l'altérité ? Et ces créations ne prouvent-elles pas que les jeunes de banlieue sont plus ouverts d'esprit qu'on ne le pense ? Ce festival aussi sera pérennisé.

Bonoua, Côte d'Ivoire, novembre 2022. Notre ville jumelle nous a invités pour quatre jours, une petite équipe et moi-même, afin de découvrir leur commune, leur région, leur pays. On apprend tant de choses en si peu de temps. La nature, les traditions, les villages, le paysage politique, le degré de développement. Tout est différent, mais la langue et une partie de l'histoire nous unissent indéniablement. Le français est d'ailleurs le seul idiome permettant aux différentes ethnies ivoiriennes de communiquer entre elles. Je constate à quel point les inégalités sont grandes entre la capitale économique, Abidjan, et sa proche périphérie ou les villages reculés. Le réseau des jeunes dirigeants politiques me reçoit une petite heure. Je leur explique que la meilleure façon de développer leur pays est de le doter des infrastructures dont il a besoin et que, pour cela, il faut imposer davantage les grandes entreprises qui utilisent les richesses nationales et qui ne sont taxées qu'à 12 %. En attendant, Sarcelles participera à la construction d'une nouvelle école, écologique, à Bonoua, notre lieu de visite principal, où nous sommes invités un soir à une grande fête musicale en plein air, le Mignin Festival. Entre deux artistes, un court-métrage est projeté sur écran géant. Le son n'est pas excellent dans cet immense espace, mais je pense comprendre l'essentiel. Des représentants de plusieurs villages et ethnies ont des différends. La situation est longtemps tendue entre eux, avant qu'une forme de sagesse les saisisse. Ils comprennent qu'ils ont tout intérêt à coopérer et que ce qui les rassemble est bien plus important que ce qui les divise. L'épisode finit alors dans la paix et la concorde. Je me tourne vers Cécile Adjé, une des adjointes au maire de

Bonoua, et lui demande qui est derrière ce mini-film. Elle me répond : « Mais tu te souviens, j'étais là à la projection de votre festival de courts-métrages antiracistes à Sarcelles, alors j'ai décidé d'organiser la même chose en rentrant. »

Hanna Assouline est également engagée dans le mouvement des « Guerrières de la Paix ». Parti en 2014 de l'appel d'une poignée de femmes israéliennes et palestiniennes exhortant leurs gouvernements à se remettre à la table des négociations, il rassemblera plusieurs milliers de personnes en 2018. Pour prolonger cette initiative, un forum mondial des femmes pour la paix est lancé à Essaouira au Maroc, en mars 2023, à l'occasion de la Journée internationale des droits des femmes. Il réunit des militantes de la liberté et de la justice, telles Jessica Mwiza, qui œuvre pour la Mémoire au Rwanda, Huda Abu Arqoub, la présidente de l'Alliance for Middle East Peace en Palestine, Nurith Hagragh, du mouvement israélien Women Wage Peace, ou encore l'Iranienne Shirin Ebadi, prix Nobel de la paix 2003. Le Sénégal et le Liberia sont également représentés à ce forum, tout comme… la ville de Sarcelles, via des membres de notre Comité des femmes citoyennes, créé exactement un an plus tôt. L'équipe de Project 214 qui les accompagne a immortalisé ce moment par un court-métrage. On peut y entendre Maïmouna, trente-deux ans, l'une de nos femmes citoyennes, adresser spontanément le message suivant à l'assemblée des présentes : « On a grandi à Sarcelles dans une ville qui compte plusieurs communautés, juive, musulmane, chrétienne, et des athées, et qui est un bel exemple de vivre-ensemble ; j'espère vraiment que ça donnera des idées pour le conflit israélo-palestinien. Le rôle de notre comité, c'est de porter la voix des femmes, de les rendre visibles, de mener des actions […], de favoriser leur accès aux droits. On milite également pour la paix. »

Pourquoi un Comité des femmes citoyennes ? Parce que le temps de l'emprise masculine sur la société a vécu, parce que les lumières médiatiques sur de grandes affaires nationales ou internationales, si éclairantes soient-elles, ne doivent pas occulter le foisonnement d'initiatives locales qui agissent dans l'ombre pour une société égalitaire. Et, tout simplement, parce qu'il faut donner du pouvoir aux femmes, nationalement comme localement, pour tenir cet impératif sociétal. La banlieue, souvent renvoyée aux dérives misogynes d'une partie des jeunes hommes et de certaines communautés religieuses, ne saurait être absente de ce combat. Au contraire, elle doit se positionner au front. Les femmes issues de l'immigration dans les quartiers populaires ont souvent dû batailler trois fois plus que les autres pour réussir, et leur force est une précieuse ressource collective. Je perçois durant la campagne municipale de 2020, lors d'une réunion dédiée à la place des femmes dans la ville, à quel point la sororité facilite le lien entre les générations, les quartiers et les cultures. À Sarcelles, si le dialogue interreligieux ne se déroule que par l'intermédiaire des hommes, les échanges interculturels sont historiquement passés par les mères. Le chapitre « La cité des femmes » de l'ouvrage de Linda Benghali paru en 2005[1] rend compte de leur rôle essentiel, qu'il nous faut aujourd'hui amplifier.

Dans leur ouvrage commun, Bouchera Azzouz, militante féministe et documentariste, et Corinne Lepage, avocate et ancienne ministre, sont catégoriques sur l'importance du rôle citoyen des femmes. « On peut donc l'affirmer : les femmes ont été capables, bien plus que les hommes, de penser la République, dès sa naissance, à la hauteur des ambitions de ses valeurs. Si elles avaient pu mener à bien leur combat pour être citoyennes à part entière, elles auraient dès lors combattu

1. Linda Benghali, *Sarcelles, une utopie réussie ?*, *op. cit.*

pour une République démocratique, sociale, laïque et égalitaire[1]. » Mais les femmes ont souffert d'une double relégation, religieuse et politique. La permanence du clergé, malgré l'abolition de la monarchie et l'avènement de la République, a maintenu, au nom de la morale, la domination de l'homme sur la femme. Les femmes doivent donc mener deux combats de front, expliquent les deux auteures : celui du progrès des consciences, via l'éducation populaire, et celui de la laïcisation de la sphère politique.

Il est intéressant de constater, une nouvelle fois, à quel point les grandes causes progressent ensemble. La sortie du monde patriarcal, profondément discriminant pour les femmes, coïncide avec le recul des inégalités sociales à l'intérieur de castes indépassables, ainsi qu'avec la sécularisation des sociétés qui a permis à la femme de sortir du rôle subalterne qui lui était assigné, non par la croyance religieuse elle-même, mais par la façon dont les hommes administrent la religion. Se rapprocher de l'égalité femme-homme est le signe d'une avancée plus générale des combats contre les inégalités, pour l'éducation, la culture et la laïcité. À l'inverse, quand le pouvoir tombe aux mains d'intégristes religieux, comme en Iran ou en Afghanistan, les femmes sont les premières victimes. Donner du pouvoir aux femmes profite donc systématiquement à la société tout entière.

Première mission que s'est fixée notre Comité des femmes citoyennes : reconquérir l'espace public et celui des cafés. Entre le bistrot ouvrier, le troquet PMU, le bar à chicha et le café à l'orientale, à l'exception de quelques salons de thé, la place des dames est marginale. Une bataille qui se gagnera sur le long terme, avec un plan d'action établi après un

1. Corinne Lepage et Bouchera Azzouz, *Les femmes au secours de la République, de l'Europe et de la planète*, Éditions Max Milo, 2015, p. 45.

diagnostic dressé par les femmes elles-mêmes, lieu après lieu, qu'elles se sont chargées de réinvestir. La visibilité se gagne aussi avec des lieux dédiés. La Maison des femmes a ouvert ses portes à Sarcelles fin 2021, avec présence ministérielle et celle de leur marraine, Muriel Robin, qui me glissait à cette occasion : « Les violences conjugales, c'est comme l'alcoolisme, ça touche toutes les classes sociales. » Elle n'a pas tort. Le phénomène est longtemps resté tabou, avec des politiques publiques très en retard. Si bien que l'association Du côté des femmes, qui dirige cette maison à Sarcelles et qui accompagne les femmes victimes de violence, de la plainte jusqu'à l'inclusion sociale et le suivi psychologique, en passant par l'hébergement dans plusieurs établissements du Val-d'Oise et la protection juridique et physique, a réalisé une telle part des politiques publiques qu'elle est désormais en grande difficulté financière. J'ose espérer que les financeurs assureront ensemble sa survie. La ville de Sarcelles y prendra évidemment sa part, tout comme elle agit au quotidien à partir de chacun des leviers à sa disposition pour promouvoir l'égalité entre les femmes et les hommes.

Une des pires affaires de violences sexuelles survenues à Sarcelles a eu lieu au sein du club de tennis local, une excellente structure d'envergure nationale, fréquentée essentiellement par les classes moyennes et aisées de la ville et des environs. Trois joueuses adolescentes y sont tombées sous l'emprise d'un entraîneur prédateur dans les années 2000, qui fera ensuite une quatrième victime au club de Levallois. Elles ont obtenu sa condamnation ferme à dix-huit ans de réclusion criminelle pour viols sur mineures. En parallèle du procès, elles créent une association : Rebond. Entre la première instance et l'appel, l'une d'entre elles, accompagnée de leur avocat, vient à ma rencontre et nous les recevons avec mon directeur de cabinet. Le témoignage est dur, très dur à entendre. Et c'est justement pour cela qu'il est essentiel. Elles sollicitent l'aide de la Ville pour mener des actions de sensibilisation auprès des jeunes, afin de prévenir les violences sexuelles dont ils peuvent être victimes dans le sport. La réponse est oui, évidemment, mille fois oui. La première rencontre avec les élèves de l'école municipale de football a lieu le 16 février 2022, *Le Parisien* couvre l'événement et rapporte les réactions des dirigeantes de Rebond : « Toutes trois ont été étonnées de l'“acuité” des jeunes. “Ils ont posé des questions très fines. Ils semblaient étonnés que nous n'ayons pas parlé à l'époque des faits. C'est sûrement lié à l'accès aux réseaux sociaux. Nous, on n'avait pas de MeToo, se rappelle Astrid. À quinze ans, je n'avais jamais fait un bisou à un garçon, je ne pouvais pas savoir que ce que faisait le prof n'était pas normal.” Mathilde, elle, conserve ce triste pressentiment : “Je suis sûre que l'un de ces enfants va nous contacter[1]”. » Les adresses mail ont été rappelées dans le journal : signalement.violences.sexuelles@sarcelles.fr et rebond.contact@gmail.com. « Je n'aime pas ce mot, “résilience”, on le met à toutes les sauces en ce moment. On est des guerrières ! », disait aussi Astrid ce jour-là. Elles savent aujourd'hui qu'elles ne sont plus seules à mener ce combat.

« J'ai été presque en naissant une révoltée contre l'écrasement féminin, tant la brutalité de l'homme envers la femme, dont mon enfance avait été épouvantée, m'a de bonne heure déterminée à revendiquer pour mon sexe l'indépendance et

1. Julie Olagnol, « “Il y a des bons et des mauvais secrets” : les joueuses de tennis victimes de viols témoignent auprès des jeunes de Sarcelles », *Le Parisien*, édition Val-d'Oise, 16 février 2022.

la considération[1] », écrivait à la fin du XIXe siècle la journaliste et militante féministe pionnière Hubertine Auclert, dont l'un des combats majeurs fut le droit des femmes à voter et à se présenter aux élections. En signe de protestation contre l'absence de ce droit, elle ira jusqu'à refuser de payer ses impôts. Mais elle devra céder, le 8 avril 1881, quand la haute juridiction administrative enverra des huissiers apposer des scellés à son domicile. Elle meurt en 1914, trente ans avant que ce combat-là soit gagné en France. En hommage, le Centre francilien pour l'égalité femmes-hommes porte son nom et notre ville y est adhérente. Nous y avons appris une notion essentielle : la budgétisation sensible au genre. Chaque décision impliquant des moyens municipaux est désormais questionnée sur son impact en matière d'égalité entre les sexes. J'invite chaque décideur public ou privé à l'adopter. Moins simple qu'il n'y paraît, et pourtant indispensable.

La création au sein du lycée Jean-Jacques-Rousseau d'une brigade de l'égalité filles-garçons s'inscrit dans un mouvement générationnel qui doit nous rendre optimiste : oui, des drames jalonnent encore le quotidien de trop nombreuses femmes, mais les jeunes générations sont prêtes à introduire des évolutions positives majeures. À nous de leur donner tous les moyens pour y parvenir. Des moyens, mais aussi des repères, des modèles incarnés par des personnalités inspirantes, comme on dit aujourd'hui. Adjoint en 2016, en compagnie d'une professeure de français, j'organise une rencontre entre sa classe de première du lycée Jean-Jacques-Rousseau et Madeleine Riffaud, dont la vie et les combats

1. Hubertine Auclert, Édith Taieb, *La citoyenne : articles de 1881 à 1891*, Syros, 1982.

sont désormais admirablement racontés dans une BD[1]. Silence total et respect absolu deux heures durant. Un jeune, footballeur amateur, lui demande même l'autorisation de lui serrer la main à la fin. Ce récit d'une femme à peine plus âgée qu'eux lorsqu'elle participa à la libération de son pays au péril de sa vie, a résonné comme une puissante prise de conscience quant au caractère tout relatif de leurs propres difficultés. Lors de leur passage en terminale, interrogés sur ce qui les a marqués en classe de première, ils répondent en chœur et sans hésitation : Madeleine Riffaud. J'ai compris là ce dont les jeunes générations avaient besoin pour se construire : d'adultes de référence, à la fois forts et au service de causes justes. L'émotion et la prise de conscience sont identiques en 2017, lorsqu'une autre classe du même lycée reçoit Esther Senot, rescapée de la Shoah, dans le cadre du documentaire *Les Derniers*, réalisé par Sophie Nahum, fille de Pierre, petite-fille d'André, pour qui les passages à Sarcelles résonnent toujours comme un retour aux sources. Deux autres épisodes de sa série ont été tournés en 2021 dans notre ville, faisant témoigner d'anciens enfants cachés durant la Seconde Guerre mondiale, qui terminent d'autant plus paisiblement leurs jours à Sarcelles qu'ils savent désormais que leur histoire est immortalisée.

Le rôle des femmes dans la Résistance a longtemps été sous-estimé, notamment parce que, à l'inverse des hommes, elles n'ont pas demandé de reconnaissance officielle, ni à obtenir le statut d'ancien combattant, estimant qu'elles n'avaient fait qu'accomplir leur devoir, explique l'historienne

1. Dominique Bertail, Jean-David Morvan, Madeleine Riffaud, *Madeleine résistante*, 3 tomes, Éditions Dupuis, 2021.

américano-britannique Margaret Collins Weitz[1]. N'est-ce pas le cas de l'histoire en général, faite aussi par les femmes, même si l'on ne retient presque que les hommes ? Sarcelles a vu fleurir plusieurs œuvres de street art depuis 2015. Plutôt réussies, même s'il faut toujours réfléchir à leur utilisation à bon escient, ainsi qu'aux messages véhiculés. En 2019, l'école Louis-Pasteur souhaite voir leur grand mur pignon orné d'une fresque, à l'instar de sa voisine Pauline-Kergomard. Avec deux de mes adjointes, Chantal Ahounou et Annick L'Ollivier-Langlade, nous avons l'idée d'en faire peindre une, assez unique en son genre, représentant des femmes ayant combattu pour la liberté, à travers les époques et les continents. Notre mini-jury en sélectionne cinq et confie la réalisation à l'artiste parisien engagé Bruce Clarke, né à Londres de parents sud-africains. Anna Langfus et Maryse Condé y figurent, ainsi qu'Assia Djebar, écrivaine franco-algérienne, première Nord-Africaine à entrer à l'Académie française en 2005, Malala Yousafzai, jeune militante pakistanaise, prix Nobel de la paix 2014, grièvement blessée dans un attentat des talibans qui n'appréciaient guère son combat en faveur de la scolarisation des filles, et Olympe de Gouges, femme politique et de lettres, pionnière du féminisme français, exécutée par le zèle révolutionnaire à l'égard des Girondins. De toutes nos fresques, celle-ci a de loin la plus grande portée pédagogique.

« Ce n'est ni au préfet de région ni au ministre de l'Éducation nationale de se prononcer, ou de valider le choix fait par une collectivité. » C'est en ces termes que Pap Ndiaye a répondu au printemps 2023 au courrier adressé par Valérie Pécresse, lui demandant de se positionner sur le nom d'un

1. Margaret Collins Weitz, *Les combattantes de l'ombre : histoire des femmes dans la Résistance*, Albin Michel, 1996. Préface de Lucie Aubrac.

lycée de Saint-Denis. La présidente de la région Ile-de-France ne souhaite pas que celui d'Angela Davis, choisi par le maire de la commune en 2018, soit retenu, lui préférant Rosa Parks. La presse s'en est fait l'écho en parlant de « polémique[1] » entre la tête de l'exécutif régional et le ministre, mais je considère que tous les deux ont raison. Le ministre sur la forme, ce n'est pas à son Administration de trancher. La présidente sur le fond, puisque j'ai moi-même écarté Angela Davis de la fresque mentionnée ci-dessus, non pour ses valeureux combats en général, mais parce que ses propos sur la laïcité française[2] n'ont pas leur place à l'école, sanctuaire laïc par excellence. Pour les élus locaux en recherche de noms représentant la diversité de notre pays, on recommandera le recueil « Portraits de France », comportant une liste de 318 personnalités françaises issues de l'immigration ou des outre-mer, élaborée, sur commande présidentielle, par un conseil scientifique présidé par Pascal Blanchard. L'exposition du même nom, que nous avons accueillie à Sarcelles, détaille 58 portraits parmi les 318. Elle vaut le détour.

La culture est éminemment politique. Assumons-le localement aussi. Le sociologue Jean Viard considère non seulement que la culture est un élément structurant dans la ville, mais aussi que l'on fabrique de la ville avec de la culture[3]. Il raconte comment il a contribué à remonter le théâtre de Châteauvallon à Toulon en 1997 à la demande de la ministre de la Culture, à la suite de sa fermeture par la mairie FN en

1. Sylvie Lecherbonnier, « Polémique entre Pap Ndiaye et Valérie Pécresse sur un lycée Angela-Davis à Saint-Denis », *Le Monde*, 18 avril 2023.

2. « Angela Davis : "Les États-Unis sont en train de vivre une contre-révolution" », propos recueillis par Carine Fouteau et Jade Lindgaard, Mediapart, 30 novembre 2016.

3. Jean Blaise, Jean Viard, *Pour une autre politique culturelle, remettre le poireau à l'endroit*, Éditions de l'Aube, « Mikros », 2022.

1995. Ils ont mené et gagner le combat, avec Boris Cyrulnik, qui a pris la présidence de ce centre dramatique national. Quand le FN a perdu la mairie en 2001, le théâtre était sauvé. Ils ont donc tous les deux démissionné, considérant leur mission accomplie : la culture était restée vivante. Jean Viard explique aussi s'être fait élire conseiller municipal de Marseille en 2008 pour préparer l'événement de 2013 où la cité phocéenne allait devenir la capitale européenne de la culture. « Les gens de culture avaient prévu des spectacles, de nombreuses initiatives de qualité. Mais moi, ce que je voulais, c'était que le Vieux-Port soit piétonnisé, pour que l'on puisse y être à quatre cent mille le soir de l'inauguration, [...] des jeunes à casquettes, des bourgeoises qui serraient leur sac à main, des ados, des vieux, des habitants des quartiers nord et des quartiers sud qui se fuient d'ordinaire. Il n'y a eu qu'un seul arrachage de portefeuille[1]. » Des exemples éclairants et généralisables, dont le sociologue justifie l'intérêt en partant de l'évolution de nos modes de consommation. « Nos sociétés sont des sociétés où l'on a fait rentrer dans l'espace privé l'essentiel de ce qui était hier dans l'espace public, avec la télévision, les CD, les livres, l'animal, le point d'eau, le jardin, la nature si possible... Donc ce que dans les années 1960, 1970, on voulait mettre à la disposition du peuple avec l'animation, la démocratisation de la culture, les espaces verts, etc., on l'a fait rentrer dans nos terrains privés. Alors que reste-il dans l'espace public ? À un moment, il ne restait presque rien[2]. »

Sarcelles, place de France, 24 juillet 2022. Fin du deuxième soir de notre festival des Polykromies. Lancé l'année précédente, il s'inscrit précisément dans l'objectif qu'énonce Jean

1. *Ibid.*, p. 13-14.
2. *Ibid.*, p. 14-15.

Viard dans l'ouvrage précité, publié quelques mois plus tard. Dans la catégorie « au-delà du vivre-ensemble », il y a « vivre des émotions ensemble ». Quoi de mieux pour cela qu'un concert gratuit devant une foule diverse réunie sur la place centrale du Grand Ensemble ? En pleine déshérence avant sa requalification imminente via le nouveau projet de renouvellement urbain, seul l'art peut lui redonner vie le temps d'une soirée. La première édition a été ouverte par Renaud Capuçon et les solistes de Lausanne, avec une interprétation enjouée de Mozart, harmonieusement accompagnée par la fine fleur des danseurs hip-hop de Sarcelles. Le salut à l'archer du violoniste prodige aux agentes d'entretien du centre administratif qui contemplaient la répétition depuis les fenêtres des bureaux qu'elles nettoyaient est resté gravé dans nos mémoires, comme le clin d'œil complice de deux mondes si éloignés que l'on aime d'autant plus les rapprocher. Yvan Cassar, qui accompagnait Natalie Dessay le premier soir de 2022, s'est pris d'affection pour les enfants des écoles venus assister aux balances et a promis de revenir pour eux, *pro bono*.

Ce 24 juillet, c'est Djura qui enchante un public nombreux et familial, avec un répertoire particulièrement riche : chants traditionnels kabyles, reprises de Georges Brassens et d'Édith Piaf, compositions personnelles, dont le terriblement touchant « Nora », dédié à cette jeune femme victime d'un crime d'honneur dans les années 1980. Djura, née en Algérie, a grandi entre La Courneuve et son pays d'origine. Chanteuse, musicienne, réalisatrice, écrivaine, elle est avant tout une femme engagée pour la liberté. Ces combats lui ont coûté cher, mais elle est là, devant nous, debout et fière à soixante-treize ans, accompagnée d'un orchestre puissant, harmonieux, et de choristes aux voix sublimes. Elle nous transporte dans son univers avec talent et générosité. Le public est aux anges.

À 23 heures, je monte derrière la scène avec mon conseiller municipal délégué et directeur artistique du festival, Éric Checco, qu'elle appelle « son jumeau », pour lui dire qu'il est l'heure de conclure, qu'il lui reste une chanson tout au plus, à cause des autorisations, de la réglementation, du parking qui va fermer, etc. Elle nous répond très calmement et avec le sourire : « Mais il me reste vingt minutes de concert. » Éric se tourne vers moi, embarrassé, il sait que la décision me revient. Moi, je viens de voir et d'écouter le cœur de notre projet en version musicale, enluminée, polychromée et incarnée, à mi-chemin entre le rêve et la réalité, alors je n'hésite pas une seconde : « Djura, vous êtes ici chez vous, vous pouvez jouer autant que vous voulez, le reste, j'en fais mon affaire. »

« Des dizaines de petits pieds foulent le sol de la salle André-Malraux. Plusieurs classes de primaire des écoles de la ville sont venues écouter l'orchestre symphonique de Sarcelles, composé de professeurs du conservatoire et de musiciens extérieurs. Il se réunit environ une fois par an, le volet pédagogique est cher à ses membres », pouvait-on écouter sur France Musique, le 8 juin 2023. Il est vrai qu'avec deux représentations pour les scolaires, un livret pour chaque élève avec code QR donnant accès aux morceaux joués et séances interactives en immersion, l'orchestre symphonique de Sarcelles, qui vient de fêter ses dix ans, est pleinement tourné vers la transmission. Et ce à partir d'un patrimoine musical restauré, celui de Mel Bonis (1858-1937), post-romantique, avant-gardiste, élève de César Franck et premier prix d'harmonie 1880 du Conservatoire national supérieur de Paris. Mélanie-Hélène Bonis, la compositrice aux trois cents œuvres, dont le chef de la formation sarcelloise, Pierre Deville, dira que les meilleures sont les plus orchestrées, a coupé et masculinisé son prénom, estimant qu'apparaître comme femme allait nuire à la crédibilité de ses compositions. Elle qui tenait beaucoup à son rôle de pédagogue apprécierait certainement de savoir que son œuvre est transmise avec passion aux jeunes générations de Sarcelles, où elle vécut les vingt dernières années de sa vie, et que l'orchestre symphonique de la ville explique aux filles et aux garçons que leur talent potentiel et leurs chances de réussite sont rigoureusement les mêmes.

La famille Coffin, celle d'Alice, l'élue écologiste controversée du Conseil de Paris, a hérité d'une tapisserie de Jean Lurçat. Les enfants ont grandi avec cette œuvre d'art dans leur salon. Elle a pour eux une valeur sentimentale incommensurable, celle de la chaleur du foyer et de la transmission. Pour les plus âgés d'entre eux, leur histoire est aussi marquée par la guerre, avec une partie de la famille engagée dans la Résistance, tout comme le fut Jean Lurçat. Après la disparition de leurs parents, ils décident ensemble de transmettre à leur tour, en voulant que cette tapisserie à l'aspect mystérieux soit vue par un maximum d'enfants. Pour cela, fait rare, ils ne souhaitent pas la conserver, mais en faire don à un collège, qui porte le nom de Jean Lurçat. Il y en a de nombreux en France, mais un seul retient leur attention : celui de Sarcelles, alors qu'ils n'ont aucun lien avec la ville. Pourquoi ? Pour le travail qui y est conduit sur la Seconde Guerre mondiale et qu'ils ont repéré à distance. Les enseignants organisent régulièrement des voyages à Auschwitz avec leurs élèves. Le tirailleur sénégalais héroïque Bourama Dieme, qui a fini sa vie à Sarcelles, a eu le droit à une exposition départementale fort documentée et très remarquée, réalisée par les collégiens de l'établissement en juin 2022. La remise officielle de la tapisserie a lieu le 1er février 2023 en conclusion de la journée dédiée aux « Cités éducatives ». Le préfet délégué à l'égalité des chances, après plus de deux ans passés dans notre ville, parlera de « magie sarcelloise » devant un tel spectacle, qui ne doit rien au hasard, mais tout au travail et à la conviction d'un réseau entier d'acteurs.

Je pourrais écrire des pages sur les projets pédagogiques et culturels mis en place par ce réseau. Je pourrais mentionner Dessinez, Créez, Liberté, cette association constituée après les attentats de *Charlie Hebdo*, qui a fait le tour de nos maisons de quartier pour expliquer le rôle des dessins de presse et toute l'étendue de la liberté d'expression, y compris celle de blasphémer. Je pourrais parler du Panthéon des oubliés, qui a fait étape dans notre ville pour présenter ces grandes figures que l'histoire n'a pas retenues et qui ont pourtant contribué à la façonner. Je peux valoriser le fait d'avoir fait accrocher plusieurs expositions sur les murs de notre centre de vaccination régional contre la Covid, au moment où tous les musées étaient fermés. Je peux aussi évoquer les collégiens de Voltaire devenus experts en peintures, capables de commenter les plus grands tableaux européens des trois derniers siècles, exposés en reproduction grandeur nature dans leur établissement. Je félicite encore les élèves de la primaire Marcel-Lelong pour leurs multiples victoires au concours La flamme de l'égalité, visant à faire vivre la mémoire de l'esclavage. Je pourrais raconter comment le public venu écouter le Goncourt 2021, Mohamed Mbougar Sarr, de passage à notre université populaire, est ressorti envoûté par la clairvoyance, l'agilité d'esprit, la précision sémantique et la simplicité d'un homme resté jusque tard dans la nuit pour dédicacer minutieusement son ouvrage à tout un chacun, terminant en échangeant quelques phrases en peul avec la gardienne de l'école voisine. Je peux aussi vous inviter à notre biennale internationale de la gravure pour contempler les œuvres de deux cent cinquante artistes issus de trente-cinq pays ou au plus grand carnaval tropical de la région avec ces six mille festivaliers. Je peux même vous donner rendez-vous en 2025 à Avignon pour admirer *Cyrano*, revu à la sarcelloise avec des jeunes de la ville, professionnalisés par le collectif d'artistes Chapitre XIII. Et je ne peux pas ne pas mentionner « La poésie dans le tissu », ces mots écrits dans toutes les langues par les habitants eux-mêmes sur des étoles de couleur, cousues par leurs soins et accrochées aux fenêtres de leur immeuble. Un projet conçu par Ruedi et Vera Baur, combinant le design, la sociologie et l'anthropologie visuelle, d'un tel charme qu'il fera ensuite étape à Florence. Sarcelles donnant des leçons d'esthétisme au berceau de la Renaissance en Italie, qui l'eût cru ?

Une ville-monde ne compte pas nécessairement des centaines de milliers d'habitants, en revanche, elle est non seulement ouverte sur l'extérieur, mais elle constitue elle-même un centre d'intérêt international. L'urbanisme singulier du Grand Ensemble est un objet d'analyse courant pour les étudiants en architecture, mais c'est surtout cette cohabitation pacifique entre des personnes d'origines aussi différentes, rendue possible par une culture commune, qui suscite l'intérêt et fonde notre modèle, au sens quasi scientifique du terme, c'est-à-dire en formant un original. En quelques mois à peine, des professeurs de droit de l'université de Tel-Aviv, en partenariat avec Sciences Po, qui développent une approche clinique de leur discipline, sont venus l'étudier, les stagiaires de l'école de formation des plus hauts fonctionnaires pakistanais aussi, tout comme les étudiants de l'université de Maryland-Wisconsin aux États-Unis, ou encore Daphne Campbell, une sénatrice de Floride, d'origine haïtienne, qui s'est trouvé des attaches dans notre ville. Et cela, sans compter nos liens avec nos villes sœurs, jumelages historiques ou accords de coopération décentralisés plus récents, Hattersheim en Allemagne, Netanya et Abu Gosh en Israël, Tsidjé aux Comores, Martakert dans le Haut-Karabagh arménien et Bonoua donc, en Côte d'Ivoire. Les principaux projets sont éducatifs et notre message solidaire, le tout dans la clarté des principes qui sont les nôtres et qui nous ont naturellement conduits à soutenir sans ambiguïté l'Ukraine, contre la barbarie de Poutine. Plusieurs établissements scolaires de la région d'Ichnia ont pu échapper au froid hivernal grâce à des générateurs électriques financés par la mission internationale de notre Caisse des écoles.

Yaël German, ambassadrice d'Israël en France jusqu'en février 2023, démissionne de ses fonctions après la formation du dernier gouvernement de Benyamin Netanyahou, le plus à droite de l'histoire du pays. Début janvier, l'ancienne maire de Herzliya et ministre de la Santé a déjà annoncé son départ, mais elle prend soin de terminer son mandat. C'est à ce moment que je la reçois dans mon bureau de l'hôtel de ville, en marge de la commémoration des attentats de l'Hypercacher de la porte de Vincennes, lors de la série meurtrière de janvier 2015, où un jeune Sarcellois, Yohan Cohen, a perdu la vie, à Paris, dans ce supermarché où il travaillait. Nous nous trouvons de nombreux points communs avec Yaël German. Je lui explique ce que l'on fait politiquement et lui remets la BD *La cité des sages*, qui illustre parfaitement le sens de notre action. Elle m'encourage : « Surtout gardez la lumière que vous avez dans les yeux quand vous parlez de Sarcelles. » Elle me dit également que, à soixante-quinze ans, elle doit absolument rentrer chez elle pour se battre, pour empêcher que ne se défasse tout ce qu'ils ont construit avec des générations de militants humanistes depuis la création de l'État d'Israël. Elle aussi aimerait que son pays retrouve ses racines fraternelles.

9
Le sens des politiques publiques : vers la ville durable

« Car le fond du sujet est là : les politiques publiques ont perdu le sens de leur mission et de leur utilité. En se focalisant sur les enjeux budgétaires, elles manquent de vision à long terme et négligent les impératifs de prévention et d'investissement social. En cherchant d'abord à neutraliser les désordres et à cantonner les populations en difficulté, en prétendant garantir la tranquillité du plus grand nombre, elles alimentent une peur qui conduit au repli sur soi », écrivait récemment un collectif de dirigeants de gauche dans une tribune du *Monde*[1]. Leur propos porte sur l'action sociale et médico-sociale, qui appelle une démarche globale et non segmentée ministère par ministère, visant à inclure les populations précaires, plutôt qu'à les invisibiliser. Leur analyse sonne juste et peut d'ailleurs être étendue à toutes les politiques publiques. Pour quel dessein ? Vers quel modèle de société veut-on conduire

1. « Les politiques publiques ont perdu le sens de leur mission et de leur utilité », tribune collective (Laurent Berger, Pierre Coppey, Florian Guyot, Thierry Pech, Nicolas Théry, Stéphane Troussel), *Le Monde*, 16 mai 2023.

notre pays ? Tout politique doit commencer par répondre à ces questions, en proposant un récit, en traçant une perspective et en y inscrivant l'ensemble de son action. Sans cela, aucune mesure prise séparément ne peut faire sens, ni susciter l'adhésion. Sans cela, les citoyens ne voient plus les institutions publiques que comme des prestataires de services dédiés à la satisfaction de leurs seuls besoins individuels, cherchant toujours à maximiser le bénéfice tiré de la collectivité tout en minimisant l'impôt payé, dans une logique purement consumériste. L'inverse de l'intérêt général, en somme.

Qu'a fait Emmanuel Macron en termes de fiscalité ? Première mesure dès 2017 : la *flat tax*, un impôt forfaitaire unique de 30 % sur les dividendes, quand les revenus du travail sont imposés de façon progressive jusqu'à 45 %. Résultat ? La rétribution par dividendes a presque été multipliée par deux, profitant le plus à 310 foyers qui ont gagné plus d'un million d'euros par an chacun[1]. Seconde mesure, le remplacement de l'Impôt de Solidarité sur la Fortune (ISF) par l'impôt sur la fortune immobilière, qui sort de l'assiette les placements bancaires et financiers, les œuvres d'art, les bijoux, les meubles, les voitures, etc. Un allégement considérable de 3,2 milliards, plus élevé que la hausse de la prime d'activité (2,7 milliards), qui est pourtant une mesure positive favorisant le travail. Si l'on ajoute la baisse du taux de l'impôt sur les sociétés, ramené de 33 % à 25 %, on a l'équation gagnante qui a valu au chef de l'État le surnom de « Président des riches ». Un qualificatif non usurpé, même quand on pousse l'analyse un peu plus loin. Malgré la suppression progressive de la taxe d'habitation, qui profite à un grand nombre de Français, les allègements fiscaux ne sont pas équitablement répartis.

1. *Comité d'évaluation des réformes de la fiscalité du capital, troisième rapport*, France Stratégie, octobre 2021.

Le bilan du quinquennat 2017-2022 effectué par l'Institut des Politiques Publiques (IPP)[1], un centre de recherches lié à l'École d'économie de Paris, des universitaires indépendants donc, montre que la baisse des prélèvements obligatoires au profit des ménages a été de 24,4 milliards d'euros, avec une hausse moyenne des revenus de 1,9 %, laissant apparaître des disparités flagrantes : les 5 % les plus pauvres ayant bénéficié d'une augmentation de 0,8 %, contre 3,3 % pour les 1 % les plus riches. Un gain bien plus important en valeur absolue qui représente plusieurs milliers, voire dizaines de milliers d'euros par an pour les plus aisés, quand les autres ont dû se contenter de quelques dizaines ou centaines d'euros tout au plus. La démonstration est sans appel.

Le Président, tentant d'éteindre la colère provoquée par la réforme des retraites, brandit en mai 2023 la promesse de 2 milliards d'euros de baisse d'impôts pour les contribuables les plus modestes d'ici la fin du quinquennat. Comment ? Dans quel objectif ? Comme si la redistribution de richesses pouvait se satisfaire de tels effets de manches. La France a un des taux de prélèvements obligatoires les plus élevés au monde[2], taux qui a augmenté de façon spectaculaire depuis les années 1960 où il n'était que de 30,3 % du Produit Intérieur Brut (PIB), avant de passer à 39,6 % en 1980 et 43,2 % en 2000. Il se contracte un peu ensuite, puis remonte à partir de 2009 pour atteindre 45,4 % en 2022[3]. De la crise

1. « Effets redistributifs des mesures socio-fiscales du quinquennat 2017-2022 à destination des ménages », note de l'IPP, mars 2022.

2. Six points au-dessus de la moyenne de l'Europe à 27, en 2020, deuxième derrière le Danemark. Source : Insee, « Poids des prélèvements obligatoires au sein de l'Union européenne. Données annuelles de 2007 à 2020 », Chiffres clés, 13 juillet 2020.

3. Insee, « Poids des prélèvements obligatoires. Données annuelles de 1959 à 2022 », Chiffres clés, 31 mai 2023.

des *subprimes* à celle de la Covid, le besoin d'injecter massivement de l'argent public dans l'économie n'a laissé que peu de marges aux engagements de baisse d'impôts. Même si l'impératif de contrecarrer les crises a été principalement financé par l'emprunt, son remboursement exige un niveau de rentrées fiscales incompatible avec une diminution significative des prélèvements obligatoires. L'évolution de la dette publique a d'ailleurs suivi la même tendance que celle des impôts : 21 % du PIB en 1980, 60 % en 1996, elle passe la barre des 80 % en 2010 à la suite de la crise financière et celle des 100 % depuis la Covid, pour s'établir à 111,6 % en 2022[1]. En supposant que nous ne rencontrions pas de nouvelles crises mondiales inattendues dans les années à venir, ce qui reste une hypothèse très optimiste, pourrait-on envisager de réduire massivement les impôts ? C'est très peu probable.

Plus grave que toutes celles citées jusqu'ici, mais prévisible cette fois, la crise environnementale va exiger des efforts considérables, y compris financiers. Jean Pisani-Ferry et Selma Mahfouz ont chiffré ce coût dans un rapport remis en mai 2023 à la Première ministre[2]. L'addition sera tout sauf indolore : entre 250 et 300 milliards d'euros en cumulé à horizon 2030, et peut-être même 750 milliards d'ici 2040. Pourquoi ? Essentiellement pour investir dans les énergies renouvelables et réaliser les opérations de rénovation thermique, chantiers colossaux qui pèseront obligatoirement sur les dépenses publiques et privées. Côté entreprises, les investissements n'engendreront pas de création de richesse économique supplémentaire à court terme, ce qui obérera la

1. Insee et Fipeco, « Le montant et l'évolution de la dette publique », 10 mai 2023.
2. Jean Pisani-Ferry et Selma Mahfouz, *Les incidences économiques de l'action pour le climat*, rapport à la Première ministre, France Stratégie, mai 2023.

croissance. Côté ménages, les biens et services coûteront plus cher, avec le risque de contraction de la consommation que cela comporte. L'exemple de la voiture électrique est parlant : elle coûte en moyenne 10 000 euros de plus qu'un véhicule thermique. Plus de dépenses publiques, moins de demande privée et moins de croissance, autant dire qu'il faudra oublier toute réduction générale du taux de prélèvements obligatoires, ainsi que toute stratégie de baisse drastique de l'endettement. Il y a certes des économies à réaliser sur d'autres postes du budget de l'État et des collectivités, mais, même en les faisant, les dépenses comme les recettes publiques devront rester à un niveau élevé si l'on veut éviter le mur écologique, dont le coût économique et environnemental serait insoutenable, tout en programmant les autres investissements indispensables à la qualité de nos infrastructures et services publics. Mais une telle perspective n'est acceptable qu'à deux conditions.

La première, c'est que le projet soit désirable. Construire un monde plus sain, pour nous et pour les générations qui viennent, en est un, encore faut-il le présenter ainsi et le porter politiquement à la hauteur de l'enjeu. Surtout qu'il ne s'agit pas de renoncer définitivement à la croissance et à la création de richesses, mais de les redéfinir dans une version plus sobre et moins consommatrice de ressources naturelles. Il faut donc opérer des choix, certes coûteux à court terme, mais qui produiront des effets économiques positifs ensuite, notamment grâce aux innovations que la transition écologique va générer. Le processus à enclencher est celui de l'achèvement d'un cycle industriel pour qu'advienne la naissance d'un autre, phénomène que Joseph Schumpeter, économiste de l'innovation par excellence, appelait la destruction créatrice. Au-delà de la perspective économique positive, il y a évidemment l'amélioration du bien-être collectif, non entièrement mesurable mais prioritaire sur toute autre considération, consécutive au passage d'un régime de production et de consommation polluant à un autre, décarboné et durable.

La seconde condition, c'est que l'effort soit équitablement partagé. Il sera difficile de ce point de vue d'en demander davantage aux plus modestes et de les obliger à choisir, selon l'expression consacrée, entre la fin du monde et la fin du mois. « Nous préconisons un impôt exceptionnel et temporaire, assis sur le patrimoine financier des 10 % de ménages les plus aisés, et calibré en fonction du coût anticipé de la transition pour les finances publiques. D'ici à 2050, ce prélèvement pourrait représenter de l'ordre de 5 milliards d'euros par an. Ce n'est pas uniquement une question de ressources : il s'agit de convaincre les Français de ce que la charge est équitablement répartie », explique Jean Pisani-Ferry dans la foulée de la sortie du rapport[1]. Proposition qui donne le sentiment d'avoir retrouvé l'époque où l'économiste conseillait Lionel Jospin à Matignon, moins celle où il essaie d'inspirer l'actuel Président. Ce dernier n'a d'ailleurs pas fait montre d'un enthousiasme débordant quant à cette hypothèse, pourtant majeure, pas plus qu'il n'avait été sensible au « Plan de réconciliation nationale » remis par Jean-Louis Borloo en 2018, qui aurait pu être salutaire, mais dont seule l'idée de créer des Cités éducatives a été appliquée. Le Président ne s'éloigne qu'à la marge de sa doxa libérale. Il faut lui reconnaître cette persistance.

Une nouvelle étude de l'IPP montre que, pour les milliardaires, l'impôt sur le revenu ou le patrimoine immobilier ne représente qu'une fraction négligeable de leurs revenus

1. Jean Pisani-Ferry : « Nous préconisons un impôt exceptionnel sur le patrimoine financier des plus aisés pour la transition climatique », propos recueillis par Audrey Tonnelier, *Le Monde*, 22 mai 2023.

globaux[1]. Or le sursaut citoyen collectif dont nous avons besoin est incompatible avec une telle sécession fiscale, d'autant plus que la transition écologique pèsera davantage sur les ménages modestes, dont le pouvoir d'achat sera mécaniquement plus affecté que la moyenne. Les aides spécifiques pour rénover son logement ou pour acquérir un véhicule propre permettront de compenser partiellement cette inégalité. Mais l'exemplarité des plus aisés est indispensable pour faire accepter collectivement l'évolution généralisée vers la sobriété des modes de vie, de déplacement, de production et de consommation. Il n'est jamais évident de bouleverser des habitudes confortablement ancrées depuis la période de croissance et d'élévation substantielle des niveaux de vie, et pourtant il faudra le faire, et même avec une certaine dose d'enthousiasme.

L'exemple de la voiture est le plus parlant. En plus de la fin du thermique, son usage doit reculer. Quel intérêt a-t-on à parcourir en voiture un trajet que l'on peut effectuer à pied ou en transports en commun dans de bonnes conditions et dans un laps de temps similaire ? Aucun, ni d'un point de vue économique, ni d'un point de vue écologique, ni pour la santé, encore moins pour le vivre-ensemble, le civisme au volant étant peu fréquent. Cependant, dans nos quartiers populaires, la transition sera tout sauf simple. Quand on regarde les photos du Grand Ensemble vu de haut dans les années 1960 ou 1970, deux différences flagrantes apparaissent par rapport à la situation actuelle : les arbres sont petits, leur grande taille amène désormais une fraîcheur appréciable dont les pionniers ne bénéficiaient pas ; les voitures étaient au bas mot quatre ou cinq fois moins nombreuses, la ville appartenait aux piétons, et cela a participé à tisser ce lien social cher à l'histoire de

1. « Quels impôts les milliardaires paient-ils ? », note de l'IPP, juin 2023.

Sarcelles. Puis la voiture est progressivement devenue le mode de déplacement par défaut, le moyen d'accéder à l'autonomie et à un statut social, quand elle ne s'est pas tout simplement avérée indispensable pour aller travailler, même si cela concerne une minorité de situations. Le conflit d'usages entre piétons et cyclistes d'un côté, automobilistes de l'autre, devra se régler au profit des mobilités douces. La déconstruction demandera à la fois de la pédagogie, le développement de modes de transport alternatifs, des mesures financières et réglementaires, et l'adhésion à un projet égalitaire. On ne fera pas reculer la voiture chez les plus pauvres si on continue d'autoriser l'usage du jet privé chez les plus riches.

Faut-il généraliser la gratuité des transports publics ? 376 communes en tout et 5 agglomérations de plus de 100 000 habitants (Dunkerque, Niort, Aubagne, Calais et Montpellier) l'ont adoptée. Mesure radicale pour faciliter la transition vers des mobilités propres et collectives, elle est moins facile à mettre en place en région parisienne. Le coût pour la métropole de Montpellier, 450 000 habitants, la plus importante à avoir choisi la gratuité, est estimé à 24 millions d'euros par an[1]. La même mesure reviendrait à priver Ile de France Mobilités de près de 3,6 milliards d'euros de recettes[2], un rapport d'échelle de 1 à 150 qui fait réfléchir à deux fois. « Si par sa simplicité la gratuité totale des transports collectifs ouvre la voie à une véritable révolution sociale des mobilités, son bilan environnemental est jusqu'à présent mitigé. En tout état de cause, elle n'a qu'une capacité limitée à engager une transformation en profondeur de la société et de l'espace. Elle doit nécessairement s'inscrire dans un projet global », peut-on

1. « Gratuité des transports en commun : une option qui fait débat », Vie publique – Au cœur du débat, vie-publique.fr, 3 novembre 2022.
2. Source : www.iledefrance-mobilites.fr

lire dans le résumé d'un rapport d'information sénatorial de 2019[1] établi sur des bases internationales, sonnant comme un énième rappel à penser l'action publique de façon systémique. Quand on ne peut pas offrir la gratuité des transports publics, il faut veiller à y maintenir une tarification moins coûteuse que l'utilisation de la voiture, tout en travaillant sur la qualité des infrastructures de transports en commun. Étant donné le besoin d'investissement du réseau francilien, il est préférable de conserver ces ressources et de les injecter dans son développement et sa modernisation, tout en poursuivant, avec l'aide des entreprises et des collectivités, une politique de justice tarifaire vers les jeunes, les seniors, les personnes en situation de handicap et les plus précaires.

Sarcelles est traversée par le RER D, la ligne H du transilien, le tramway T5 reliant Saint-Denis à Garges-lès-Gonesse et huit lignes de bus. Un maillage significatif qui permet d'aller chercher les emplois et les études à Paris sans trop de difficulté, le déplacement de banlieue à banlieue restant, lui, plus complexe. Mais ce n'est pas suffisant. Les transports sont quasi tous pleins, voire bondés aux heures de pointe. Et le fonctionnement du RER D, celui du Grand Ensemble, souvent problématique. Or nous n'atteindrons pas la mobilité décarbonée sans améliorer encore ce réseau, en fréquence, en qualité des rames et autobus utilisés, ainsi qu'en lignes indispensables. Oubli d'origine, le raccordement des grands ensembles de l'est du Val-d'Oise à la plateforme aéroportuaire de Roissy-Charles-de-Gaulle n'est toujours pas en vigueur. Après plus de vingt-cinq ans de négociations, trois bus à haut

1. « La gratuité totale des transports collectifs : fausse bonne idée ou révolution écologique et sociale des mobilités ? », rapport d'information, Michèle Vullien, présidente, Guillaume Gontard, rapporteur. Sénat, 25 septembre 2019.

niveau de service devraient voir le jour dans les deux ans à venir. Force est de constater que la capacité de la puissance publique à prendre promptement des décisions structurantes n'est plus ce qu'elle était en 1954. Si chacun peut comprendre que les normes à respecter et les modalités de concertation devaient gagner en consistance, la force d'inertie de l'action publique peut prendre aujourd'hui des proportions qui dépassent l'entendement. Surtout que le raccordement de Sarcelles à Roissy ne saurait se satisfaire d'un bus, fût-il à haut niveau de service.

Nul besoin d'une autoroute urbaine non plus. Le projet d'avenue du Parisis, précédemment Boulevard Intercommunal du Parisis (BIP), anciennement Autoroute Interurbaine de Seine-et-Oise (ARISO), remonte à 1939 dans sa première version. C'est dire si l'idée est moderne et pensée dans les conditions de préoccupations environnementales actuelles. Destiné à relier l'autoroute A15 depuis Argenteuil à l'A1 à Gonesse pour rejoindre l'aéroport Roissy-Charles-de-Gaulle, l'ouvrage a été partiellement réalisé, mais il manque son tronçon central. Refusé par la plupart des communes de la vallée de Montmorency, s'il devait voir le jour, il s'arrêterait à Sarcelles, générant un flux de plusieurs dizaines de milliers de voitures par jour sur une « deux fois deux voies », avec son échangeur volumineux, qui scinderait la ville et accentuerait la fracture géographique et sociologique entre le Grand Ensemble et le village, en pleine contradiction avec la philosophie de notre projet. Sans parler des embouteillages géants en pleine ville que ce type de voirie risquerait de provoquer, en vertu d'un principe simple : toute infrastructure routière en milieu urbain génère à terme sa propre saturation. Le périphérique parisien en constitue le parfait exemple.

Le tout-routier étant terminé, Sarcelles rêve aujourd'hui d'être desservie par le métro. La ligne 19 du Grand Paris apparaît à cet effet comme une excellente option. Dans un tracé possible, elle relierait La Défense à Roissy, via Argenteuil et Sarcelles. Le Conseil départemental du Val-d'Oise défend ce parcours dont il s'est assuré de la faisabilité technique. Le reste n'est plus qu'une question de volonté politique. Avec sa présidente LR, Marie-Christine Cavecchi, nous ne sommes pas d'accord sur tous les sujets, je siège dans l'opposition de l'assemblée qu'elle préside, mais il y a des projets où l'intérêt général est si évident que nous ne pouvons que coopérer à son service. Une telle infrastructure, parce qu'elle raccorderait toutes les communes de deuxième couronne desservies par la ligne à la formidable dynamique régionale, recèle un immense potentiel de développement durable.

Développer les modes de transport propres et collectifs, faire progressivement reculer la voiture des centres-ville pour les rendre aux piétons et aux mobilités douces, l'orientation à généraliser s'énonce simplement. Strasbourg, Rennes, Nantes, Lyon et Bordeaux, parmi les capitales régionales, tirent leur épingle du baromètre des communes les plus « marchables », établi pour la première fois en 2021 par trois associations nationales de randonneurs et de piétons[1]. Des villes que l'on retrouve d'ailleurs régulièrement dans le classement des plus agréables à vivre et qui ont accompli de réels progrès en matière environnementale : outre la promotion des transports en commun, la préservation des espaces naturels, une attention particulière à la gestion des déchets et au développement des énergies renouvelables. Mais ce baromètre montre aussi autre chose : les villes denses, laborieuses, qui accueillent en

1. Fédération française de randonnée, 60 millions de piétons, rue de l'Avenir, « Baromètre des villes marchables 2021 », dossier de presse, septembre 2021.

outre des populations précaires et une part importante de l'immigration, Paris, Marseille et leurs banlieues, sont très mal classées à l'inverse des villes cossues et complètement gentrifiées. Quelles conclusions en tirer ?

Comprenons d'abord que toutes les villes ne remplissent pas les mêmes fonctions sociales et ne sont donc pas entièrement comparables. Même avec le meilleur effort de mixité sociale que l'on pourrait entreprendre, ce qui est loin d'être le cas aujourd'hui, une cité ouvrière ne ressemblera jamais à une station balnéaire, et vice versa. Ce n'est d'ailleurs pas bien grave, tant que la station balnéaire admet qu'elle a besoin pour remplir sa saison haute des congés payés de nombreux travailleurs, et donc des villes qui les logent, tant que les bourgades résidentielles entendent que les ouvriers des sociétés de BTP qui construisent leurs rangées de maisons se logent dans des villes à caractère social. On devrait d'ailleurs songer, vu l'ampleur des fractures que connaît notre pays, à jumeler entre elles des villes de France dissemblables. Entendons ensuite que la transition écologique va demander un travail variable selon les territoires. Les caractéristiques démographiques et sociologiques des lieux les plus urbains et les plus fragiles créent des exigences plus importantes en termes de préservation du cadre de vie, mis à rude épreuve par l'usage intensif qui en est fait par des populations nombreuses et généralement plus soucieuses de social que d'environnemental. À l'exception d'une avant-garde et de quelques jeunes qui organisent périodiquement des *clean challenges*, le message écologique est relativement peu assimilé aujourd'hui dans une ville comme Sarcelles. Même la gestion différenciée des espaces verts, laissant la nature reprendre ses droits au maximum se heurte à l'incompréhension de nombreux habitants, pour qui l'herbe haute serait sale. Quand on sait que la laisser pousser peut faire baisser jusqu'à 5 degrés la température de l'air et de 25 degrés celle du sol lors de pics caniculaires[1], il nous faut réexpliquer les priorités et le sens de l'histoire. Nous nous accordons un délai de deux ans tout au plus pour y parvenir.

Mais la préservation de l'environnement ne se limite pas à cela. En dépit des apparences, des classements des villes vertes, des scores des partis écologistes aux élections ou des mesures qu'il reste à prendre, nos banlieues sont plutôt de bonnes élèves en matière de bilan carbone. Pourquoi ? Parce qu'elles cumulent deux qualités essentielles au regard des émissions de CO^2 : la faiblesse des revenus et la densité urbaine. Selon l'OFCE (Observatoire Français des Conjonctures Économiques) et l'ADEME (Agence De l'Environnement et de la Maîtrise de l'Énergie), l'empreinte carbone des 10 % de ménages les plus riches est 2,11 fois plus forte que celle des 10 % les plus pauvres. Si l'on ajoute le nombre de personnes que comptent les ménages, relativement moins chez les plus aisés, le rapport entre les deux catégories de population passe à 3,9[2]. Et l'urbanisme joue aussi. « La réduction de nos émissions passe par la ville. Malgré un niveau encore bien trop élevé, l'environnement urbain est déjà celui qui minimise les émissions par habitant. Mieux, c'est aussi celui qui offre l'un des plus importants potentiels pour atteindre la neutralité carbone », explique Aurélien Saussay, économiste à la London School of Economics[3], dans un raisonnement similaire à celui du GIEC dans son rapport 2022, qui estime que la croissance de la population urbaine n'est

1. Selon les tests réalisés par la chambre d'agriculture du Lot : « Herbe & Fourrages », bulletin *Agricultures et Territoires*, n° 10, 11 juin 2021.

2. Muryel Jacque, « Climat : l'empreinte carbone des ménages ne dépend pas seulement de leurs revenus », *Les Échos*, 9 janvier 2020.

3. Aurélien Saussay, « La neutralité carbone passera par un habitat en ville ! », *Alters Média*, n° 2, 15 janvier 2021.

pas une mauvaise nouvelle, à condition que les villes fassent les bons choix d'aménagement, de construction et de modèle énergétique. Avec une densité comparable à celle de Paris, 20 000 habitants au kilomètre carré, et son côté précurseur de la ville du quart d'heure, le Grand Ensemble de Sarcelles et ses habitants émettent à l'évidence moins que la moyenne sur le poste transports, malgré une utilisation trop importante de la voiture, ainsi que sur le poste logement, puisque l'habitat collectif et vertical est plus sobre en énergie.

Il l'est d'autant plus à Sarcelles que le chauffage provient d'un réseau central, alimenté à 74 % par la combustion des déchets ménagers du territoire, ce qui constitue une énergie propre en circuit court. Il reste à convertir les 26 % restants en non-fossile au lieu du gaz actuel, un effort bien moins important à consentir qu'ailleurs. Quant aux rénovations thermiques bâtimentaires, plus du tiers du parc social a déjà été ou est en train d'être traité. Il le sera majoritairement avant 2030, notamment dans le cadre du Nouveau Programme National de Renouvellement Urbain (NPNRU). Le parc privé n'est pas en reste, puisque nous avons contractualisé une Opération de Requalification des COpropriétés Dégradées (ORCOD) avec l'État et les principaux institutionnels, qui devra spécifiquement cofinancer la rénovation thermique des 90 % de copropriétés de la ville concernées par l'opération. Et les propriétaires particuliers peuvent disposer des services d'une plateforme d'appui dédiée via la communauté d'agglomération. Il y a bien d'autres initiatives déjà prises et davantage encore à prendre. La cantine bio et en circuit court en fait partie, François Dechy a réussi à la mettre en place dans une première école de Romainville, avec une baisse de prix du repas de 7,35 euros à 6,38 euros, et se laisse dix ans pour la généraliser à toute sa commune[1]. Notre population scolaire est deux fois plus importante, mais nous espérons y arriver avant vingt ans. Quoi qu'il en soit, par ses caractéristiques sociales et urbaines, et par son programme de rénovation énergétique, Sarcelles est bien partie pour devenir une ville durable.

Enfin presque, car il faut s'interroger sur cette notion de durabilité, qui ne se confond pas avec les seuls enjeux climatiques. La définition de référence, dont la portée est parfois oubliée, date de 1987, lorsque la Première ministre norvégienne, Gro Harlem Brundtland, présidait la Commission mondiale sur l'environnement et le développement de l'Onu : « Le développement durable est un mode de développement qui répond aux besoins des générations présentes sans compromettre la capacité des générations futures de répondre aux leurs. Deux concepts sont inhérents à cette notion : le concept de "besoins", et plus particulièrement des besoins essentiels des plus démunis, à qui il convient d'accorder la plus grande priorité, et l'idée des limitations que l'état de nos techniques et de notre organisation sociale impose sur la capacité de l'environnement à répondre aux besoins actuels et à venir[2]. » On parle donc bien d'un mode de développement, pas d'un arrêt de développement, ni d'un retour en arrière. Et la question sociale est explicitement aussi importante que celle de l'environnement. Autrement dit, il n'y a pas de développement durable dans une société précarisée, inégalitaire et qui ne réponde pas aux besoins essentiels de sa population. Le

1. Maïa Courtois, « C'est une première en Ile-de-France : une cantine passe au 100 % bio et local », *Reporterre, le média de l'écologie*, 31 mai 2023.

2. Gro Harlem Brundtland, *Our Common Future* (« Notre avenir à tous »), rapport de la Commission mondiale sur l'environnement et le développement de l'Organisation des Nations unies, 1987.

raisonnement peut être décliné à l'échelle d'une ville. On ne peut pas la qualifier de durable si elle s'appauvrit continuellement et ne réalise pas les investissements indispensables à l'avenir de sa population.

« Il s'agit d'un département particulièrement pauvre au cœur d'une région particulièrement riche, pour ne pas dire la plus riche et la plus puissante de France sur le plan économique, et peut-être même d'Europe », analyse le président du département de Seine-Saint-Denis, le socialiste Stéphane Troussel[1]. Il explique aussi que la décennie qui s'ouvre est pour son territoire celle des grands projets structurants : Grand Paris Express, Jeux olympiques, ainsi que d'importants équipements publics et universitaires. Elle constitue en cela une formidable opportunité pour le politique de réduire les inégalités, à condition de prendre le problème à bras-le-corps. La même logique s'applique à l'est du Val-d'Oise, qui connaît des problématiques similaires, sans toutefois avoir la force de frappe de ses voisins séquano-dionysiens, ni le même degré d'avancement des projets, mais il possède des atouts certains : l'aéroport de Roissy, le triangle de Gonesse, dont le projet est devenu éco-compatible, une gare du Grand Paris Express, peut être deux, un département et une communauté d'agglomération qui disposent de moyens considérables.

La ville de Sarcelles est la plus importante de cette intercommunalité, abritant 1/6e de la population totale des 42 communes constitutives de Roissy Pays de France. Cette politique des grands projets est la nôtre. Ils redonnent espoir dans l'avenir, ils sont le support de nos indispensables politiques éducatives, culturelles et sportives, ils créent de l'emploi, ils donnent confiance aux investisseurs privés et

1. Stéphane Troussel, *Seine-Saint-Denis. La République au défi*, entretien avec Madani Cheurfa, Éditions de l'Aube, « Paroles d'acteurs », 2022, p. 64-65.

rendent nos villes attractives. Keynes a théorisé les vertus économiques de l'investissement public dès les années 1930 en démontrant l'effet multiplicateur des revenus générés, Franklin Roosevelt leur a donné une place centrale dans son New Deal à la même époque et Joe Biden les place en 2020 au cœur de son *Build Back Better Plan*, doté de 1 900 milliards de dollars. Indispensables au côté des investissements privés pour les rénovations thermiques, la production d'énergies renouvelables et les transports propres, ils doivent aussi permettre de relocaliser les équipements et services à portée de mobilités douces. L'investissement public au service du développement durable mérite plus et mieux, en France et en Europe.

29 juin 2020. Coup de fil du préfet du Val-d'Oise pour me féliciter de la victoire aux élections municipales. Élégant geste républicain. Nous avions bien collaboré durant la période Covid et des liens de confiance se sont instaurés. Il a été sensible aux particularités de la ville et souhaite apporter sa contribution. Il me propose de construire un nouveau commissariat. Les crédits sont rares et le besoin critique. Non que le niveau d'insécurité soit relativement pire qu'ailleurs, la ville a été classée 126 sur 172 par ordre croissant d'insécurité dans un palmarès régional dressé par le journal *Le Parisien* fin 2022[1], alors qu'elle est la dixième plus pauvre selon l'Observatoire des inégalités[2], mais parce que l'actuel commissariat est vétuste, enclavé, pas vraiment digne d'une ville de 60 000 habitants, ni d'un arrondissement de police de 145 000. « Merci, monsieur le préfet, évidemment que je suis partant.

1. Marion Canu et Victor Alexandre, « Quelles sont les villes les plus sûres d'Ile-de-France ? Découvrez notre classement exclusif », *Le Parisien*, 20 novembre 2022.
2. *Rapport sur la pauvreté en France*, Observatoire des inégalités, 3e édition 2022-2023, novembre 2022.

On se voit quand ? Vous avez votre agenda ? » Le process est un peu plus long que cela, en réalité, mais le chantier est acté depuis le plan de relance de 2021, et programmé pour une inauguration en 2027. Le seul emplacement disponible qui correspondait aux prescriptions drastiques de la direction générale de la police nationale est parfaitement situé, au cœur de la ville et de l'agglomération. C'est actuellement un terrain de football synthétique qui arrive en fin de vie. Il sera reconstruit trois cents mètres plus loin, et le commissariat s'installera au sein du centre sportif, celui qui accueillera la flamme olympique et des équipes d'entraînements lors des JO 2024. Et de cette opportunité foncière m'est venue une idée : en faire un modèle de rapprochement police-population. Ce ne sera d'ailleurs pas du luxe, tant ces rapports se sont distendus depuis la fin de la police de proximité en 2002. Une Police de Sécurité du Quotidien (PSQ) a été mise en œuvre en 2017, mais, au bout de deux ans et malgré son utilité localement reconnue, ses effectifs sur le terrain se sont réduits comme peau de chagrin. La situation est aujourd'hui préoccupante. Réduire ce fossé est devenu une urgence républicaine qui nous incombe à tous.

Dans notre projet, le commissariat sécuriserait le complexe, les policiers travailleraient dans un lieu flambant neuf et bénéficieraient d'équipements sportifs de haute qualité, du club house de tennis à la piscine olympique, des terrains de football dernier cri à la piste d'athlétisme, des appareils de musculation aux dojos de judo et de karaté, en passant par le tir à l'arc, le tout ponctué d'actions avec les scolaires, les sportifs, les jeunes et plus généralement les habitants de la ville. En termes de qualité de vie au travail et de promotion des valeurs républicaines, le projet se voudra exemplaire. En termes de sécurité aussi, car nous assumons que cela correspond à un besoin structurel de la population, presque au même titre que le pôle universitaire, qui sera d'autant plus attractif que la ville sera sécurisée. Faire de Sarcelles une ville sûre et apprenante : deux conditions de durabilité.

Mais tout ne porte pas à l'optimisme. La dynamique de peuplement de Sarcelles n'est pas bonne, et ce n'est pas nouveau. Il est toujours difficile de maintenir ou de faire venir des classes moyennes, malgré le travail considérable que l'on peut mener pour rendre la ville attractive : rénovation, réhabilitations, grands équipements, politique éducative et culturelle proactive, sécurité et cadre de vie, diversification de logements, lutte contre les marchands de sommeil, attributions visant la mixité, etc. Le contingent de logement social le plus important revient à la préfecture et à travers le statut du Droit Au Logement Opposable (DALO), tout à fait louable en soi, les plus précaires nous sont systématiquement envoyés. Un nouveau système d'attribution est en cours et devrait permettre de retrouver un peu de mixité, et encore, rien n'est certain. Mais tant que la société produira autant de pauvres qu'il faudra bien loger et que l'État n'imposera pas véritablement la loi SRU aux communes qui ne jouent pas le jeu, l'équation sera difficile à tenir. Outre la précarité et la jeunesse, la caractéristique majeure des populations qui viennent vivre à Sarcelles, comme dans tous les quartiers prioritaires de la politique de la Ville, via le parc social ou les copropriétés bon marché, quand ce n'est pas via un système parallèle, est son lien avec l'étranger. Nous sommes devenus des villes d'immigration. L'explication historique, nous l'avons produite au chapitre 3. Mais que faire aujourd'hui ?

Surenchère à droite, embarras à gauche, souvent réduit à des positions simplistes, le débat sur l'immigration se distingue rarement par sa hauteur de point de vue, son pragmatisme ou sa subtilité. Menace ou chance ? Comme si la complexité d'un processus en cours depuis plusieurs siècles, aux conséquences multiples, concernant des dizaines de millions de personnes arrivées en France pour diverses raisons depuis une multitude de pays, pouvait se satisfaire de schémas de pensée binaires. Ce livre n'ayant pas pour objectif de préparer des propositions de loi, mais de poser des principes, établissons-en quelques-uns. L'immigration est un sujet sérieux et éminemment politique. Un État-nation a le droit et même le devoir d'opérer des choix en la matière, comme sur tout autre sujet. Certains camarades à gauche fustigent la politique du chiffre. S'il s'agit de critiquer une vision purement comptable et budgétaire de l'immigration, ils ont raison. En revanche, toute politique, même la plus humaine, n'échappe pas à des réalités matérielles et quantifiables venant cadrer le champ des possibles. La France a besoin d'une immigration de travail. Le phénomène n'est pas nouveau et va se poursuivre avec les besoins de rénovation énergétique et de construction de logements qui nous attendent. Admettons-le, nous ne saurons pas faire sans main-d'œuvre étrangère. Non seulement dans le BTP, mais aussi dans les métiers dits « en tension », comme la restauration. Pourquoi le sont-ils ? Parce que la plupart des jeunes qui grandissent dans ce pays n'ont pas envie d'exercer des métiers aussi difficiles et peu reconnus. On peut le déplorer et vouloir réhabiliter le travail manuel et celui du tertiaire peu qualifié, en améliorer les conditions de travail et de rémunérations. Il faut d'ailleurs impérativement le faire. Mais rendons-nous à l'évidence, cela ne suffira pas à couvrir l'ensemble des besoins. Il n'y a donc que deux solutions : soit on organise les mouvements, soit on les laisse se dérouler de façon anarchique, avec tous les risques que cela comporte.

Les politiques migratoires françaises et européennes se sont officiellement durcies depuis la fin des années 1980, mais, localement, on a surtout observé une augmentation de l'immigration clandestine. Tous les contrôles d'habitat indigne ou insalubre que nous avons effectués ont révélé que vivaient dans ces logements des travailleurs étrangers avec des titres de séjour périmés ou des demandes d'asile en cours, mais ni régularisés ni expulsés. Or il est indispensable d'accueillir l'immigration dont nous avons besoin dans de bonnes conditions, de statut, de conditions de travail et de logement. En la répartissant mieux sur le territoire, une minorité de villes ne pouvant durablement concentrer l'essentiel de l'immigration. En se donnant les moyens de son intégration effective et de la seule assimilation qui s'impose : celle des valeurs républicaines. En la valorisant aussi, en changeant le regard négatif que porte sur l'immigration une part importante de nos concitoyens, alors que leur mode de vie actuel et futur dépend du travail accompli en France par cette main-d'œuvre étrangère. En accompagnant dans leurs projets de vie les travailleurs immigrés, qu'ils souhaitent retourner dans leur pays ou rester dans le nôtre, auquel cas il faudra faciliter le regroupement familial. Souvent présenté comme un épouvantail, il constitue bien plus un facteur de stabilité que de laisser des centaines de milliers d'hommes vivre seuls. Enfin, admettons qu'on ne peut pas tout maîtriser en la matière, qu'il est impossible de fermer hermétiquement les frontières, et qu'une partie de l'immigration échappera à la politique publique définie, mais cette part doit être aussi faible que possible, et la coordination européenne effective et solidaire. Si l'on veut réconcilier les Français avec l'immigration et l'efficacité de l'action publique, il faut aussi que les règles, correctement établies, soient effectivement mises en œuvre. Personne ne peut comprendre qu'aussi peu d'OQTF (Obligation de Quitter le Territoire Français) soient appliquées[1]. Personne ne peut se satisfaire non plus que certains étrangers, malgré un processus d'intégration irréprochable, mettent dix, quinze ou vingt ans à obtenir la nationalité française.

Un point m'est apparu en rédigeant la première partie de ce livre, à propos du peuplement de Sarcelles, quelque chose dont je n'avais pas perçu l'ampleur et que, sauf erreur de ma part, personne n'a jamais relevé comme étant un élément constitutif du Grand Ensemble, mais qui a significativement contribué à son équilibre. C'est le fait qu'il ait été peuplé de travailleurs, souvent modestes, mais de salariés stables et singulièrement d'une proportion très importante de travailleurs du secteur public, de fonctionnaires ou assimilés. Des milliers, via leurs ministères ou leur Administration réservataire, ont obtenu des logements à Sarcelles. De nombreux rapatriés des anciennes colonies, ainsi que des ressortissants d'outre-mer via le Bumidom, faisaient partie de ces fonctionnaires, mais pas seulement. Y sont venus de toute la région, voire de toute la France, des instituteurs, des douaniers, des militaires de carrière, des policiers, des fonctionnaires des impôts, des agents hospitaliers… Or qu'amène la fonction publique ? La stabilité de l'emploi et des revenus, une culture commune, le service de la France et de l'intérêt général. En somme, les meilleures bases qui soient pour créer une vie sociale. Plus que l'effet tour de Babel, avec des populations

1. Selon un rapport d'information de mai 2022 du Sénat sur la « question migratoire », présidé par François-Noël Buffet (LR), au premier semestre 2021, seules 5,7 % des près de 62 000 OQTF ont été appliquées, taux qui a presque toujours été sous la barre des 20 % au cours des dix dernières années.

venues du monde entier, que les Sarcellois ont non seulement réussi à endiguer mais également à transformer en force, c'est le chômage et la grande précarité d'une économie libérale où tout a été dérégulé, y compris les mouvements migratoires, qui ont considérablement affaibli Sarcelles et tous les quartiers prioritaires. Le processus est toujours en cours. Les moyens généraux via le droit commun ou ciblés via la politique de la ville viennent limiter les effets négatifs de cette dérégulation, fort heureusement, mais rien n'est traité à la racine.

Nous sommes passés en moins d'un demi-siècle d'un État stratège à un État pompier, réduit à minimiser les dégâts des crises et des dérégulations, incapable de les prévenir ou de penser la société qui vient. Avec un incroyable paradoxe : avoir accepté, quand ce n'est pas favorisé, la logique libérale, tout en maintenant un très haut niveau de prélèvements obligatoires. Comment ? En créant un capitalisme subventionné, construit sur la base du désengagement productif de l'État tout en s'adossant à des infrastructures et services publics, bénéficiant de financements par des allègements fiscaux et autres formes d'injection de fonds du contribuable. Prenons quelques exemples. Au rayon des exonérations fiscales sans contrepartie, on citera le Crédit d'Impôts pour la Compétitivité et l'Emploi (CICE), entré en vigueur en 2013, qui a coûté plus de 100 milliards d'euros (20 milliards par an) avant d'être transformé en baisse de cotisations sociales, que des entreprises ont pu percevoir tout en licenciant ou en délocalisant. Les contrats de concession de la gestion des autoroutes conclus par le gouvernement en 2006 font gagner des milliards à des sociétés privées, alors que l'État a construit le réseau et en est toujours propriétaire. La médecine n'a de libérale que le nom, puisqu'elle est largement alimentée par le financement public de la Sécurité sociale. Avec 244,1 milliards d'euros d'Objectif National de Dépenses d'Assurance Maladie (ONDAM) en 2023, il doit être possible d'avoir quelques exigences supplémentaires en termes qualitatifs, redistributifs, de lutte contre les déserts médicaux et d'amélioration de l'hôpital public.

Les crises majeures récentes ont été générées ou accentuées par ce mouvement de dérégulation et de recul de la souveraineté stratégique. Celle des *subprimes* est liée à la déréglementation financière mondiale doublée d'une spéculation immobilière sur le mal-logement aux États-Unis. La limitation de la propagation de l'épidémie de Covid a été plus difficile en l'absence de stocks et de production de masques chirurgicaux sur le territoire national, l'État sanitaire s'étant désarmé durant la décennie 2010 en raison de coupes budgétaires. Et la libéralisation du marché de l'énergie nous a surexposés aux fluctuations des prix mondiaux du gaz et de l'électricité. Chaque fois, à l'arrivée, le coût pour l'État et pour les ménages, financier, économique, social, humain et psychologique, a été faramineux.

Les territoires les plus fragiles sont le réceptacle de toutes les dérégulations et de tous les désordres. Les moyens publics mobilisés le sont toujours ex post, dans une logique de réparation, de rétablissement temporaire de l'ordre public, de gestion sociale des crises et du chômage. Fini l'État visionnaire qui construisait à Sarcelles la ville de demain. Son bras armé, la SCIC, filiale de la Caisse des dépôts, s'est transformé en 2003 en un groupe immobilier coté en Bourse, ICADE (Immobilière CAisse des DÉpôts), et son parc de logement social a été transféré à une autre filiale du groupe : CDC Habitat. Les deux entités sont gérées avec la rationalité d'une entreprise privée. Plutôt bien, d'ailleurs. En 2022, selon les chiffres accessibles sur leurs sites Internet,

Icade affichait un résultat net récurrent de 381,8 millions d'euros et CDC Habitat faisait mieux avec 579,5 millions. L'argent public de l'ANRU subventionne largement leurs réhabilitations et démolitions, tandis que la logique d'optimisation les a conduits à vendre à Sarcelles toute une série d'actifs non rentables, notablement sous-entretenus : le centre commercial des Flanades et sa place de France, des parkings, des commerces de proximité, des cœurs d'îlots, parfois à des investisseurs scrupuleux, parfois moins. La ville a ainsi perdu 1 000 places de stationnement en souterrain, qu'elle peine à faire réhabiliter, alors que l'enjeu pour le cadre de vie est majeur. La municipalité récupère en gestion des espaces publics, également rénovés avec participation financière de l'ANRU, qui appartenaient à la SCIC mais qui constituaient pour ses successeurs une charge et non une source de plus-value. Que nos interlocuteurs actuels de la Caisse des dépôts et de ses filiales n'en prennent pas ombrage, ils sont tout à fait professionnels, dans le dialogue et le partenariat, et ne sauraient être tenus pour responsables de décisions prises avant qu'ils soient en poste et qui n'échoient d'ailleurs pas à leur niveau de fonctions. La responsabilité incombe à ceux qui, au sommet de l'État, ont créé avec le zèle du dernier converti au libéralisme, trop exalté pour prévoir les indispensables garde-fous, un système qui repose sur le principe de la socialisation des pertes et de la privatisation des profits.

L'objectif n'est pas pour autant de construire un État omnipotent, qui nationaliserait à tour de bras et déciderait de tout en recrutant des centaines de milliers de fonctionnaires. Il est de bâtir un État social, écologique et démocratique qui dépenserait chaque euro en fonction de son impact positif sur le projet dont il est le garant. Un État qui s'appuierait sur la position centrale de la France pour mieux peser au niveau européen et contribuer à utiliser à bon escient le pouvoir collectif de l'UE. Un État qui concerterait, déléguerait, partagerait le pouvoir tout en garantissant l'intérêt général, qui ne verserait pas de subvention sans contrepartie, qui régulerait l'échange marchand en vue d'une allocation optimale des ressources, qui nouerait des pactes gagnant-gagnant avec les entreprises, les corps intermédiaires et les collectivités, spécialement celles des territoires les plus en difficulté, qu'il faut absolument rapprocher du reste de la nation.

La vraie solution pour revitaliser les quartiers populaires est d'en faire de nouveau des lieux de résidence pour travailleurs. Pas nécessairement du secteur public, même s'il a aussi besoin de recruter, mais de travailleurs en général, non précaires, ni jetables, mais durables. Les thèses sur la fin du travail développées au milieu des années 1990 étaient déjà des chimères déclinistes. Le revenu universel en est un avatar qui ne verra jamais le jour. Il n'est pas finançable, sauf à prélever dans les minima sociaux existants, destinés à ceux qui en ont vraiment besoin, ou à augmenter les prélèvements obligatoires, alors qu'ils doivent être massivement dirigés vers la préservation environnementale et le réarmement des services publics. Et il n'est même pas souhaitable, tant la perspective de sortir du monde du travail est socialement excluante. François Ruffin, qu'on ne pourra pas accuser de ne pas être proche du peuple, défend exactement cette ligne dans *Je vous écris du front de la Somme*[1].

La société du tout-gratuit et des revenus distribués sans condition est à la fois une paresse intellectuelle et une impasse politique pour la gauche. En revanche, la société du travail, digne, porteur de sens, convenablement rémunéré, est un projet foncièrement progressiste. Un travail que le progrès

1. Les Liens qui Libèrent, 2022.

technique et la digitalisation ne détruiront pas dans son essence, si l'on en pense les mutations, mais transformeront pour l'alléger et le concentrer sur l'essentiel : la conception, l'innovation, l'ingénierie, la créativité, les métiers de la transition écologique et ceux du lien, de l'éducation au sens large à l'accompagnement des personnes âgées. À chaque cérémonie de remise des médailles du travail, je constate à quel point les gens tiennent à leur emploi et s'accomplissent au moins partiellement à travers lui. Cette année, dans la catégorie secteur privé, ont été récompensés pour vingt, trente, trente-cinq ou quarante ans de bons et loyaux services : Laurent, mon ancien camarade de collège, directeur d'études dans une banque, Abderrahmane, agent d'exploitation à l'aéroport, Khadjidia, agente de service dans une association de réinsertion, Julien, technico-commercial dans une entreprise de menuiserie, Manuela, employée administrative dans une société de poids lourds, Marie-Paulette, aide-soignante dans un Ehpad, Jean-Michel, coursier, Catherine, assistante de direction dans une chaîne hôtelière, Patrick, responsable financier à la Caisse des dépôts, Fatoumata, employée de banque, Meloud, coordinateur technique dans l'automobile, ou encore Dominique, conditionneuse dans un ESAT (Établissement et Service d'Aide par le Travail), porteuse de handicap et qui vit de son travail. Ces Sarcellois, parmi d'autres, font fonctionner, construisent et développent la France avec fierté, mais vivent comme un désenchantement la prolongation de six mois à deux ans de leur durée d'activité avant de pouvoir partir en retraite. Ils ne méritaient pas cela.

Aimer ce que l'on fait, l'accomplir avec soin, ne signifie pas être corvéable à merci et contraint d'y sacrifier l'essentiel de sa vie. « Je crois que les salariés attendent désormais, et attendront de plus en plus, d'être reconnus individuellement.

Ils ne veulent pas être perçus comme le simple maillon d'une chaîne, un rouage interchangeable. Ils veulent être un élément essentiel d'un fonctionnement, mais aussi faire partie d'un système de coopération, d'écoute, d'entraide[1] », analyse Laurent Berger au moment de quitter ses fonctions à la tête de la CFDT, après onze ans de mandat que je salue, autant que j'approuve son discours. Quel plus beau dessein que de contribuer collectivement, chacun à sa manière, avec son talent, ses appétences et ses capacités, à la construction du monde de demain ? Un monde que l'on imaginerait ensemble, dans des espaces démocratiques réinvestis, dans l'entreprise comme dans la société.

Nous avons décidé de décider ensemble, écrit Jo Spiegel[2], maire de 1989 à 2000 de Kingersheim, ville de 13000 habitants près de Mulhouse, où il a expérimenté son concept de « démocratie-construction ». À Sarcelles aussi, nous avons souhaité renouveler profondément nos pratiques de démocratie locale, les instances correspondantes et leur fonctionnement : mise en place de budgets participatifs adossés à chacun de nos neuf conseils de quartier dont le périmètre a été redéfini, diagnostics en marchant pour améliorer le cadre de vie et les circulations douces, installation, outre du Comité des femmes citoyennes, du Conseil sarcellois de la jeunesse, pour préparer l'entrée dans la citoyenneté, ainsi que du Conseil Économique Social et Environnemental Local (CESEL), saisi systématiquement sur les tous les sujets prospectifs et les décisions structurantes. Une maison du

---

1. Laurent Berger, *Du mépris à la colère. Essai sur la France au travail*, Seuil, 2023, p. 72.
2. Jo Spiegel, *Nous avons décidé de décider ensemble, une expérience du renouveau démocratique*, Éditions de l'Atelier, 2020. Préface de Raphaël Glucksmann.

projet et de la copropriété a été ouverte et plusieurs tiers-lieu sont en cours de réalisation, car les élus ont besoin d'être accompagnés par un regard citoyen engagé, capable de porter le retour de l'usager sur les politiques publiques menées, mais aussi de co-élaborer des solutions dans une dynamique constructive. Près de deux cents personnes participent activement à ces instances aujourd'hui et pensent désormais la ville qui vient, à nos côtés. J'aime croire que des milliers d'autres adhèrent à cette démarche de faire-ensemble.

9 mai 2023. Je repasse brièvement chez moi le midi avant d'enchaîner les rendez-vous, en parallèle de la rédaction de ce livre. J'habite dans une copropriété au cœur du Grand Ensemble, au pied de laquelle je croise le petit camion-balayeuse d'un de nos prestataires qui nettoie la rue, avec deux employés à bord. Ils me reconnaissent et me saluent. Le chauffeur, qui doit avoir une cinquantaine d'années, descend quelques instants. Il a quelque chose à me dire, mais rien à me demander, ni logement, ni travail, ni problème personnel, rien. Particulièrement enthousiaste, il veut simplement me serrer la main et me faire passer un message : « Monsieur le maire, je suis très content de vous voir, je voulais vous remercier pour tout ce que vous faites pour la ville, avec vous, on sait pourquoi on fait ça, on sait que c'est important que la ville soit propre, on est fiers de travailler pour vous. » Passé l'effet de surprise, après un instant d'hésitation, je lui réponds : « C'est moi qui vous remercie sincèrement pour ce que vous faites, on est une équipe. » Honnêtement, je ne pense pas mériter ces éloges, mais l'essentiel n'est pas là. L'essentiel, c'est qu'on n'a pas le droit de désespérer les gens, on a même le devoir de leur redonner espoir.

Conclusion

« Que de fois on m'a posé la question, j'y ai répondu depuis longtemps de la même façon, qu'est-ce que la démocratie, qu'est-ce que la société moderne ? Qu'est-ce que l'avenir de l'homme ? Et je répondais : "C'est la ville" », affirmait François Mitterrand à Cergy en 1990. L'histoire enseigne, en effet, que le progrès est né dans les villes et que les civilisations s'y sont construites. En Mésopotamie, les groupes humains, nouvellement fixés en habitats permanents, ont inventé l'agriculture et l'élevage, puis l'artisanat et le commerce. Les villages ont grandi jusqu'à devenir des villes, puis des cités-États. La cité grecque a élaboré de nouvelles formes politiques, la démocratie et son contraire, la tyrannie, tout en plaçant l'art, la culture et la philosophie au cœur de sa vie sociale. Les villes italiennes ont joué un rôle majeur à la Renaissance et dans le développement du commerce international. Puis la révolution industrielle a fait connaître aux villes un essor sans précédent. Berceau de tous les progrès, l'urbanité a aussi été le théâtre de tous les désordres, le quartier général de toutes les guerres, l'épicentre de tous les conflits sociaux, la zone d'implantation des pires bidonvilles, le lieu de production des plus grandes inégalités.

Au début des années 1980, Georges Duby, dans l'avant-propos d'*Histoire de la France urbaine*, tente un pronostic. « Voici que, depuis trente ans, les innovations techniques viennent à bout des monopoles culturels que détenaient les villes, amenuisent les obstacles de la distance, qu'elles autorisent les agglomérations à se décontracter, à se répandre dans la ruralité qui les environne, et que les résidences secondaires, les supermarchés, les campus universitaires, les laboratoires, les ateliers qui ne se distinguent plus guère des entreprises agricoles modernisées, s'établissent au milieu des champs. Fusion progressive de la ville et de la campagne. Verra-t-on demain, simultanées, la fin des citadins, la fin des paysans, les uns et les autres mêlés dans un même paysage hybride, et les grandes villes achever de se diluer parmi les espaces verts et les parcs naturels[1] ? » Le scénario ne s'est pas réellement produit depuis, mais il a du sens. On peut toutefois lui en opposer un autre : celui d'une plus grande polarisation où les villes concentreraient encore davantage les populations, et les campagnes seraient laissées à la production agricole ou tout simplement rendues à la nature. Mais, dans les deux cas de figure, la ville sera centrale et devra devenir durable, se verdir, se piétonniser, se décarboner. New York et la zone verte ne pourront plus être antagonistes. C'est une question de survie.

La ville devra aussi soigner ses maux sociaux, être à la pointe du combat égalitaire et du progrès en général, elle qui a historiquement structuré le rapport à l'altérité, via la guerre ou la fraternité. « La ville n'est pas une simple agglomération d'hommes et d'équipements, c'est un état d'esprit », disait le sociologue américain Robert Park. Le directeur de

1. Georges Duby (dir.), *Histoire de la France urbaine*, Seuil, 5 volumes, 1980-1985.

l'hypermarché de Sarcelles me confiait récemment que son chiffre d'affaires était moins bon que celui de ses collègues dans d'autres communes. En revanche, il observe un phénomène singulier dans son établissement. Si quelqu'un prend un paquet de pâtes ou toute autre denrée alimentaire mais n'a pas de quoi les payer, il trouvera toujours un autre client pour le faire à sa place. À l'inverse, dans les bourgades plus huppées, un client importuné par un pauvre appelle systématiquement la sécurité. Ces derniers ignorent sûrement qu'en agissant de la sorte ils nuisent à leur propre bien-être. « Une expérience en laboratoire a d'ailleurs montré qu'on rendait les gens plus heureux en leur donnant cent euros à allouer à de bonnes causes qu'en leur offrant de dépenser ces cent euros pour eux-mêmes », raconte Daniel Cohen, dans *Homo numericus, la « civilisation » qui vient*[1]. Tout comme l'avènement de la ville durable, le changement d'état d'esprit collectif ne se fera pas tout seul. Si immatériel soit-il, il devra être construit et porté politiquement.

« Jamais vous ne convaincrez un singe de vous donner sa banane en lui promettant qu'elle lui sera rendue au centuple au ciel des singes. » Yuval Noah Harari nous explique dans *Sapiens, une brève histoire de l'humanité*[2], l'importance de l'invention de grands mythes, apparus avec la révolution cognitive, il y a entre 70 000 et 30 000 ans. Sans eux, uniquement sur la base de relations interpersonnelles, les études sociologiques démontrent qu'une organisation humaine est incapable de structurer et de coordonner un groupe de plus de cent cinquante individus. Mais, pour fonder une cité, un

1. Daniel Cohen, *Homo numericus, la « civilisation » qui vient*, Albin Michel, 2022, p. 223.
2. Yuval Noah Harari, *Sapiens, une brève histoire de l'humanité*, Albin Michel, 2019, p. 38.

empire, un État, il faut faire coopérer des milliers, voire des millions de personnes. L'homme s'est alors appuyé sur de grands mythes communs : les légendes, les croyances, les rites, les religions, les valeurs, les doctrines politiques, les lois, pour conduire le genre humain tant vers la création de civilisations extraordinaires que vers les pires atrocités, en lui faisant croire que sa survie ou son bien-être dépendait du rejet, voire de la mort de ceux qui ne lui ressemblaient pas. Les pays véritablement démocratiques ont fini par se débarrasser des mythes les plus sanguinaires et ont communément admis que la paix était un horizon souhaitable. Mais, malgré son inscription au cœur de la devise nationale, le discours sur la fraternité est resté inachevé et n'a pas pénétré tous les esprits. Or, avec l'urbanisation et l'immigration qui vont continuer de croître, les interactions entre personnes d'origines et de cultures différentes vont se multiplier. Il y a donc urgence là aussi. Les émeutes nous l'ont rappelé brutalement. Un collègue maire m'a raconté que les violences se sont arrêtées dans sa commune lorsque le fils d'un épicier qui pillait un magasin s'était rendu compte que ses acolytes à l'autre bout de la ville dévalisaient le commerce de son père. Toute la bande a alors compris à la vitesse des réseaux sociaux le mal qu'ils étaient en train de faire à leurs proches et donc à eux-mêmes.

L'extension du domaine de la fraternité est-elle si difficile à opérer ? Souvent je me demande comment notre message est perçu, appréhendé, entendu par les Sarcellois qui ne maîtrisent pas bien la langue, qui ne peuvent donc pas pleinement percevoir la subtilité de certains discours. Amjad en fait partie. Arrivé du Pakistan en 2011, il dirige une entreprise d'articles de sport et un club de cricket. Il montre fréquemment sa sympathie à l'égard de l'équipe municipale et son souhait de coopérer avec nous. Mais la communication n'est pas simple. Il parle un mélange de français et d'anglais créolisé à la pakistanaise. Un jour, il m'a offert un T-shirt bleu canard avec des manches longues orange. À mon effigie de surcroît, à partir d'une capture d'écran d'un de mes passages télévisés. Parfaitement kitsch. « Avant d'être oubliés, nous serons changés en kitsch. Le kitsch, c'est la station de correspondance entre l'être et l'oubli », écrit Milan Kundera dans *L'insoutenable légèreté de l'être*[1]. Amjad a pris le soin d'inscrire au dos du T-shirt, dans son meilleur franglais : « No racisme ». Je lui offrirai ce livre en échange.

1. Traduit par François Kérel, Gallimard, 1984.

Table

Mise en pages : Anne Offredo, Valravillon

Cet ouvrage a été achevé d'imprimer (Roto-Page)
sur papier PEFC, qui garantit
une gestion durable des forêts,
en août 2023 par l'Imprimerie Floch

N° d'imprimeur : 103055
Dépôt légal : septembre 2023
ISBN : 978-2-38482-040-5
Imprimé en France